教育部人文社会科学研究青年项目“清代《史通》文献整理与研究”（项目编号：16YJC770018）资助出版

《史通》与明清史学

刘海波　著

WUHAN UNIVERSITY PRESS
武汉大学出版社

图书在版编目(CIP)数据

《史通》与明清史学/刘海波著.—武汉：武汉大学出版社,2022.12
ISBN 978-7-307-23505-2

Ⅰ.史…　Ⅱ.刘…　Ⅲ.①史学理论—中国—唐代　②《史通》—研究　③史学史—中国—明清时代　Ⅳ.K092.4

中国版本图书馆 CIP 数据核字(2022)第 240754 号

责任编辑:唐　伟　　　责任校对:汪欣怡　　　版式设计:马　佳

出版发行：**武汉大学出版社**　(430072　武昌　珞珈山)
(电子邮箱：cbs22@ whu.edu.cn　网址：www.wdp. com.cn)
印刷:武汉邮科印务有限公司
开本:720×1000　1/16　印张:13.5　字数:217 千字　插页:1
版次:2022 年 12 月第 1 版　2022 年 12 月第 1 次印刷
ISBN 978-7-307-23505-2　定价:58.00 元

后浪对前浪的推进

——刘海波《〈史通〉与明清史学》序

谢贵安

时间真是过得很快，一转眼我已年过花甲。回顾招收的众多博士生中，刘海波是一个比较独特的学生。只要提起海波，就会想到他的多个特点：

第一，海波虽来自山东，却没有“山东大汉”的形象，唯有喝酒时的豪爽，方显出齐鲁豪杰的英雄本色。海波来自山东潍坊，第一次与他相见时，看到的是个小个子，与以前招收的山东弟子王双磊一米八八的形象不侔。不过，海波喝酒豪放，常常尽兴而归。一次他喝酒过量后自救时的急中生智，至今成为珞珈古榭群中同门津津乐道的学林趣事。

第二，他入门时考的是硕士研究生，毕业时获得的却是博士学位。海波是2009年9月考入武汉大学历史学院，读我的硕士研究生，2011年转为硕博连读，攻读博士学位。硕博连读的好处，是不用做硕士学位论文，但其风险也很明显：一旦拿不到博士学位论文，连硕士学位也将失去，其结果是两手空空。2014年海波博士研究生毕业时，顺利通过了学位论文的答辩，拿到了博士学位，成功超越了硕士学位这个前一档的跨栏。作为史学理论及中国史学史专业的研究生，海波可以说在本专业的重要学术期刊《史学理论研究》《史学史研究》上都发表过论文，有的论文还被《人大复印资料·历史学》所转载。可以说，在本专业的培养上，海波称得上是合格且优秀的人才。

第三，他是我所带的学生中，唯一一个两次获得国家奖学金的人。海波的成长进步十分明显。进校时，他写的课程论文，还十分青涩，等到硕博连读后，文笔越写越好，日显成熟老练。海波有种马不扬鞭自奋蹄的精神，对自己要求很严格。在师兄朱志先、高远、陈磊等人的影响和压力下，海波一边向他们学习，一边产生了危机感，激发起赶超意识，对自己的文章，认真构思，反复打磨，大大地提高了论文的水平和发表的机会。从开始发不出文章的焦虑，到C刊论文不断发表的畅快，再到两次摘得“国奖”桂冠的喜悦，反映出他的成长历程虽然波澜起伏，但总是奔涌向前。当然，成长总是要付出代价的。海波学问的增长与他头发的变化适呈反比。入校时的毛头小伙，等到毕业时，头发已明显稀疏。如今随着学问的丰富，他的头发已所剩无几。看来“青椒”奋斗所付出的发际线后退的代价，海波不仅付出，而且更为显著。

第四，他是“扰乱”武汉大学历史学院政绩的人。某大学基于中文学术成果搞了个中国哲学社会科学最有影响力学者排行榜，海波因为在武大读博士时发表C刊论文数多，被该排行榜所选中并公布，后来海波毕业若干年后，该排行榜还在将他作为武大历史学院发文最多的人之一加以发布。虽然是个乌龙事件，但他发表C刊论文较多，却是不争的事实。

第五，海波在“史通学”的研究长河中，起到了承上启下的作用，是朝气蓬勃的学术后劲，也是富有活力的史学后浪。学术界对《史通》的研究早已形成了“史通学”。海波也跻身其中，选了《清代〈史通〉学研究》作为自己博士学位论文题目。这种题目难度较大，既要对《史通》进行钻研，又要对明清史学有深入研究，但他知难而上，开始了清代“史通学”征途上的艰难跋涉。随着研究的深入，他的相关论文不断发表，渐成规模。这部《〈史通〉与明清史学》的著作，就是海波在其发表的部分论文基础上改写而成的。

现在，这部著作即将出版，我觉得它在《史通》研究上，有许多可圈可点之处。首先，该书对21世纪以来《史通》研究的学术史进行了回顾，并对其发展趋势进行了前瞻。其次，对明清学者在《史通》的考订、注释、评论和研究上的成果进行了专门性的探讨：对明代郭孔延《史通评释》的编纂形式、义理史学思想、史学理论的阐释和发挥、所产生的影响等逐一作了研究；对清代浦起龙《史通通释》的编纂与刊刻、所采底本、史学思想、学术价值及影响等诸多方面作了考证、辨析和论述；对清代纪昀《史通削繁》的编纂背景、所受科举策论影响等作了分析和证实；对晚清徐桂林《史通驳议》的编纂过程、史学观点、价值特点等进行了研究和评价；对清末民初学者刘咸炘《史通驳议》的撰述特点、史体论思想、民族本位史学观等作了发微和阐释。再次，该书在对明清“史通学”研究过程中，还涉及对明清其他史学内容的研究，如对《明史》的研究，前人做出的成果很多，然而海波却能另辟蹊径，从《史通》对《明史》的影响上进行探讨，发现清代《明史》馆臣对《史通》有过细致的研读和评价，直接影响到他们在《明史》纂修中的行动，如在史馆运作和史料采择上，便曾采用《史通》论述的方法和观点作指导；在《明史》体例的拟定上，也使用了《史通》提出的建议。再如该书对清代纪昀《史通削繁》的研究，涉及了“四库学”的研究。海波指出《史通削繁》既然与科举考试相关，则政治正确必须放在首要位置加以考虑，这决定了纪昀不可能完全以自身喜好为标准以定去取，因此纪昀在其主持编纂的《四库全书》中，收入《史通通释》时，特地删去《惑经篇》而保留《疑古篇》，自是出于对乾隆帝圣意的揣摩。在研究钱大昕的《史通》学时，也涉及“四库学”问题，指出钱氏对《史通》的解读与四库馆臣的取向有差异，进而论述了“四库学”的官方与非官方学者的不同倾向，都是研究“史通学”时收获的副产品。

在“史通学”的研究历程中，很多先贤前辈负出了艰辛的努力，取得了丰硕的成果。吾师张舜徽先生的《史学三书平义》，就曾对《史通》进行了独到的研究和评论。吾师兄张三夕的《批判史学的批判：刘知幾及其史通研究》继承老师的学脉，对《史通》进行了史源考证和理论建构。吾徒刘海波的《〈史通〉与明清史学》则将张门《史通》学加以继承，将《史通》放在明清史学史的进程中观察和探研，取得了光大门楣的成果。可以期待的是，《〈史通〉与明清史学》将成为“史通学”领域中的一块里程碑。当然，该书并非海波研究《史通》的主要成果，其主要成果还是他的博士学位论文《清代〈史通〉学研究》。我们期待不久的将来，海波的博士学位论文能够顺利地修订出版，那将是“史通学”研究中另一块更大的里程碑。

是为序。

谢贵安

撰于珞珈山麓、东湖之滨

2022 年 11 月 11 日

目　录

第一章　21世纪以来《史通》研究的回顾与前瞻

“刘知幾及其《史通》之研究”此一命题，长期以来一直深受学者关注。2000年，代继华撰有《〈史通〉研究五十年》一文，对中华人民共和国成立以来至1998年关涉《史通》的研究成果进行了梳理总结。① 在文中，他将新时期的《史通》研究分为三个阶段：1949—1965年为第一阶段，偏重于总论性介绍、刘知幾哲学思想及历史观探讨；1966—1976年为第二阶段，受“文化大革命”影响，《史通》研究陷入停滞；1978—1998年为第三阶段，《史通》研究呈现出全方位、多角度的特点，主要涉及时代背景、学术渊源、史学理论与方法论、历史编纂学、历史文学、史料学等内容。郭维雄的《台湾地区近三十年来所出版刘知幾〈史通〉之研究概况》② 与李纪祥的《台湾地区〈史通〉研究之回顾（1949—1994）》③，对我国台湾地区研究《史通》之情况进行了回顾与论述。郭文所写的“近三十年”是指20世纪60年代到成文之时（1993年），该文将所收之著作对刘知幾及《史通》的研究方法与形式（研究它的某方面）加以归类和介绍。李文是对1949年到1994年台湾地区对《史通》印行不同的校注本和版本、有关《史通》研究之学位论文和有关《史通》及刘知幾的研究论文的分析介绍。

进入21世纪后，此命题之研究继续开拓深化，譬如关于《史通》古籍版本

① 代继华：《〈史通〉研究五十年》，《中国史研究动态》2000年第1期。

② 郭维雄：《台湾地区近三十年来所出版刘知幾〈史通〉之研究概况》，《史苑》1993年第54卷。

③ 李纪祥：《台湾地区〈史通〉研究之回顾（1949—1994）》，《编译馆馆刊》1996年第25卷第1期。

之印行、近代不同名家之注本评本的再印发行等，或者能在一较为原始的文献层次，对照出《史通》研究的不同特色；又如有关《史通》之博硕士论文，一一详为分析评述，颇能探出一些新的研究视角与趋势；再如所搜罗的期刊论文，可说是包罗万象，依“主题”分类归纳评述，可以认识到研究者对《史通》研究的观念看法及其演变。因此，对21世纪以来“刘知幾及其《史通》之研究”做一整体的回顾，不仅是学术史内在理路发展的需要，亦是推动“《史通》学”发展的必需。①

一、《史通》评释诸本之印行与研究专著

史学研究的开展，离不开相关文献资料的支撑。唐刘知幾所撰《史通》，宋时已有亡佚，且篇目次序淆乱，舛讹百出。自明朝嘉靖年间陆深重刊《史通》以来，便吸引了众多学者为之校勘、注释或评论，诞生了许多优秀著述。但在新世纪以前，由于种种原因，这些评释著作流布不广，研究者难以睹获。近十余年来，随着四库系列丛书的出版，大量《史通》评释诸本也得以从图书馆古籍库走入普通学者手中，为新世纪的《史通》研究奠定了坚实的文献基础。

明郭孔延撰《史通评释》、明王惟俭撰《史通训诂》、清黄叔琳撰《史通训故补》、清纪昀撰《史通削繁》，这四种评释本在编印《续修四库全书》时，曾将其收入其中。② 2006年，上海古籍出版社又将前三种结集为一书影印出版。郭孔延《史通评释》，引经据典，评释详尽。王惟俭《史通训诂》，注释精简，引书皆注明出处。黄叔琳《史通训故补》，在《史通训诂》的基础上又作文字校勘，并旁搜博采，补王氏注释之缺略。以上三书，清浦起龙撰《史通通释》时均多所采用，洵为研治《史通》的重要参考书。

---

① 本书之撰写，主要是对21世纪以来的《史通》研究做一回顾，下限设定为2011年。但为承接代继华先生《〈史通〉研究五十年》一文，对1998—1999年之《史通》研究成果亦有涉及。我国港台地区之《史通》研究成果，虽经多方搜讨，仍难免疏漏，故仅就笔者目力所及，略为论述。

② 续修四库全书编纂委员会：《续修四库全书》，1996年至2003年上海古籍出版社影印出版。

清浦起龙所撰《史通通释》二十卷，清修《四库全书》时收入其中，但《惑经》一篇已为馆臣所删。王煦华先生点校整理的《史通通释》，曾由上海古籍出版社于1978年出版，并收录有陈汉章《史通补释》、杨明照《史通通释补》、罗常培《史通增释序》诸文。2009年，上海古籍出版社又将此书再版，①并在前次整理的基础上增加了彭仲铎《史通增释》一文，又增注了《新唐书刘知幾本传》，另收录其所撰《浦起龙的生平及其著述》一文。清代浦起龙作撰的《史通通释》，是《史通》研究史上最重要的一个《史通》注本，可说是《史通》研究必备之书。王煦华先生将其点校整理，为研究者提供了极大便利，成为当前《史通》研究的最佳文本。

自晚清以来，以刘咸炘、吕思勉、张舜徽、程千帆等为代表的学人在《史通》新校注方面取得丰硕成果，分别从不同的角度对《史通》进行了评释与研究。这些著述多写成或出版于20世纪60年代之前，研究者颇难寻求。21世纪以来，不同的出版社本着“嘉惠后学”之初衷进行了再版，为我们展现了一幅近代以来《史通》研究的生动画面。

2005年，华中师范大学出版社再版了张舜徽的《史通平议》。该著为《史学三书平议》中之一种，成书于1948年，曾由中华书局于1983年出版。《史通平议》在体例上采用笺记形式，在内容上注疏与评论相结合，尤其注重阐发刘知幾对后世史学理论的影响。在方法上兼重文献学与史学两个层面：既以史家义例衡量刘知幾的观点，又以文献学家功底考证《史通》所记载史实。

2007年，广西师范大学出版社出版了《刘咸炘学术论集·史学编》，其中收有《史通驳议》。2009年，上海科学技术文献出版社出版的《推十书（增补全本）》亦有收录。刘咸炘是民国时期最早对《史通》进行研究的学者之一，代表作有《史通驳议》《刘知幾家学考》等。成都古籍书店1996年影印出版《推十书》时，曾收录此二书。此次广西师范大学出版社、上海科学技术文献出版社均对其加以标点整理，十分便于研读。《史通驳议》在体例上亦属笺记体，但仅节取刘知幾史学观点的偏颇之处，逐一加以批驳，批驳的标准为“会稽之旨”，即章学诚之观点，在内容上“专明史体”，对于名物典故的注解则不甚措意。

---

① 刘知幾著，浦起龙释：《史通通释》，上海古籍出版社2009年版。

2008年，武汉大学出版社出版了程千帆的《史通笺记》。此书亦收入2001年河北教育出版社出版的《程千帆全集（第五卷）》。该著成书于1961年，曾由中华书局于1980年出版。其体例亦为笺记体，摘句选笺，宗旨有八：拾遗、订误、本证、旁徵、穷源、竟委、贵近、崇实。书中收录清儒汪之昌所补作《体统》《纰缪》《弛张》三篇。此书内容上主要从文学角度着眼，注重考证名物典故、训释疑难字词，而对于刘知幾之史学观点却少有评论。

2009年，上海古籍出版社出版了吕思勉的《史学与史籍七种》，内收有《史通评》。《史通评》最早于1943年由商务印书馆出版，全书不缀《史通》原文，而是于每篇之后予以总论。在内容上主要是评论刘知幾所阐发之史学观点，在《疑古》篇后附录作者所著《广疑古》，《点烦》篇后收录《史通点烦篇补》，在《史官建置》《古今正史》篇后，又分别增加了唐至清史官建置及正史编纂内容，在一定程度上已超出评论原书之范围。另外，上海古籍出版社于2008年出版之《史通》，将吕思勉所著《史通评》分排于有关章节旁，有利于读者更好地把握其主旨。

诚然，近代以来研究《史通》的著述绝不止上述四部，但笔者所着眼的是近十余年来的再版情况，一方面可以说明这些论著的生命力，另一方面也向学界展示了近代学人研治《史通》的不同治学旨趣、学术风格。概而言之，近代学人研究《史通》仍然没有完全脱离注释、校勘与评论诸项，大多属于传统的文献学范围内，或者属于今人所称的“史学史”范畴内。而对《史通》展开全面研究，尤其是探讨其“史学批评”的价值，是从20世纪80年代开始的。在此期间内，几部研究专著的陆续问世，为现代的“《史通》学”研究增添了一抹靓丽的风景。

首先是张三夕先生的《批判史学的批判：刘知幾及其〈史通〉研究》①。此书是张氏在其博士论文基础上修改完成，曾于1992年由文津出版社在我国台湾地区印行，但在大陆地区很难见到。作者曾先后师从程千帆、张舜徽先生，与《史通》研究颇有渊源。此书分二卷，上卷为《刘知幾述评》，下卷为《〈史通〉引用

① 张三夕：《批判史学的批判：刘知幾及其〈史通〉研究》，华中师范大学出版社2010年版。

文献考证》。此书最大特色在于作者将《史通》研究与史学批评结合起来，通过系统科学的论述，为史学批评史的学科建设提出了新颖独到的见解。其次是许凌云先生的《刘知幾评传》①。此书曾于 1994 年由南京大学出版社出版，分上、下两篇。上篇叙述刘知幾的生平，下篇评论刘知幾的思想，系统全面，新见迭出。

张、许二书均成书于 20 世纪，此次由出版社加以再版发行。进入 21 世纪以后，还有一些新的研究专著问世。

首先是曾凡英《史家龟鉴：〈史通〉与中国文化》②。此书首先分析了《史通》的思想内容、学术渊源、时代背景，最后着重以杜佑、司马光、郑樵、马端临、章学诚为对象，阐述刘知幾对后世史学的影响。其次是刘占召《史通评注》③。该著以明代张之象所刻宋本为底本，并大量吸取后世的校勘成果，试图为读者提供一个可靠的读本；《史通评注》还首次系统整理了历代关于《史通》的评点成果，特别是汇集了一些流传不广的成果，如郭孔延、黄叔琳、纪昀等人的评论，用集评的形式列于每篇之后，彰显出刘知幾卓越的理论贡献，为研究者提供翔实而丰富的基础资料。再次是马铁浩《〈史通〉与先唐典籍》④ 与《〈史通〉引书考》⑤。两书原为作者博士论文的内、外编。《〈史通〉与先唐典籍》旨在通过对《史通》征引先唐典籍的考论，以文献学、学术史、思想史相结合的方式，梳理刘知幾与先唐学术的关系。《〈史通〉引书考》将《史通》所征引之先唐典籍三百四十五种，按《隋志》著录标准，别之以经史子集四部。最后，尤其值得提及的是王嘉川所著《清前〈史通〉学研究》，著者长期关注《史通》，用力甚勤，并明确标示出“《史通》学”概念，对清前的《史通》学研究作了详尽梳理，材料丰富，内容全面，确然是大陆《史通》学研究的发轫之作，给人以“别开生面”的深刻印象。⑥

---

① 许凌云：《刘知幾评传》，南京大学出版社 2011 年版。

② 曾凡英：《史家龟鉴：〈史通〉与中国文化》，河南大学出版社 2000 年版。

③ 刘占召：《史通评注》，中央编译出版社 2010 年版。

④ 马铁浩：《〈史通〉与先唐典籍》，人民出版社 2010 年版。

⑤ 马铁浩：《史通引书考》，学苑出版社 2011 年版。

⑥ 王嘉川：《清前〈史通〉学研究》，社会科学文献出版社 2013 年版。“别开生面”为王曾瑜先生评语，见《别开生面的〈史通〉研究之作读后联想——王嘉川〈清前《史通》学研究〉》，《理论与史学》2016 年第 2 辑。

关于21世纪以来我国台湾地区出版的《史通》研究专著，就笔者目力所及，主要有林时民《中国传统史学的批评主义——刘知幾与章学诚》①、庄万寿《史通通论》②。林著从史学批评的角度将《史通》与《文史通义》作了比较研究，从史评、事评、人评三个方面，阐发并总结刘知幾与章学诚的史学批评意识。庄书原为其授课讲义，从文献学、思想史、文学史等多个角度对《史通》进行总体把握与研究。共分七章：通论；《史通》分篇提要；《史通》著录版本的源流；刘知幾实录史学与孔子思想的矛盾；刘知幾的多元民族观；刘知幾的实录语言观；战后《史通》研究述评。

另外，在近十余年来再版或新出版的史学史专著中，也都开设专章对《史通》加以论述，如白寿彝《中国史学史教本》③、宋衍申《中国史学史纲要》④、汤勤福《中国史学史》⑤、瞿林东《中国史学史纲》⑥、谢保成《中国史学史》⑦、李小树《中华史学三千年史》⑧、乔治忠《中国史学史》⑨等。而日本学者内藤湖南《中国史学史》（上海古籍出版社出版，2008年）、我国台湾地区学者杜维运《中国史学史》（商务印书馆出版，2010年），虽属旧作，却是第一次在大陆出版发行，有利于我们加强对海外及港台地区《史通》研究状况的了解。

二、《史通》研究论文的发表与总结

学术专著较多地侧重于对已往研究成果的总结，而最新的研究成果则是通过学术论文的形式来呈现。通过对21世纪以来《史通》研究论文进行分析和总结，可以发现21世纪以来的《史通》研究呈现出了一些新的研究视角和观点。概而

① 林时民：《中国传统史学的批评主义——刘知幾与章学诚》，学生书局2003年版。
② 庄万寿：《史通通论》，万卷楼图书股份有限公司2009年版。
③ 白寿彝：《中国史学史教本》，北京师范大学出版社2000年版。
④ 宋衍申：《中国史学史纲要》，东北师范大学出版社2001年版。
⑤ 汤勤福：《中国史学史》，山西教育出版社2001年版。
⑥ 瞿林东：《中国史学史纲》，北京出版社2005年第2版。
⑦ 谢保成：《中国史学史》，商务印书馆2006年版。
⑧ 李小树：《中华史学三千年史》，中国物资出版社2010年版。
⑨ 乔治忠：《中国史学史》，中国人民大学出版社2011年版。

论之，可以从以下四个方面进行梳理：

（一）从学术史角度进行研究

明清以降，《史通》不断吸引着学者的目光，一大批重要著述相继问世。而研究者在对《史通》文本进行评释时，不仅仅是对刘知幾史学观点进行阐发与批驳，其间更渗透着作者强烈的主体意识，反映着作者的史学思想。因此，当前的研究，绝不可以仅仅局限于《史通》文本，而应该从学术史的角度，观照文本阐释的全过程。

近十余年，最早从学术史角度对《史通》进行研究的，当推杨艳秋，她主要探讨《史通》与明代史学的关系，阐述了明代学者对刘知幾史学观点的继承与发展，如史家修养、史书繁简、史书体裁、史馆修史、评述历代史书。① 杨文发表之后，陆续有学者以此角度为视角进行研究，使得《史通》流传脉络更为清晰，如杨绪敏则将视角扩展至清代，并分校勘、训释与评论、撮要与删削三个方面梳理了明清两朝学者对《史通》的整理，论述较杨艳秋更为详细。② 杨还撰有《论明清学者对刘知幾史学理论的批评、阐发和实践》，侧重于总结明清学者对《史通》理论的继承与发展。③ 安尊华在杨艳秋文章的基础上，继续深入探讨《史通》对明代史学的影响，尤其值得注意的是，安氏认为明代史学在《史通》的影响下，初现了考据学的端倪，为清代考据学的兴起奠定了基础。④ 以上诸文大多从宏观角度分析《史通》在后世的影响，而王嘉川则以胡应麟为个案进行了研究，认为胡应麟是明代对刘知幾史学理论继承与发展的突出代表，胡氏对刘知幾的观点既有补弊救偏，也有批评指责。如就补弊救偏而言，内容主要涉及《艺文志》、史注、小说的史料价值三个方面。⑤ 王嘉川无疑是 21 世纪以来从学术史角度切入研究《史通》用力最勤，成就最著的学者，关于宋明时期的《史通》研

① 杨艳秋：《刘知幾〈史通〉与明代史学》，《史学史研究》2002 年第 4 期。

② 杨绪敏：《论明清时期〈史通〉的流传、整理和研究》，《史学月刊》2008 年第 11 期。

③ 杨绪敏：《论明清学者对刘知幾史学理论的批评、阐发和实践》，《学习与探索》2010 年第 4 期。

④ 安尊华：《试论〈史通〉对明代史学的影响》，《贵州社会科学》2009 年第 6 期。

⑤ 王嘉川：《胡应麟论刘知幾》，《史学月刊》2006 年第 4 期。

究情况，发表过系列研究论文，也涉及清朝学者顾广圻、浦起龙对《史通》的校勘。①

近代学者的《史通》评释成果也广受重视。目前学界较少将近代《史通》研究作为整体进行考察，既有研究多为个案分析。整体研究仅有何旭、王琳二文，其中何旭将 20 世纪前半期作为考察对象，王琳则将视角扩展 20 世纪，并以 1949 年为界分为两个阶段。② 二文以较短篇幅处理如此长一时段，难免影响论述深度，尤其是史料搜集一项，遗漏甚多，相关解读也有不少值得商榷之处。个案研究涉及梁启超、钱玄同、顾颉刚、钱穆、吕思勉、刘咸炘、朱希祖、张舜徽、宋慈抱等诸多近代学者。许刚通过梳理钱穆与张舜徽对刘知幾的不同评价，探究二人不同的治学旨趣。王莎梳理了吕思勉《史通评》中的史学史与史学理论内容。赵海旺从《史通》研究史角度考察张舜徽的《史通平议》的独特价值。全清波以朱希祖的《史通》研究为例，考察传统史学理论在现代史学建设中的效用。蹇伶浇以新史学话语体系与传统史学话语体系的争锋解读金毓黻与宋慈抱关于《续史通》的学术批评。③

与大陆同行相比，台湾地区学人也毫不逊色。李纪祥教授指导，佛光大学傅维范所撰《明代〈史通〉学研究——以陆深、李维桢与郭孔延父子为中心》一文，即是从学术史角度考察与总结明代的《史通》研究成果。作者主要着力于两个方面：第一，《史通》在明代的流传与版本问题，第二，陆深、李维桢、郭氏

① 王嘉川：《陆深〈史通会要〉“摭刘知幾之精华”吗?》，《齐鲁学刊》2014 年第 3 期；《李维桢〈史通评〉编纂考》，《首都师范大学学报（社会科学版）》2014 年第 5 期；《郭孔延〈史通评释〉编纂考》，《扬州大学学报（人文社会科学版）》2017 年第 1 期；顾广圻：《初校〈史通〉三题》，《史学史研究》2019 年第 4 期；浦起龙：《校勘〈史通〉所用诸本考》，《史学史研究》2022 年第 2 期。

② 何旭：《20 世纪上半叶（1900——1949）〈史通〉研究的历程》，《档案》2016 年第 12 期；王琳：《二十世纪〈史通〉学研究》，《山西青年》2017 年第 15 期。

③ 许刚《论钱穆与张舜徽对刘知幾的评价》（《绵阳师范学院学报》2005 年第 4 期）、《张舜徽先生之“〈史通〉学”研究》《张舜徽先生之〈史通〉学研究（续）》（《长春师范学院学报》2005 年第 6 期、2006 年第 1 期）、赵海旺《张舜徽先生与〈史通〉研究》（《淮阴师范学院学报》2011 年第 1 期）、王莎《论吕思勉〈史通评〉中的史学史及史学理论问题》（扬州大学 2010 年硕士论文）。蹇伶浇：《两种史学话语体系的交锋——以金毓黻对宋慈抱〈续史通〉的批评为中心》，《史学理论与史学史学刊》2021 年第 24 卷。

父子与江右王门的关系。全文视角新颖、史料翔实、考证精确，确为近年来从学术史角度研究《史通》的重要成果。① 但傅文以陆深、李维桢与郭孔延父子为研究对象，并不足以反映明代《史通》学的全貌，胡应麟、王惟俭亦为明代《史通》学研究的重要学者。此外，明人文集、笔记中也散存大量对《史通》的评论文章。因此，“明代《史通》学”这一选题仍可继续深化。张维屏《从〈四库全书总目·史部·史评类〉所述分析明人的史评著作：兼论明代的〈史通〉研究与史学》，则重点论述了《史通》对明代史学及学术史的影响。②

（二）从史学批评的角度切入研究

史学理论的发展，在很大程度上是通过史学批评来实现的。《史通》不仅仅是我国的第一部史学理论专著，同时由于其中贯穿着作者强烈的批判精神，所以也可称为我国第一部史学批评专著。在《史通》的理论体系中，包含诸多史学批评范畴。近年来，许多学者，如瞿林东、张三夕、赵俊等都提倡跳出史学史的范围而建设中国史学批评史。在这一背景之下，近十年来许多学者都注意从史学批评的角度切入研究《史通》，成绩突出。

《史通》奠定了传统史学批评的基本范畴，而《四库全书总目》作为我国传统文化的总结，其中也蕴含着丰富的史学批评思想。对二者关系加以研究，有利于认清《史通》的史学批评价值，推动中国史学批评体系的建设。代继华深入探讨了《史通》对《四库全书总目·史部》的影响，指出《史通》是“史部”评判标准的重要理论和历史来源，在内容上主要涉及三个方面：第一，对“正史”一词的界定，对“通史”编纂困难的估计、对纪事本末体创新意义的说明、对史书语言朴实的肯定；第二，用以对纪传体史书内部构成是否合理进行评判；第三，用以支撑其对一些史书的评价，或作为设立史书类别的依据。③ 全文视角新颖、史料翔实、论据充分，是对《史通》史学批评价值的有益探索。周文玖对刘

① 傅维范：《明代〈史通〉学研究——以陆深、李维桢与郭孔延父子为中心》，台湾佛光大学 2009 年硕士论文。

② 周梁楷：《结网二编》，东大图书公司 2003 年版，第 221～225 页。

③ 代继华：《〈四库全书总目〉“史部”中的〈史通〉》，《华南师范大学学报（哲学社会科学版）》2007 年第 6 期。

知幾史学批评的特点作了探讨，并将其归纳为三个方面：第一，仗气直书的批评个性；第二，喜谈名理的批评倾向；第三，辨正史义的批评旨趣。① 赵海旺则总结阐发了刘知幾史学批评的基本原则，即实事求是，反对主观臆断；注重对“古今正史”的总结，反对空泛议论；辩证分析，力戒片面武断。②

大陆学者主要从《史通》文本出发，探讨刘知幾的史学批评思想及特点，而港台地区学者则开始注意将《史通》置于中国史学批评史的历程中予以考察，探寻刘知幾对后世史学批评的影响。林时民通过分析纪昀对《史通》的评论与删削，审视其史学批评思想。③ 杨文信从清代科举考试中史学策对《史通》的征引以及《明史》馆臣对《史通》的评价，考察了《史通》对清代史学批评的影响。④ 类似文章还有林时民《史学批评的批评：〈史通〉中的〈史记〉论析》（《台湾师大历史学报》2008年12月第40期）、李威熊《刘知幾以史论经之平议》（《逢甲人文社会学报》2008年6月）、张高评《刘知幾之〈春秋〉〈左传〉学——兼论诗化之史学观》（《文与哲》2008年6月）等。

（三）专题分类研究

《史通》涉及中国史学史研究上的诸多范畴，如史体、史例、史注、叙事、史料采择、直书曲笔、文史关系、经史关系等。而刘知幾所提出的多项议题，都曾引发后世史家的讨论，推动着史学的发展。本书所谓的专题分类研究，是指就刘知幾或《史通》中所涉及的某一单项议题进行的深入探讨。

施丁对刘知幾的“实录论”作了阐释，并分析了其思想渊源及影响。作者认为“实录论”是《史通》的基本史学理论，主要渊源于班固的实录论，也受到刘勰实录思想的影响。同时刘知幾也对实录论作了重大发展，主要表现于史料采择、史书撰述、史文用笔、史义申明、史学批评及史家修养诸方面，并分析了刘

① 周文玖：《刘知幾史学批评的特点》，《史学史研究》2007年第2期。

② 赵海旺：《略论刘知幾史学批评的基本原则》，《徐州师范大学学报（哲学社会科学版）》2011年第2期。

③ 林时民：《纪昀与〈史通削繁〉——以史学批评为中心的探讨》，《台湾师大历史学报》2002年第30期。

④ 杨文信：《史学评论与政治——从清朝的〈史通〉学谈起》，载单周尧：《明清学术研究》，中国社会科学出版社2009年版，第297~320页。

知幾实录论对郑樵、乾嘉考据史学以及章学诚的影响。① 刘治立对刘知幾的史注思想进行了探析，认为刘知幾总结了唐以前史注的主要成就，并将史注划分为训解式史注、补阙式史注、自注三种类型。作者还详细梳理了刘知幾论点在后世引发的争议，并且认为争议有利于促进学者对史注的认识。② 全文史料翔实、条理清晰，不啻一部史注观念演变史。刘知幾的史料学思想一直以来都深受学者关注，20 世纪 90 年代，许凌云、耿建军分别从史料学思想与史料编纂研究两个角度总结了刘知幾的史料学成就，赵海旺则从理论层面作了探究。作者将刘知幾史料学的理论成就分为两个方面：史料分类学与史料应用学。关于史料分类学，作者认为刘知幾第一次划分了史料性著作与史学性著作，并对章学诚的“撰述”与“记述”的史籍分类思想有所启发；关于史料应用学，作者将其概括为“博采”与“善择”两个方面，并且着重探讨了“小说资料能否入史”这一问题，通过分析，作者认为《史通》对小说资料入史是持肯定态度的，所否定的是史家著述史书时，未能慎重选择小说史料。③

除上述所论之外，刘知幾的叙事理论、文史关系论也受到了较为广泛的关注，如邹旭光《刘知幾文史关系论摘要》（《南京社会科学》2000 年第 6 期）、洪之渊《史通叙事尚简论初探》（《温州师范学院学报》2001 年第 2 期）、周征《刘知幾〈史通〉叙事理论研究》（山东大学 2006 年硕士论文）、马铁浩《文学的历史观与历史的文学观——〈史通〉文史关系析论》（《兰州学刊》2008 年第 1 期）、董乃斌《〈史通〉叙事观的文学史意义》（《人文中国学报》2009 年第 9 期）、吕海龙《〈史通〉与刘知幾文史观研究》（上海大学 2011 年度中国古代文学专业博士学位论文）等。

在《史通》专题研究拓宽方面，港台地区的学者可谓用力甚勤，他们大多从刘知幾的史学思想方面予以考察，出现了颇多论文。如黄俊文《从〈史通·书志〉略论刘知幾之史学思想》（《中正历史学刊》2003 年第 6 期）、阎鸿中《义例、名教与实录——刘知幾史学思想溯义》（《台大历史学报》2003 年第31 期）、

---

① 施丁：《刘知幾“实录论”》，《史学理论研究》2003 年第 4 期。
② 刘治立：《〈史通·补注〉与史注》，《史学史研究》2005 年第 3 期。
③ 赵海旺：《刘知幾的史料学理论成就》，《史学集刊》2011 年第 1 期。

李崇新《中国传统史学的理论建构——刘知幾史学思想新论》(《中国文化月刊》2001年12月)、王瑞杰《浅谈〈史通·疑古〉篇中的“疑古”思想》(《史耘》2002年9月第8期)。上述诸文所探讨的皆为刘知幾史学思想之一端，而简敏芳《刘知幾史学思想之研究》(高雄师范大学国文学系2001年硕士论文)，对刘知幾的史学思想进行了全面检视，尤其从学术发展，特别是史学史的这一角度，剔抉出影响刘知幾史学思想建立的背景因素。

(四) 刘知幾与章学诚的比较研究

刘知幾的《史通》与章学诚的《文史通义》被誉为史学理论发展史上的“双璧”。梁启超曾指出：“千年以来研治史家义法能心知其意者，唐刘子玄、宋郑渔仲与清章实斋三人而已。”① 张舜徽先生也将《史通》《通志总序》《文史通义》并称为“史学三书”。因此，《文史通义》是《史通》研究的一个重要参考系。近十年来，刘、章的比较研究也广受学者关注。

关于刘知幾与章学诚的学术渊源关系，学界向来有两种观点：一种认为章学诚继承了刘知幾，章氏成就未能高出刘氏，如张其昀、许冠三、王树民；一种认为章学诚在“史法”之上，更进一步研究“史意”，理论成就高于刘氏，如仓修良、杜维运。而梁继红通过探讨两人的史学歧异，提出两人理论体系不同，不可任意轩轾。作者认为“史法”与“史意”是研究刘知幾与章学诚史学异同的关键，“史法”针对馆局纂修而言，“史意”针对一家著述而言。刘知幾主张据事直书，强调史事的客观性，表现为一种记录史观，而章学诚主张籍史以明道，注重从史事总结出一家之言。② 杨绪敏通过比较刘知幾与章学诚对《史记》的不同评价，总结二人的史学异同。认为刘知幾更注重从编纂学角度指出《史记》各种体例在编纂过程中出现的问题，企图为后世修史立一法典；章学诚不赞成以史法来规范修史，主张学习司马迁圆通变化的旨意，反对谨守绳墨、不知变通的做

---

① 梁启超：《中国近三百年学术史》，山西古籍出版社2001年版，第285页。

② 梁继红：《“刘言史法，吾言史意”——章学诚与刘知幾史学歧异探析》，《古籍整理研究学刊》2003年第2期。

法。① 陈其泰从历史编纂学角度对二人作了比较，分别总结了两人在历史编纂学上创新与贡献，同时也着重从两人所处时代背景分析其异，认为刘知幾处在史书编纂尤其是纪传体正史纂修的高峰时期，他承担的主要使命是总结以往，提出编纂范式，分析、厘清体裁体例的特点，评价编纂方法的得失；章学诚处于正史末流在编纂上陷于困境阶段，他承担的主要任务是开出新路，其方法则是重视并吸收后出的纪事本末体因事命篇的优点，对纪传体大力加以改造。② 另外，相关论文还有：路新生《史学批评发展史上的“双璧”——〈史通〉和〈文史通义〉》（《历史教学问题》2005 年第 3 期）、杨俊光《刘、章史学比较之三题》（《长春工业大学学报（社会科学版）》2011 年第 3 期）等。

台湾地区学人张欧旭《刘知幾与章学诚之比较研究——透过双向诠释阐明其理想著述论》，就刘、章的学术渊源、史学思想等方面进行了研究。尤其是第三章讨论刘、章之“史体观”，进一步从刘、章的“史体观”究其“通”之观念意涵；第四章则专门探讨刘、章二人的理想史学著述理念；第五章深入的归纳探讨刘、章二人对史家和史学的期许。③

三、21 世纪以来《史通》研究的反思与前瞻

21 世纪以来的《史通》研究，在视角与方法上都有了一些突破，取得了很大成绩，但仍存有诸多缺憾。例如从学术史角度切入研究，目前学界较多瞩目于明清时期，且多从宏观立论不够细致，对于近代的评释成果，学界较为关注吕思勉与张舜徽等少数学者，视域仍可拓宽。就史学批评而言，目前的研究仍未脱离《史通》文本本身，未能将其置于中国史学批评发展历程中予以考察。专题研究与刘章比较研究，也都存有较大的开拓空间。有鉴于此，笔者认为今后的研究，

---

① 杨绪敏：《〈史通〉〈文史通义〉有关〈史记〉评论之比较研究》，《历史教学》2004 年第 4 期。

② 陈其泰：《历史编纂的理论自觉——〈史通〉〈文史通义〉比较研究略论》，《人文杂志》2010 年第 3 期。

③ 张欧旭：《刘知幾与章学诚之比较研究——透过双向诠释阐明其理想著述论》，台湾中正大学历史所 2006 年硕士论文。

应从以下四个方面加以推进。

第一，继续加强《史通》评释、研究专著的整理与出版工作。如郭孔延《史通评释》、王惟俭《史通训诂》、黄叔琳《史通训诂补》、纪昀《史通削繁》等评释著作，虽然收入《续修四库全书》，上海古籍出版社也将前三书结集出版，但全都是影印未加以标点整理，不利于研究者的使用。再者，近十余年来，虽然再版了一些《史通》研究专著，但远不能涵括全部，如傅振伦之《刘知幾年谱》、张振珮之《史通笺注》、赵吕甫之《史通新校注》等，都是《史通》研究史上的重要著述，但因出版时间较早，印本有限，当前寻求起来已颇为不便。因此，继续加强对《史通》评释、研究专著的点校整理以及再版发行，必能造福学林，为当前的《史通》研究奠定更好的文献基础。

第二，史料范围的扩展与挖掘。史料不是史学研究的全部，却是史学研究的重要基石。目前学界所利用的史料主要为《史通》文本及几部评释专著，未能将更多的目光投向明清时期的学术笔记以及学者文集，极大地限制了《史通》研究的史料来源。根据前辈学者的研究，清代文集笔记中散存许多对于《史通》的研究专文，如汪之昌《六家体例源流考》《拟补〈史通·体统篇〉》《拟补〈史通·纰缪篇〉》《拟补〈史通·弛张篇〉》黄本骥《痴学·信古录》皮锡瑞《〈史通·惑经篇〉书后》《〈史通·申左篇〉书后》、陈庆年《读〈史通·编次篇〉》、黄家岱《读〈史通·称谓篇〉》等。通过文集、笔记拓展史料来源，是《史通》研究向纵深发展的重要基础。

第三，继续深化从学术史角度与史学批评角度切入研究。上文已经指出，自明清以来，先后有众多学者对《史通》进行评释，诞生了许多优秀成果，而目前的研究尚不够细致，今后应首先着力加强对《史通》评释者的个案研究。此外，对《史通》进行评释，既是评释者自身史学思想的反映，也在一定程度上折射出评释者所处时代的学术思潮。因此，今后从学术史角度对《史通》进行研究时，必须与当时的学术思潮结合起来，只有这样，才能将个案研究的“点”与整个态势的“面”结合起来，将《史通》研究推向深入。关于史学批评角度，今后应着重将《史通》置于中国史学批评发展历程中予以考察，以《史通》为依托，探究刘知幾史学批评的思想渊源，梳理刘知幾观点在后世引发的争议与共鸣，寻源竟委，推动中国史学批评史的建设。

第四，关于《史通》的史学影响，在理论层面之外，还应加强研究《史通》对史书编纂实践的影响。唐后学者虽然不满于刘知幾的“疑古惑经”思想，但却也不敢忽视其在历史编纂学上的理论建树，因此在编纂史书时对其理论多所借鉴。清代学者浦起龙曾断言：“继唐编史者，罔敢不持其律。”① 并列举十条例证加以说明。钱大昕也指出：“刘氏用功既深，遂立言不朽，欧、宋《新唐》往往采其绪论。”② 浦、钱二人之言虽不免附会夸大之嫌，但大体反映了一个事实。此后，傅振伦、赵吕甫、许冠三对这一问题续有阐发，为当前《史通》研究指示了一条新的路径。③ 但近十年来，学者往往着力于探讨《史通》对史学理论的影响，而忽视了《史通》对史书编纂实践的影响。在史学理论之外，加强《史通》对史书编纂实践影响的研究，有利于更为全面地把握其史学价值。

① 刘知幾著，浦起龙通释：《史通通释》，上海古籍出版社 2009 年版，第 273 页。

② 钱大昕：《十驾斋养新录》，上海书店出版社 1983 年版，第 303 页。

③ 分见傅振伦：《刘知幾年谱》，中华书局 1963 年版，第 132~146 页；赵吕甫：《欧阳修史学初探》，《历史教学》1963 年第 1 期；许冠三：《刘知幾的实录史学》，香港中文大学出版社 1983 年版，第 131~163 页。

第二章　郭孔延与《史通评释》

郭孔延，字延年，江西泰和人，生于明神宗万历二年（1574年）①。郭孔延所撰《史通评释》（以下简称《评释》）是第一部对《史通》进行注解的专著，包括校勘、注释、评论三项内容：校勘主要依据陆深、张之象、张鼎思刻本相互参校；注释分为注书、注人、注事以及音义注四个方面；评论主要对《史通》所涉及之历史事件与人物进行道德评判，也对蕴含其中的史学理论议题作了阐发。《评释》不惟注释详赡，而且体例严谨，在《史通》研究史上具有典范作用。对于这样一部重要著述，理应得到学界重视，然而既有研究不仅成果较少，且多停留在介绍层面。② 有鉴于此，笔者拟从《评释》的版本及内容入手，探析郭孔延的史学思想及其《史通》研究的成就与贡献。

一、《史通评释》的编纂

《史通》问世以后，在宋、元两代没有受到应有重视，流布不广，且篇目次序淆乱，讹舛百出。嘉靖年间，陆深重刻《史通》，并采其精要，撰成《史通会要》。此后，《史通》一书逐渐引起学者关注：张之象、张鼎思分别于万历五年、

---

① 郭孔延：《资德大夫兵部尚书郭公青螺年谱》，《北京图书馆藏珍本年谱丛刊》第520册，第509页。

② 目前学界并未有专文对郭孔延及其《史通评释》进行研究，张新民《〈史通〉评释诸本述略》、杨艳秋《刘知幾〈史通〉与明代史学》（《史学史研究》2002年第4期）、杨绪敏《论明清时期〈史通〉的流传、整理与研究》（《史学月刊》2008年第11期）诸文曾对此稍有涉及，但仅停留在介绍层面。我国台湾地区李纪祥教授指导、范维范所撰硕士论文《明代〈史通〉学研究——以陆深、李维桢、郭孔延父子为中心》，对郭孔延《史通评释》论述颇详，但作者主要着眼于版本考辨、郭氏父子与江右王门之关系。故此论题仍有开拓空间。

万历三十年对《史通》加以重新刊刻，纠正错字、厘定篇章，最大限度地恢复其文本原貌；与此同时，胡应麟等学者则对《史通》所涉及之史学理论问题作了评论。① 版本刊刻的繁盛与史学评论的兴起，表征着明代中后期兴起了一股《史通》研究热潮。但刘知幾所撰《史通》，包含史实众多，并且使用骈文、多用典故，学者籀读匪易。因此，仅对《史通》加以校勘并不足以满足学者之需求，在此情况下，首部《史通》注释本——《评释》便应运而生。

郭孔延撰著《评释》与其父郭子章有密切关系。郭子章，字相奎，号青螺，又自号蠙衣生，隆庆辛未（1571 年）进士，官至兵部尚书。郭子章虽然仕宦显赫，却不废读书，著述丰硕。郭孔延为郭子章次子，其撰著《评释》直接缘于郭子章督导。郭孔延于《评释·序》中自述道：

> 张睿父先生再刻陆太史校定刘子玄《史通》于豫章竣，寄家君黔中。……家君读而喜，以新刻寄延曰："……予家有《史通》蜀本、吴本，再校之。"……延自长安归，循环校阅，再加芟正。②

张睿父即张鼎思，蜀本、吴本分别为陆深、张鼎思刻本。据上引文可知，张鼎思于万历三十年刊刻《史通》后，曾寄送给郭子章一本，而郭子章遂令其子孔延再加勘对。郭孔延"初据豫章刻《评释》，……书既就，请正新市李本宁太史。公发云间本来，始得《补注》《因习》二篇全文，而又为延正二百三十余字，于是《史通》始成全书。"③ 云间本即张之象刻本，而李本宁即李维桢。综上所述，郭孔延藉由郭子章与张鼎思、李维桢之间的学术交谊，汇总陆深、张之象、张鼎思刻本，在充分吸取前人校勘成果的基础上，再加以注释、评论，最终促成了《评释》的问世。④

---

① 关于胡应麟对《史通》的研究，可参考王嘉川：《胡应麟论刘知幾》，《史学月刊》2006 年第 4 期。

② 郭孔延：《史通评释》，上海古籍出版社 2006 年版，第 1 页。

③ 郭孔延：《史通评释》，上海古籍出版社 2006 年版，第 7 页。

④ 郭子章文集中收录有多篇与李维桢的来往书信，如《谢李本宁太史》《与李本宁太史》，见郭子章：《蠙衣生黔草》，《四库全书存目丛书》集部第 156 册，齐鲁书社 1997 年版，第 51、84 页。

《评释》现存刻本有二：一为郭孔延单刻本，由郭孔陵于万历三十二年刊刻，半叶十行，行二十二字，白口，四周双边；一为李维桢、郭孔延之合刻本，刊刻时间不详，半叶九行，行二十字，白口，四周单边。① 《评释》两种刻本存有较大差异：

第一，单刻本前列有郭孔延自定《评释凡例》，合刻本无；

第二，郭孔延撰《评释》时曾自定凡例，其中有言："评有总评、有细评，总评列于前，细评列于事之后。"② 而合刻本则将细评全部提前；

第三，郭孔延将注释中"事少字少者"及"音义注"列于册颠，而合刻本将册颠所注，全部删去；

第四，郭孔延之注释及评论文字，合刻本多有脱漏；

第五，郭孔延初据张鼎思本撰写《评释》，但其中《补注》《因习》两篇脱误严重③，后得张之象本两篇全文，在刊刻时两存之，"一以著文裕、睿父阙疑之慎，一以昭碧山、本宁订误之功，且令学者知校书之难如此。"④ 合刻本则将张鼎思本《补注》《因习》两篇删掉。

此外，单刻本前录有《晁氏史通评》《王伯厚玉海序史通》《杨用修史通评》《于尚书史通举正论》《张碧山先生史通序》，合刻本仅存于慎行之《史通举正论》；单刻本郭孔延《史通评释序》后明确交代撰写时间为"大明万历甲辰岁夏五日"，⑤合刻本郭氏自序题为"史通序"，并将时间删去。

郭孔延撰著《评释》，自定凡例甚为严谨，而合刻本却有多处自违体例，注

---

① 台湾地区学者李纪祥曾对此书刊刻时间加以考证，因王惟俭《史通训诂》刊于万历三十九年（1611 年），故李纪祥认为："王本又以郭本为底本，参校张之象本而成，故知此本之刊行亦应在万历年间，在张之象本之后、王本之前也。"见李纪祥：《台湾地区〈史通〉研究之回顾（1949—1994）》，《编译馆馆刊》1996 年第 25 卷第 1 期，第 109 页。但王惟俭自称所据底本为"江右郭氏《史通评释》"，并未明言是单刻本还是合刻本，而单刻本刊于万历三十年，可能为王氏所据之底本。所以李氏之观点，并不足以成定论。

② 郭孔延：《史通评释》，上海古籍出版社 2006 年版，第 8 页。

③ 张鼎思本《补注篇》缺其下半，"所捐"以下的文字，系采《因习篇》之语；而《因习篇》缺其上半，仅存 13 行，系由《史官篇》窜入。

④ 郭孔延：《史通评释》，上海古籍出版社 2006 年版，第 71 页。

⑤ 郭孔延：《史通评释》，上海古籍出版社 2006 年版，第 2 页。

释内容也多有脱漏，册巅所注更是全部删去，令人殊为不解。洪业更是直接断定《评释》中的李维桢评语，是出于后人伪造。① 李维桢之评语是否出于后人伪造，因无的证，不可轻下论断。尽管《评释》合刻本问题颇多，难免令人生疑，但《评释》现存刻本甚少，加之单刻本又多有缺页，合刻本恰可以补足，因此两种刻本不可偏废，必须相互参讨。

关于《史通评释》之版本，还有一个问题需要加以辨析，即郭孔延《史通评释》与陈继儒《史通订注》（或称《史通注》）之关系。《史通订注》，明清目录书中未曾著录，而许凌云、张振珮、张新民、杨绪敏等学者在其著述中都曾提及此书。②《中国古籍善本书目》也曾加以著录：“《史通注》二十卷，明陈继儒撰，明末刻本。”③ 张振珮曾于南京图书馆古籍部见此书之明刊本，并在其所著《史通笺注》中附录其例言。但观其例言，与郭孔延之《评释凡例》并无二致。而经洪业先生考证，《史通订注》系由书商假借陈继儒名号加以刊刻，其为伪书足成定谳。④

二、郭孔延的“义理史学”思想

“义理史学”，又称“理学化史学”，是以理学为指导思想的一种史学流派。“义理史学”肇端于北宋初期，历南宋、元迄于明代前期，一直占据主流位置。明代中叶以后，博古考信、史学经世等思潮逐渐兴起，但是“义理史学”的影响并未完全消除。郭孔延生于万历二年，受此学风熏染，也有着浓厚的“义理史学”思想，具体而言，主要表现在以下三个方面：

---

① 洪业曾言：“又徐承礼藏之明刊本《史通》二十卷，是否每半叶九行、行二十字，且附有伪李本宁评语者？”见王钟翰：《王钟翰清史论集》（第四册），中华书局 2004 年版，第 2470~2473 页。

② 分见仓修良：《中国史学名著评介》（第一卷），山东教育出版社 1990 年版，第 475 页；张振佩：《史通笺注》，第 781 页；张新民：《史通评释诸本述略》，第 115 页；杨绪敏：《论明清时期史通的流传、整理和研究》，《史学月刊》2008 年第 11 期，第 113~114 页。

③ 《中国古籍善本书目》，第 1508 页。

④ 王钟翰：《王钟翰清史论集》（第四册），中华书局 2004 年版，第 2471 页。

（一）注重褒贬，推崇《纲目》

朱熹是“义理史学”之集大成者，其所撰《通鉴纲目》刻意模仿《春秋》书法，注重褒贬，成为“义理史学”的典范之作。因此，注重褒贬，推崇《纲目》，就成为“义理史学”的一项重要表征。

郭孔延十分注重史学的褒贬功能，在其看来：“《春秋》惟褒贬严也，故乱贼惧。司马迁《史记》，帝纪传法《春秋》而亡褒贬，朱子《纲目》法《春秋》而有褒贬，而惜子玄未之见也。”① 郭孔延对《纲目》的推崇之意跃然纸上，而原因正在于其继承了《春秋》的褒贬精神。同时，郭孔延虽然十分注重史学的褒贬功能，但对于其使用又十分谨慎，提出：“夫褒贬其易言哉！无瑕之口可以戮人，佞人不可执笔。”② “君子而史也，是谓无瑕之口，监空衡平，毕照忠佞；小人而史也，是谓佞人之笔，口鸣铎喧，何益理乱，故所系人国非浅细也。”③ 将史臣分别为君子、小人两类，认为只有君子才能正确行使史学的褒贬功能。因此，郭孔延明确宣示：“左马而下，若温公之《通鉴》、朱子之《纲目》，其庶几君子矣。”“若与夺乘宜，是非失中，如晔、收之流，则何以赞为？”④

（二）重视探讨正统论

正统论所探讨的是王朝政治权力递传秩序的合法性问题，后被引入史学，成为史书编纂的一个重要指导观念。正统论在宋代以前虽然也有学者做过探讨，但尚处于萌发阶段，“义理史学”兴起之后，正统论才形成一个完整体系。可以说，重视探讨正统论，也是“义理史学”的一项重要内容。

郭孔延对正统论也极为重视，在《评释》中有多处涉及，兹略举两例。刘知幾在《史通·编次篇》中驳斥班固不应于平帝以后全用王莽年号纪事，批判范晔《后汉书》未将刘玄列入本纪。这一观点首发于张衡，⑤ 刘知幾又加以申论，此

---

① 郭孔延：《史通评释》，上海古籍出版社 2006 年版，第 13 页。
② 郭孔延：《史通评释》，上海古籍出版社 2006 年版，第 13 页。
③ 郭孔延：《史通评释》，上海古籍出版社 2006 年版，第 266 页。
④ 郭孔延：《史通评释》，上海古籍出版社 2006 年版，第 43 页。
⑤ 范晔：《后汉书·张衡传》，中华书局 1965 年版，第 1940 页。

后，历代史家论争不休，郭孔延也曾参与其中，其言曰：

> 莽弑平帝，在孺子婴改元居摄业已二年，又改初始元而莽始纂。以婴未成君，政由莽出而不纪之，亦当附平末，奈何入莽传中？此班抑子婴之过也。更始诛莽，建元二载，厥功甚巨，而降于赤眉，身死贼手，辱亦不细，《史通》乃谓兄亡弟及，当为作纪，此又子玄扬更始之过也。作史者纪西汉年，以初始元终，而附平帝之末；纪东汉年，当为更始立载纪，不得列于光武之首，斯为称矣。①

正统论折射到纪传体史书中，主要反映在体例处理上，尤其是本纪设立。本纪作为纪传体之纲，藉以为纪年之用，与爵位无关，而后世史家却误将本纪视为帝王专属。因此，本纪的设立便与正统论相结合，本纪之归属即为正统之所在。郭孔延汲汲于辨析孺子婴与刘玄是否该立本纪，正是缘于正统论思想的支配。本纪归属之外，分裂割据时代主权之系属也为正统论所瞩目的重要内容，其中由《三国志》所生发的魏蜀正统论争尤为引人关注。刘知幾主张仿《通史》之例将蜀汉设为“世家”，而郭孔延则认为：“惟益本汉主，而訾为伪蜀，本承统而抑为家，《通史》《史通》《通鉴》俱属未通。《纲目》帝蜀，其名始正。”② 魏蜀正统之争在中国史学史上聚讼不已，帝魏帝蜀，与时势变化密切相关。郭孔延推奉朱熹，将正统归于蜀，其是非得失暂且不论，只是由此即足以看出郭孔延对正统论的重视，判定他所持有的“义理史学”思想。

（三）重视史论，以严格的伦理标准衡量历史人物

所谓史论，是就历史上的人物以及历史上所发生的事件而加以评论。③ 重视史论，是“义理史学”的又一表征，而明代尤甚。诚如四库馆臣所言：“明代史

---

① 郭孔延：《史通评释》，上海古籍出版社 2006 年版，第 51 页。

② 郭孔延：《史通评释》，上海古籍出版社 2006 年版，第 26 页。

③ “史论”不同于“史评”，“史评”是指评论史书、史学问题或史学现象的言论与著作。关于“史论”与“史评”的区别，可参考瞿林东：《谈中国古代的史论和史评》，《东岳论丛》2008 年第 4 期。

论至多，大抵皆八比余功，偶检《纲鉴》数纸，即妄以臆说翻案，徒侈游谈。”① “这些史论大体可分为三类，一是故作翻案文章，惊世骇俗，哗众取宠；二是借论史大掉八股文书袋，意在文章抑扬顿挫而不在史事是非曲直；三是以更严格的封建伦理标准来衡量历史人物、事件，这一类史论占的比重极大。”② 郭孔延的史论即属于第三类，注重对历史人物进行道德评判，例如，他在评论李延寿所撰《南史》《北史》时，提出：

> 若李延寿《南》《北》史，简整明饬，承祚之亚，而文采或过之，温公服膺似矣。第大义未明，诸目未备，不立逆臣传而尔朱荣、尔朱兆、张衡弑主之贼竟尔漏网；不立忠臣传而尉迟迥、王谦、元瑾、荀济勤王之义遂同理玉。”③

郭孔延对李延寿大加批判，原因即在于其所设立之类传名目不完备，无法统属历史人物。纪传体中类传的设立，原是为反映不同时代所特有历史现象，如《党锢列传》《阉党传》《流贼传》等。而郭孔延所预设的类传名目，如《逆臣传》《忠臣传》，却具有浓厚的道德评判色彩，其目的在于依据儒家伦理裁量历史人物。这种滥立传目的观点遭到后世史家的强烈批驳，如钱大昕曾言：“史家之病，在乎多立名目。名目既多，则去取出入必有不得其平者。”④ 邵晋涵也认为：“史以纪实，综其人之颠末，是非得失，灼然自见，多立名目奚为乎！”⑤ 钱、邵二人反对多设类传，乃是汉学家“实事求是”治学理念的反映，而郭孔延以道德评判为出发点而主张多设类传，正是其“义理史学”思想的折射。

综上所述，郭孔延十分强调史学的褒贬功能，在对《史通》进行评论时，其对象主要指向其中所涉及的历史事件与人物，藉以抒发自己的“正统论”观点，

---

① 永瑢等：《四库全书总目》，中华书局1965年版，第755页。

② 葛兆光：《明代中后期的三股史学思潮》，《史学史研究》1985年第1期，第32页。

③ 郭孔延：《史通评释》，上海古籍出版社2006年版，第19页。

④ 钱大昕：《答问十》，《潜研堂文集》卷一三，上海古籍出版社2009年版，第202页。

⑤ 邵晋涵：《南江文钞》，《续修四库全书》第1463册，上海古籍出版社2002年版，第574页。

对历史人物进行道德评判。郭孔延此种倾向，无疑偏离了刘知幾“实录史学”的主旨。但对经典文本进行诠释，必然会受到时代学术思潮之影响。郭孔延身处“义理史学”风行之明代中后期，在对《史通》进行评论时透露出浓厚的义理化倾向，也不足为奇，更不应对其加以苛责。

但笔者于此并无意对郭孔延之观点加以评价，仅透过郭氏之评论，探析其所持有的“义理史学”思想。

三、郭孔延对史学理论的阐发

葛兆光观察到，嘉靖、隆庆、万历年间出现一股维护史学客观性、严肃性思潮，“而其形式则表现为对史书的批评与考证”①。钱茂伟也曾指出，在明代中叶史学转型过程中，史学理论的重建工作受到了重视。② 诚如两位先生所言，明代中后期，史学理论受到了众多学者的关注，涌现出大批研究论著，如胡应麟《史书占毕》、李梦阳《论史答王监察书》、瞿景淳《古今史学得失论》、梁梦龙《史要编》、卜大有《史学要义》等。《史通》研究热潮的兴起即是史学理论受到重视的表征，而研究者在对《史通》文本进行评释时，又必然会对蕴含其中的史学理论问题加以阐发，二者互为表里。郭孔延虽然有浓厚的“义理史学”思想，多瞩目于刘知幾所举之例证，藉以抒发自己的“正统论”观点，对历史人物进行道德评判，但在《史通评释》中也有多处论述史学理论议题。

第一，编年纪传优劣论。作为我国历史编纂学上最重要的两种史书体裁，编年、纪传二体优劣之争其来有自。刘知幾曾分别总结二体的优劣长短，进而指出：“考兹胜负，互有得失。”③ 可谓持平之论。而郭孔延则认为：

> 史之题目，当以编年为正。一年之内，主臣华夷，诸事毕载，何其简其晰也。《春秋》孔经，《左传》为上，其次朱子《纲目》，纲法经，目法传。

① 葛兆光：《明代中后期的三股史学思潮》，《史学史研究》1985 年第 1 期，第 31 页。
② 钱茂伟：《论明中叶史学的转型》，《复旦学报（社会科学版）》2001 年第 6 期。
③ 刘知幾著，浦起龙释：《史通通释》，上海古籍出版社 2009 年版，第 25 页。

又其次司马文正《资治通鉴》皆题目之正者。编年之体，坏于子长，自兹以后，滥觞逾甚，昔人谓之整齐故事，良有以也。即欲如《史记》体，当以《新唐书》为正。①

郭孔延认为编年体史书具有“简、晰”的优点，而纪传体仅能“整齐故事”，所以编纂史书必须首选编年体，若不得已使用纪传体，也必须模仿《新唐书》，采用“春秋笔法”。郭孔延“编年优于纪传”之观点有失公允，固不待言，但这恰恰折射出其所持有之“义理史学”思想。《春秋》作为儒家经典，又是最早史书，其编年形制便因而被“义理史学”奉为圭臬。刘咸炘先生曾观察到：“优编年者大抵亢经媚古之儒，以繁为纪传罪，其言多偏曲。”② 可以说，推崇编年、贬低纪传是“义理史学”的普遍倾向。

第二，班马优劣论。自《汉书》问世以后，班马优劣问题随即被提出，众多学者都曾参与论争，如王充、傅玄、张辅、刘知幾、郑樵、倪思、王若虚、胡应麟、凌稚隆、许相卿、徐乾学、浦起龙等。作为传统史学的一项重要议题，班马优劣比较在不同历史时期评判标准、主流倾向各有不同。就明代而言，学者多从文学角度加以评点，而郭孔延之评价班马优劣则主要从史学角度着眼，其言曰：

子玄于《史记》有贬词，于《汉书》加伟称，优固于迁，似矣。……以愚论之，迁辟创业，固辟守成，创业纷乱，势难精密，守成太平，更易寻讨，此可以知迁固之优劣矣。③

司马迁撰著《史记》，是中国史学史上的一大创举，但由于体例不够严密，招致不少非议。如班彪曾言：“细意委曲，条例不经。……故其书刊落不尽，尚有盈辞，多不齐一。”④ 刘知幾也认为：“夫史之篇目，皆迁所创，岂以自我作故，而

① 郭孔延：《史通评释》，上海古籍出版社2006年版，第46页。

② 刘咸炘：《唐史记序驳》，刘咸炘著，黄曙辉整理：《刘咸炘学术论集·史学编》(下)，广西师范大学出版社2007年版，第428页。

③ 郭孔延：《史通评释》，上海古籍出版社2006年版，第20页。

④ 范晔：《后汉书·班彪传》，中华书局1965年版，第1334页。

名实无准。"① 二人虽然肯定司马迁的首创之功，但侧重点则是批评其体例不够严密。郭孔延则一反前人论点，设身处地为司马迁加以辩护，从"创业""守成"之难易不同，认为司马迁优于班固。郭孔延这一观点也受到后世学者认同，如赵翼认为："司马迁发凡起例，创为全史。……自此例一定，历代作史者遂不能出其范围，信史家之极则也。……不知无所因而特创者难为功，有所本而求精者易为力，此固未可同日而语耳。"② 郭孔延从纪传体开创角度评价司马迁优于班固，洵为不刊之论，但认为刘知幾"优固于迁"，却不符合刘知幾本意，因为"刘知幾对《史》《汉》两家的评论是互有褒贬的，并无扬此抑彼之意，无法得出尊班抑马的结论。"③

第三，制册章表书。刘知幾鉴于纪传体史书中广载诏令、文辞，大为烦冗，因此建议设立一"书"部："若人主之制册、诰令，群臣之章表、移檄，收之纪传，悉入书部，题为'制册'、'章表书'，以类区别。"④ 对此，郭孔延评论道：

> 另立制册章表书，为目甚新，为体亦异，第云以类区别，又似一部类书文选，不似史体，故数千年来无遵此目，不若仍旧王言入纪，臣言入传，三章之约载于《高纪》，反骚之文编于《雄传》，更为妥焉。⑤

郭孔延从史体角度着眼，认为纪传体中设立"制册章表书"，会使史书变为文集，因此持反对态度。这也得到浦起龙认同："且使此策果立，几与挚虞流别同科。即刘于《载文篇》亦言非复史书，更成文集，不且自矛乎？况乎后世，著述如林，弥滋轇轕矣。此论不可行。"⑥

刘知幾主张于纪传体史书中另立一"书部"，体现了一种不愿墨守成规，勇于变革的创新精神，并确实有其合理性。而郭孔延、浦起龙俱以"总集"为忧，

---

① 刘知幾著，浦起龙释：《史通通释》，上海古籍出版社 2009 年版，第 38 页。
② 赵翼著、王树民：《廿二史札记校证》，中华书局 1984 年版，第 3 页。
③ 汪高鑫：《刘知幾班马优劣论平议》，《安庆师范学院学报》2000 年第 5 期。
④ 刘知幾著，浦起龙释：《史通通释》，上海古籍出版社 2009 年版，第 31 页。
⑤ 郭孔延：《史通评释》，上海古籍出版社 2006 年版。
⑥ 刘知幾著，浦起龙释：《史通通释》，上海古籍出版社 2009 年版，第 32 页。

持反对态度，有失偏颇。史书中收录诏令文辞，选取标准自与文学不同，关键在于史家采择。并且刘知幾这一主张，纪传体史书虽没有遵从，但并非没有影响，张舜徽先生就曾指出："后世若《唐文粹》《宋文鉴》以及明清《经世文编》之类，皆足为史传羽翼。溯厥体例，盖皆本知幾斯议而稍变通以为之者也。"①

明代中后期，在史学理论受到重视的背景下，郭孔延籍由对《史通》的评论，阐述了自己对多项史学理论议题的看法，虽然在"义理史学"思想的支配下，其观点多有失偏颇，但也是中国传统史学理论发展过程中的重要一环，不容泯没。除上述所论四点之外，郭孔延对史学批评问题也曾作过阐发，认为："史之优劣，一曰好恶有公私，私者劣；一曰书事有真伪，伪者劣；三曰义例有精疏，疏者劣；四曰笔力有整庞，庞者劣。字之烦简，未足以定优劣也。"② 郭孔延提出评判史书优劣，应从史家立场、史事考核、体例精疏、文字烦简四个方面加以审核，是继吴缜所提"事实、褒贬、文采"三项范畴之后③，对史书批评标准的进一步完善，具有重要的理论意义。

四、《史通评释》的评价与影响

郭孔延《史通评释》问世之后，学者褒贬不一。如黄叔琳就认为："援引踳驳，枝蔓无益，又疏于考订，每多纰缪。"④ 浦起龙也指出："甚者佹辞巇古以召闹，臆评兴而衷质蔽，莫能直也。郭本其尤已。"⑤ 黄、浦二人继郭孔延之后，都曾训释《史通》，为了替自己的著作张目，必然会对郭孔延加以贬低，其言并不足以服人。后世学者亦有对《评释》加以褒奖者，如四库馆臣认为："孔延所释，较有引据，而所征故事，率不著其出典，亦颇有舛漏。"⑥ 李慈铭也认为：

① 张舜徽：《史通平议》，华中师范大学出版社 2005 年版，第 362 页。

② 郭孔延：《史通评释》，上海古籍出版社 2006 年版，第 201 页。

③ 吴缜："夫为史之要有三：一曰事实，二曰褒贬，三曰文采。有是事而如是书，斯谓事实。因事实而寓惩劝，斯谓褒贬。事实、褒贬既得矣，必资文采以行之，夫然后成史。"见吴缜：《新唐书纠缪・序》，台湾商务印书馆 1986 年版，第 621 页。

④ 黄叔琳：《史通训诂补・例言》，上海古籍出版社 2006 年版，第 435 页。

⑤ 刘知幾著，浦起龙释：《史通通释》，上海古籍出版社 2009 年版，第 1 页。

⑥ 永瑢等：《四库全书总目》，中华书局 1965 年版，第 757 页。

"予得李郭此本，深可喜也。……延年名孔延，姓名罕见，而所附诸评，亦多佳者。"① 四库馆臣与李慈铭虽然都对郭孔延加以肯定，但四库馆臣站在汉学家立场，评价《评释》时仅从注释角度着眼，而李慈铭之评论又过于空洞，并没有真正把握其价值。就笔者考察，《评释》之学术贡献主要有以下三个方面：

第一，促进了《史通》的传布。上文已经指出，《史通》所引典故甚多，学者籀读匪易，而陆深、张之象、张鼎思所刊刻仅为校本，没有对其加以注释，这在一定程度上影响了《史通》的传播。《评释》的问世，则极大地改变了这一状况。清初学者黄叔琳曾观察到："《史通》旧鲜训释，惟延年所注盛行书塾。"② 从黄叔琳所述，可以看出《评释》作为《史通》注释本，已逐渐取代校本，并且突破了精英知识分子的范围，盛行于书塾等底层文化圈。可见，《评释》极大地促进了《史通》的传播。

第二，在体例编纂上，成为《史通》注本典范。郭孔延撰著《评释》，自订体例甚为严谨，概而言之，主要包括校勘、注释、评论三项内容。其后之注释《史通》者，如王惟俭、黄叔琳、浦起龙等，体例与内容均未超出郭孔延之范围。平心论之，《评释》也有不足之处，确如后人所批评者：注释冗杂枝蔓、引书不注出处、评论也多有不当。但《评释》作为第一本《史通》注本，舛误在所难免，并且引书不注出处，乃明代学者普遍风气，③ 不能对其加以苛责。诚如台湾地区学者李纪祥所言："大致上看来郭本作为一个评释本已经成型，日后浦本的型式大体已奠基于郭本。"④ 综之，《评释》凭借其体例之严谨、内容之详赡，成为《史通》注本的典范。

第三，具有重要的方法论意义。首先，就《史通》本书之不同篇章，相互参照，指示其抵牾。如关于纪传体中"表"的功用，刘知幾在《表历》《杂说》两篇中的观点歧异，一言其"得之不为益，失之不为损"；一言其"使读者简便，

① 李慈铭：《越缦堂读书记》，辽宁教育出版社 2001 年版，第 413~415 页。

② 黄叔琳：《史通训诂补·例言》，上海古籍出版社 2006 年版，第 435 页。

③ 王嘉川：《明代抄袭之风与胡应麟对治学规范的讲求》，《史学月刊》2009 年第 11 期。

④ 李纪祥：《台湾地区〈史通〉研究之回顾（1949—1994）》，《编译馆馆刊》1996 年第 1 期，第 110 页。

举目可详”。郭孔延对此评论道：“一褒一贬，令人何所适从？”① 其次，参考唐前书籍，探究刘氏观点之渊源。如刘知幾在探讨纪传体中“本纪”“世家”“列传”三种体例时，曾对司马迁大加指摘。而郭孔延指出：“第史迁之失，叔皮、章怀曾难之矣。子玄本纪、世家、列传三篇，尤羽翮胜，皆本彪、贤，然不序及二子，猥以己意排击，贪天之功，掠人之美。”② 揭示刘知幾观点渊源于班彪、李贤。最后，征求唐后书籍，分析刘氏观点之影响。如刘知幾曾在《史通·书志篇》中建议设立“氏族志”“都邑志”，其后，郑樵所著《通志·二十略》中即有《氏族略》《都邑略》。对此，郭孔延指出：“至宋郑夹漈《通志略》独详氏族、都邑，岂读《史通》而兴起邪？”③ 揭示刘知幾观点对郑樵的影响。

① 郭孔延：《史通评释》，上海古籍出版社 2006 年版，第 31 页。
② 郭孔延：《史通评释》，上海古籍出版社 2006 年版，第 27 页。
③ 郭孔延：《史通评释》，上海古籍出版社 2006 年版，第 39 页。

第三章 《史通》与《明史》编纂

自唐以后，历史学人评价《史通》时，贬损多而褒誉少，但取唐后史著加以参验，诸书体例与《史通》理论却颇多暗合之处。这一吊诡现象使得我们不得不产生疑问：唐后史书编纂有没有对《史通》理论加以借鉴？

清代学者浦起龙最早注意到这一问题，断言："继唐编史者，罔敢不持其律。"① 并列举十条例证加以说明。稍后，著名学者钱大昕也对这一问题做了肯定回答，指出："刘氏用功既深，遂立言不朽，欧、宋《新唐》往往采其绪论。"② 浦起龙与钱大昕的论述虽稍有附会夸大之嫌，却为《史通》研究开辟了一条新的路径。此后，不断有学者对这一问题加以探讨：傅振伦按照《史通》原书篇次全面论述其书对唐后史学的影响，赵吕甫揭示了欧阳修对刘知幾理论的实践，许冠三将这一问题继续推向深入，具体分析了《史通》理论对杜佑、欧阳修、司马光、郑樵、顾炎武、王鸣盛、纪昀、崔述等学者的影响。③ 上述研究成果充分证明《史通》对唐后史书的编纂有着巨大的指导作用。就笔者考察，《明史》纂修期间，众史官对《史通》理论也多所借鉴，反映在史馆运作、史料采择与史书体例三个方面。

---

① 刘知幾著，浦起龙释：《史通通释》，上海古籍出版社 2009 年版，第 273 页。

② 钱大昕：《十驾斋养新录》，上海书店出版社 1983 年版，第 303 页。

③ 分见傅振伦：《刘知幾年谱》，中华书局 1963 年版，第 132~146 页；赵吕甫：《欧阳修史学初探》，《历史教学》1963 年第 1 期；许冠三：《刘知幾的实录史学》，香港中文大学出版社 1983 年版，第 131~163 页。此外，相关研究成果还有：王天顺：《欧阳修〈五代史记〉的修撰与〈史通〉理论》，《宁夏大学学报》1986 年第 3 期。

一、《明史》馆臣对《史通》的研读与评价

《明史》编纂历时久远，共经顺治、康熙、雍正、乾隆四朝，自顺治二年发轫创修至乾隆四年刊刻，前后共近百年。欲考察《史通》对《明史》编纂的影响，必须分阶段加以把握。

顺治二年，清廷首开《明史》馆，自此直至康熙十八年，为纂修初期。初修期无甚成绩可言。康熙十八年三月，清廷举博学鸿词科，取中彭孙遹等五十人，俱命纂修《明史》。十二月，《明史》馆正式开馆，大规模修史由此正式开始。纂修《明史》是清初的一次重大史学活动，受到清朝统治当局与明遗民的普遍重视。为提高修史质量，《明史》馆臣不仅注意总结历代正史的修纂经验，也非常重视接受《史通》的理论指导。《史馆》内外多人提出修史建议，如朱彝尊《史馆上总裁书》、施闰章《修史议》、沈珩《修史议》《与汤潜庵侍讲言史法书》、潘耒《修明史议》、彭孙遹《明史立道学、忠义二传奏》、汤斌《明史凡例议》《本纪条例》、毛奇龄《毛西河史馆劄子》《毛西河奉史馆总裁劄子》等。

清廷设馆修史，众手分操，因而史馆弊端尤其受人关注。为避免这一问题的产生，潘耒、尤侗都曾引用刘知幾的言论来表达自己的担忧，用为纂修《明史》之借鉴，以期提高修史质量。潘耒指出史书“成于一人者，为之愈难，其书愈善；成于众人者，就之愈易，其书愈不能精。刘知幾之论五不可……其言利㢢详矣。”① 尤侗认为：“搁笔相视，含毫不断，头白可期，汗青无日。(《史通·忤时篇》) 岂不古今一辙乎?”② 汤斌《与李襄水书》中说：“昔刘知幾为史官，与诸公凿枘相违，故所载削皆与俗浮沉。虽自谓依违苟从，犹大为同时所忌。身当其职，而吾道不行，此所以发愤而作《史通》也。……东观发凡起例无人，各家自主宗旨，成稿千余，凝尘积网，评骘无闻，校勘何在？头白可期，汗青无

① 潘耒：《修明史议》，载氏著：《遂初堂文集》，《清代诗文集汇编》，上海古籍出版社2009年版，第170册，第283~284页。

② 尤侗撰，李肇翔、李复波点校：《艮斋杂说·续说·看鉴偶评》，中华书局1992年版，第36页。

日，公私异同，总无论已。"①

史馆弊端问题之外，修史时限也深受史官关注。史馆初开，有人建议仿照明修《元史》之例，"具稿宜速"②。朱彝尊就曾引用刘知幾的观点，建言史馆总裁不可将修史时间限定过短，其言曰："刘知幾曰：'书彼竹帛，事非容易。'阁下勿易视之，幸少宽其期。毋或如《元史》之牵率，必改图焉仿贞观治平之遗法而后可耳。"③

五十鸿博之中，汪琬受刘知幾《史通》影响颇大，其所撰拟稿序中云：

> 世之言史者，莫不竟以史迁、班固、范晔三史为宗，顾犹不免后儒之评议。议《史记》者则谓项羽不当本纪也；陈涉不当世家也；龟策不当列传也；五帝世次不当颠错也；六经传记不当割裂也；称孔子者不当但言识会稽之骨，辨坟羊之怪，道苦矢之异也。议班固者则谓《五行志》不当芜累也；《古今人表》不当乘名而乱体也；孺子婴不当书于《王莽传》也；西楚所封十八王不当载于异姓侯王表也；迁、雄传不当取其自序也；严延年传不当以子贡冉有比也。议范晔者则谓董宣之守正不当概之酷吏也；蔡琰之失节不当概之列女也；王乔、左慈之妄诞，不当入方术传也；禀君般瓠之俚诡不经不当入蛮夸传也；圣公之结客报仇，不当诬其懦弱也；计子勋即蓟子训，不当一人两传也；论后不当复赘以赞也。然则镌诬刺谬，虽三史且不免焉。甚者曰史之失自迁固始，信如此则迁固尚不足法乎？此盖后儒以文章相轧之病也，非公言也。又况才学识三者俱不逮古人而忝列著述之林，如琬之区区，其能免于评议已乎？④

① 汤斌：《汤子遗书续编》卷一《与李襄水书》。

② 朱彝尊：《史馆上总裁第三书》，载氏著：《曝书亭集》，《清代诗文集汇编》，上海古籍出版社2009年版，第116册，第274页。当时史馆中确实有人建议从速修史，顾亭林也曾提及："诸公多引洪武初修《元史》故事。"《顾亭林与公肃甥书》，《明史例案》，第632页。

③ 朱彝尊：《史馆上总裁第三书》，载氏著：《曝书亭集》，《清代诗文集汇编》，上海古籍出版社2009年版，第116册，第274页。

④ 汪琬：《钝翁续稿》，《清代诗文集汇编》，上海古籍出版社2009年版，第94册，第582页。

汪琬此序并未明确提及《史通》，但比勘之下，就可以发现，他所提到的后儒之评议，其实就是刘知幾的观点，分布在《本纪》《列传》《称谓》《世家》《编次》《书志》《表历》《序传》《人物》《浮词》《采撰》《书事》等篇。①

康熙二十三年，为规范众人修史体例，徐乾学、徐元文兄弟在吸收诸人意见基础上撰成《修史条议》，成为修史的一大骨干。徐乾学在其所著《修史条议》中提出，必须“熟探刘氏之《史通》，冀免唐书之纠谬”②，并提醒修纂人员“高下在心，爱憎由已，殊非忠厚之道，则又刘知幾辈所深诫者也”③。徐乾学明确要求众史官必须详细研读《史通》，同时提醒史官以刘知幾为楷模，端正修史态度，不能凭己之好恶任意褒贬，认为只有这样才能避免被后人寻疵纠谬。徐氏对《史通》的重视态度由此可见一斑。

康熙三十六年，史馆人事进行调整，熊赐履为监修，陈廷敬、张英、王鸿绪为总裁，董率分纂诸臣，公议以张玉书任志，陈廷敬任本纪，王鸿绪任传。王鸿绪撰《史例议》以规范修史，其中对《史通》引用颇多，如关于“论赞”的看法，其中有言：

> 昔人谓‘赞语之作，多录纪传之言，其有所异，惟加文饰而已。至于甚者，天子操行，具诸纪末，继以论曰，接武前修，纪论不殊，徒为再列。’旨哉斯言！④

王氏所言之“昔人”正是刘知幾，其引文出自《史通·论赞》篇，可见王鸿绪对刘知幾的观点也有相当程度地了解。徐、王二人官高位隆，所撰《修史条议》及《史例议》为纂修《明史》两大骨干，他们先后明确表态要求史官研读

---

① 参考杨文信：《史学评论与政治——从清朝的〈史通〉学谈起》，载单周尧：《明清学术研究》，中国社会科学出版社2009年版，第319页。

② 徐乾学：《修史条议》，载刘承干：《明史例案》，《四库未收书辑刊本》第5辑第4册，北京出版社2000年版，第551页。

③ 徐乾学：《明史条议》，载刘承干：《明史例案》，《四库未收书辑刊本》第5辑第4册，北京出版社2000年版，第553页。

④ 王鸿绪：《史例议》，载刘承干：《明史例案》，《四库未收书辑刊本》第5辑第4册，北京出版社2000年版，第570页。

《史通》，为《明史》借鉴其理论奠定了基调。

雍正元年，重开《明史》馆，杨椿、汪由敦、陆奎勋、梅瑴成 、万邦荣等二十五人先后入史馆，纂修《明史》。在这一阶段，汪由敦发挥了重要作用，所撰《史裁蠡说》，一定程度上可视为凡例。汪由敦曾详细校勘过《史通》，可以称为《史通》研究专家。汪由敦曾于康熙年间获睹《史通》何焯批校本，并临录何氏评语，将其“时置案头”① 此后，又于雍正十年，得沈岩（字颖谷）所赠《史通》，并对其详加校勘。汪由敦常将《史通》置于案头，并对其详加校勘，可见汪氏对《史通》之重视程度。而汪氏于雍正癸卯年被荐参修《明史》之后，曾作诗一首，其中有言：“笔札初传出禁闱，史通何处问知幾。精言两字惟忠厚，公论千秋有是非。”② 即是以刘知幾为楷模，以表明自己的修史态度。

以上所论，俱为《明史》馆臣对《史通》的研读与评价情况，而不可忽视的是，当时有许多未参史馆，却对《明史》修纂有着重要影响的学者，如顾炎武等。因此，欲考察《史通》对《明史》修纂的影响，则这些人对刘知幾的态度也不容忽略。顾炎武曾批评杜甫诗中不应称刘备为“蜀主”，即以刘知幾之观点为理论支撑，其言曰：“异代文人不察史家阿枉之故，若杜甫诗中便称‘蜀主’，殊非知人论世之学也。昔刘知幾论《后汉书·刘玄列传》，以为‘东观秉笔，容或谄于当时，后来所修，理宜刊革’。今之君子既非曹氏、司马氏之臣，不当称昭烈为先主矣。”③ 可见顾氏对刘知幾理论的肯定态度。

综上所述，《史通》在《明史》馆中流传甚广，许多纂修官曾对其加以研读，并频繁引用刘氏观点来探讨修史问题，其中涉及的内容非常广泛，如修史态度、修史时限、史馆弊端、史书体例（论赞、称谓）等，在时间跨度上也涵盖修

① 汪由敦：《书韩文考异书后》，载氏著：《松泉集》卷 15，《文渊阁四库全书》，第 1328 册，第 846 页。

② 汪由敦：《癸卯秋诏修明史被荐得与编修，八月十六日引见乾清宫恭纪并呈总裁诸先生四首》，载氏著：《松泉文集》卷 5，《清代诗文集汇编》，上海古籍出版社 2009 年版，第 272 册，第 136 页。

③ 顾炎武撰，黄汝成集释，栾保群、吕宗力校点：《日知录集释》，上海古籍出版社 2006 年版，第 1358 页。此外，顾炎武虽未参史馆，却对《明史》修纂有着重要影响，而据许冠三先生研究，顾氏在史学上也深受刘知幾影响。参考许冠三：《刘知幾的实录史学》，香港中文大学出版社 1982 年版，第 147~151 页。

纂的各个时期，反映出《史通》巨大的影响力。并且，由于刘知幾在《史通》中公开地“疑古惑经，诽议上圣”，不合于儒家伦理纲常，因而被称为“名教之首诛”，这也导致了唐后学者“阴用其言，而显訾其书”的情况，如前所论王鸿绪、尤侗之例，或没去其名，或以“昔人”代称，即可充分证明。由此推知，《明史》馆臣中，更多的人虽不一定明确表态，而在实际撰史过程中却对《史通》理论多所借鉴。《明史》馆臣对《史通》之评价既然多持肯定态度，那么，《史通》理论对《明史》修纂的影响又有何表现呢？

二、史馆运作与史料采择

上文已经指出，《明史》馆臣借鉴《史通》理论编纂史书，涉及内容十分广泛。其中，在史馆运作与史料采择方面受其影响痕迹明显。在史馆运作方面，主要是借鉴其理论避免史馆弊端；在史料采择方面，主要是学习其史料搜集与鉴别方法。下文将分别予以考察。

（一）对史馆运作的影响

在史馆运作方面，由于刘知幾曾“三为史臣、再入东观，”① 对史馆弊端有着深刻体会，因此提出设馆修史有“五不可”。而其中又对监修官过多的情况尤为不满，对此，刘知幾曾讥讽道：“十羊九牧，其令难行；一国三公，适从何在？”② 刘知幾揭示史馆弊端，昭若发蒙，对后世影响深远。

唐后设馆修史已成惯例，而官修诸史不厌人意，一个重要原因即是众手分操割裂，导致前后抵牾重复之弊。《明史》虽然也是官修，却能超轶唐后官修之史，梁启超曾评道：“故唐以后官修诸史，独《明史》称完善焉。”洵为公论。一个重要原因就在于借鉴刘知幾理论，较好地规避了史馆众手分割修史的弊端。

史馆初开之时，潘耒就曾着重指出：“自唐而上，史成于一人；自唐而下，史成于众人。成于一人者，为之愈难，其书愈善；成于众人者，就之愈易，其书

① 刘知幾著，浦起龙释：《史通通释》，上海古籍出版社2009年版，第273页。
② 刘知幾著，浦起龙释：《史通通释》，上海古籍出版社2009年版，第556页。

愈不能精。刘知幾之论五不可，吴缜之纠谬八条，其言得弊详矣。"① 施闰章也史馆牵制为虑，说："古人修书，出于一人之手，成于一家之学，班马是也。后此分曹其局，是非抵牾，议论蜂起。腐毫辍翰，相持不下，此牵制之难也。"②

万斯同也深忧众手修史之弊："昔迁、固才既杰出，又承父学，故事信而言文。其后专家之书，才虽不逮，犹未至如官修者之杂乱也。譬如入人之室，始而周其堂寝匽湢焉。继而知其蓄产礼俗焉。久之，其男女少长性质刚柔轻重贤愚，无不习察，然后可制其家之事也。官修之史，仓卒而成于众人，不暇择其才之宜与事之习，是犹招市人而与谋室中之事耳。"③ 万氏之所以辞史局而就馆总裁，正是因为担心"惟恐众人分操割裂，使一代治乱贤奸之迹暗昧而不明耳"④。

刘知幾以其亲身经历，大力批判史馆弊端，但对于史馆修史也并非全然否定。除不满于监修官过多之外，刘知幾对于史馆中"监之者既不指授，修之者又无遵奉"的情况最为不满。刘知幾认为：

> 夫言监者，盖总领之义耳。如创纪编年，则年有断限；草传叙事，则事有丰约。或可略而不略，或应书而不书，此刊削之务也。属词比事，劳逸宜均，挥铅奋墨，勤惰须等。某帙某篇，付之此职；某传某志，归之彼官。此铨配之理也。斯并宜明立科条，审定区域。⑤

从上文可见，刘知幾认为监修者对修史负有重要职责，要避免史馆运作中的弊端，监修官就必须彻底改变不作为的状况。那么，监修官又有何职责呢？刘氏认为主要有两项：一为刊削之责，即确定断限、传目、详略等史书体例；一为铨配

① 潘耒：《修明史议》，载氏著：《遂初堂文集》，《清代诗文集汇编》，上海古籍出版社 2009 年版，第 170 册，第 283-284 页。

② 施闰章：《修史议》，载刘承干：《明史例案》，《四库未收书辑刊》第 5 辑第 4 册，北京出版社 2000 年版，第 590 页。

③ 方苞：《万季野墓表》，载氏著，刘季高校点：《方苞集》，上海古籍出版社 2008 年版，第 333 页。

④ 钱大昕：《潜研堂集》卷三十八《万斯同传》，上海古籍出版社 2009 年版，第 681 页。

⑤ 刘知幾著，浦起龙释：《史通通释》，上海古籍出版社 2009 年版，第 556 页。

之责，即将修史任务分配给众史官，避免推诿塞责局面的出现。

在整个《明史》编纂过程中，监修、总裁官实能较好地担负此两项职责。史馆初开之际，五十鸿博为修史主体，史才优长，对于众手分操之弊有着清醒认识。基于此，众编修官都特别重视凡例之制定，俾得有所典式。

史馆开后一月，因未见总裁颁布凡例，朱彝尊深以为忧，因而上书总裁："历代之史，时事不齐，体例因之有异……盖体例本乎时宜，不相尚袭……盖作史者必先定其例，发其凡，而后一代之事可无纰缪。……伏希阁下不遗葑菲之末而垂采焉，示之体例，俾秉笔者有典式，譬诸大匠作室，必先诲以规矩，然后引绳运斤，经营揆度，崇库修广，始可无失尺寸矣。"① 潘耒也着重提出"职事欲分而义例欲一"，"大凡作书最重义例，唐修诸史，令狐德芬先为定例，敬播等又考正类例。今为史宜先定规模，发凡起例，去取笔削，略见大旨，何志当增，何志当裁，何传当分，何传当合，先有定式，载笔者奉以从事，及其成也，互相雠勘，总其事者，复通为钩考，俾无疏漏舛复之失，乃可无憾。是故职事欲分而义例欲一也。"②

朱彝尊、潘耒都是从避免史馆弊端角度出发，建议颁示凡例，俾得众人有所遵守。在这种共识之下，徐元文、徐乾学兄弟于康熙二十三年撰《修史条议》，"得六十一条存之馆中，庶几相与整齐慎核，以成一代之信史"。对时间断限、传目厘定、史文详略诸问题都曾做过探讨。成为史馆初期的一份纲领性文件。由此可知，清初修《明史》，监修、总裁诸大臣对修史确有相当贡献，并非虚应故事，也绝非仅仅履行政治功能。特别值得一提的是，监修官例不参与编纂，徐元文甚至还亲自撰史，据其同僚张玉书所言，"置史局五年书尚未就，乃取各儒臣所著纪传，手自排纂"。

再就铨配而言，史馆初期情况也可概见。潘耒以司马光修《资治通鉴》为例，建议因能器使，"温公《通鉴》分任官属，前后汉则刘贡父，三国至隋则刘道原，唐讫五代则范淳夫，皆妙极天下之选，各因其长而任之。今亦博求才彦，

---

① 朱彝尊：《曝书亭集》，《清代诗文集汇编》，上海古籍出版社 2009 年版，第 116 册，第 273 页。

② 潘耒：《修明史议》，载氏著：《遂初堂文集》，《清代诗文集汇编》，上海古籍出版社 2009 年版，第 170 册，第 283~284 页。

因能器使，表志宜仿《隋、唐书》以事类为断，纪传宜仿《通鉴》以年代为差。职有专司，则人之心思萃于一途而易为精密”。①

《明史》纂修时是怎么办的呢？尤侗曾追述道：“康熙十八年，诏征博学鸿儒，纂修《明史》，与选者五十人，分为五班，自洪武至正德，编次亦如之。予班第五，则所纂者弘、正时事也。凡本纪、列传，总裁与诸君子酌定阄派，虽有名卿巨儒心所慕好者，不敢越俎而问焉。故所传者廖廖数人而已。将卒业，又分嘉、隆、万为一编，泰、启、祯为一编，则错综其姓氏而阄派亦如前。”② 毛奇龄：“然其题已阄分，不得另阄，而万历以后题未经分者，则以本朝鼎盛之迹前代未详载，阴相推诿。”③ 王鸿绪对此曾有记载“《明史》初纂时，将志、纪、传各人分开，或一人撰一纪，或一人撰一志，或一人撰数传。”④ 如汤斌撰《太祖本纪》、徐嘉炎撰《惠帝本纪》、朱彝尊撰《成祖本纪》，吴任臣撰《天文》《五行》《历志》，潘耒撰《食货志》、尤侗撰《艺文志》，汪琬撰后妃、诸王、开国功臣传，毛奇龄撰《流贼、土司、外国传》，乔莱撰《儒林传》，严绳孙撰《隐逸传》。可见，《明史》纂修时，各史官任务分工相当明确，这不能不归功于监修官的铨配。⑤

因能器使，分途纂修，虽然可以避免推诿塞责，保证修史进度，却也容易导致抵牾重复之弊，因而须设一通筹定稿笔削之人。潘耒建议：“所虑者畛域既分，彼此不相通贯，昔人讥唐书传有失而纪不知，表有讹而志不觉。而《元史》遂有

① 潘耒：《修明史议》，载氏著：《遂初堂文集》，《清代诗文集汇编》，上海古籍出版社2009年版，第170册，第283~284页。

② 尤侗：《明史拟稿》自序，载刘承干：《明史例案》，《四库未收书辑刊本》第5辑第4册，北京出版社2000年版，第567页。

③ 毛奇龄：《史馆兴辍录》，载刘承干：《明史例案》，《四库未收书辑刊本》第5辑第4册，北京出版社2000年版，第567页。

④ 王鸿绪：《史例议》，载刘承干：《明史例案》，《四库未收书辑刊本》第5辑第4册，北京出版社2000年版，第567页。

⑤ 但《明史》铨配方法并不科学，采取的是阄派的办法。黄云眉先生指出：“以五十宏博为主体，析为五组，先编洪武至正德间事，由总裁与诸纂修酌定阄派，后又分嘉隆万为一编，则错综其姓氏而阄派如前。”并且，由于史馆人事变迁，此法在实际上也不能完全应用，随时有所出入。见黄云眉：《〈明史〉编纂考略》，《史学杂稿订存》，齐鲁书社1980年版，第139页。

一人立两传者。大凡作书最重义例，唐修诸史，令狐德芬先为定例，敬播等又考正类例。今为史宜先定规模，发凡起例，去取笔削，略见大旨，何志当增，何志当裁，何传当分，何传当合，先有定式，载笔者奉以从事，及其成也，互相雠勘，总其事者，复通为钩考，俾无疏漏舛复之失，乃可无憾。是故职事欲分而义例欲一也。"①

沈珩《与汤潜庵侍讲言史法书》："目前用众手裒萃，似易为功，然各纪不可以错出也。错出则示瑕矣，微独各纪，即纪志不可以异手离析也。按欧阳纪志，纪极简严，得春秋家法；志极弘备，得曲台大小戴家法。纪犹之纲也，志犹之目也，所以详略各得，本末互见，目例虽分，总是一篇文字，无钩鈲沓之患，此史之所以得体也。唐修晋隋史，以颜孔该博属纪传，于李顓家属诸志，虽各支冗，犹各见所长。至元修宋史，众手不伦，所以彼此舛互，芜秽刺目。由是观之，史之得失可知矣。又如列传之体，其将相列卿之属，犹得以年世分校，若道学、儒林、文苑、卓行、方技、循吏、宦官、佞幸之属，尤为全书吃紧生色处，其间自有源委脉络，要在贯穿参験，见人才世变盛衰得失之由，或一传而载一二百年之人，或一传而厘成数卷。若裁年逐段分辑，将手笔参差，首尾口口，岂史法乎？然则此数项篇目，另当推尊一二巨手如明公者，统会一代始末，特笔专为之，无已分题可也，分年必不可也。"②

康熙二十一年，因叶方霭去世，清廷对《明史》馆进行人事调整，先派陈廷敬为总裁官，后又加派勒德洪、明珠、李蔚、王熙为《明史》监修，阿泰兰、王国安、牛钮、常书、孙在丰、汤斌、王鸿绪为总裁。其目的即在于分头删定史稿，"若监修总裁人少，恐或偏执私见，不合乎公。"汤斌即为此次增派总裁官之一，曾就此说道："以《明史》事体重大，卷帙浩繁，其纂修草稿已完者，先分任专阅，后再互加校订。"互加校订，意在防众手分操之弊。

康熙三十六年，清廷以大学士伊桑阿、张玉书、李天馥，吏部尚书熊赐履为《明史》监修，以陈廷敬、张英、王鸿张为总裁，董率分纂诸臣。以张玉书分责

---

① 潘耒：《修明史议》，载氏著：《遂初堂文集》，《清代诗文集汇编》，上海古籍出版社2009年版，第170册，第283~284页。

② 沈珩：《与汤潜庵侍讲言史法书》，《耿岩文集》。

志、陈廷敬负责本纪、王鸿绪负责列传。王鸿绪对众手分操之弊有着清醒认识，曾说："纪传志表，本属一贯。纪编年以载其纲，传列事以详其目。礼乐兵农制度，纪传难以具录，则胪沿革于志以成文，用人贤否，不能备书，则疏除罢于表，以资考。义取相需，无庸矛盾。明史初纂时，将志纪传各人分开，或一人撰一纪，或一人撰一志，或一人撰数传，分纂者各务博采，重见叠出，绝少裁断，交馆以后，总裁并未通阅。后熊文端公为监修，虽加删订，然告竣甚速，料文端阁务殷繁，止能斧藻其文，未暇考核其事也。昔宋修唐书，欧阳修撰纪志表，宋祁撰列传，刘羲叟撰天文律历五行志，梅尧臣纂方镇百官表，王景彝撰礼仪兵志，以数公之才学，经十有七年，而或前人犹谓责任不专，所主各异，纪有失而传不知，传有误而纪不见，取彼例以较此例则不同，取前传以比后传则不合，去取未明，书法无准。噫！后之君子其纠明史之谬，吾不知其凡几矣。"

史书编纂过程中，铨配之法虽然可以避免推诿塞责情况的出现，但若无统筹全局者，则容易出现是非抵牾、前后复出的弊端。刘知幾并没有对这一问题提出解决办法。而《明史》在铨配之外，也注重通徹参详。承担这一任务的就是万斯同。以布衣身份参预史局的万斯同，"所以辞史局而就馆总裁所者，惟恐众人分操割裂，使一代治乱贤奸之迹，暗昧而不明耳"①。万斯同虽然没有名列史馆，但却隐操总裁之炳，曾经担任《明史》总裁的徐元文、王鸿绪都延万斯同至其家，"元文欲荐斯同入馆局，斯同辞，乃延主其家，以刊修委之。元文罢，继之者大学士张玉书、陈廷敬，尚书王鸿绪，皆延之。"各纂修官所撰的史稿，都由万斯同删削。"诸纂修官以稿至，皆送先生复审。先生阅毕，谓侍者曰：取某书某卷某叶有某事当补入，取某书某卷某叶某事当参校。"② 关于这一点，孟森先生曾经指出："官修之外，又未尝不兼重私家之专业。"③

雍正六年正月，清廷重开史馆，重修史稿。此次重修，也非常重视铨配与刊削之责。分配杨椿分草永乐至正德九朝列传，胡宗绪草嘉、隆、万三朝列传；汪由敦、吴麟负责十二朝本纪。在此阶段，汪由敦发挥了比较重要的作用，撰有

① 钱大昕：《万先生斯同传》，载钱大昕：《潜研堂文集》，上海古籍出版社 2009 年版，第 681 页。

② 全祖望：《万贞文先生传》，《鲒埼亭集》卷二十八，上海古籍出版社 2000 年版。

③ 孟森：《明史讲义》，上海古籍出版社 2002 年版，第 1 页。

《史裁蠡说》一文，其作用实相当于凡例。汪由敦："本纪、志、传，体虽不同，事本一贯，必通彻参详，方可免抵牾复出之患。若判然异趣，谬误必多，但一人精神有限，即临文不苟，安保无讹。总裁先生机务殷繁，止可总挈大纲，别裁是否。何暇覆案事实，一一用心。愚见应于纂修诸君内选学识深邃，长于考据者四五人，专事讨论，凡修过史稿，悉经参阅，然后呈览，庶免舛误。"①

综之，由于受《史通》理论影响，在刊削、铨配两项工作上，《明史》监修官所为较前朝都有所改进。

（二）对史料采择的影响

在史料采择方面，《明史》馆臣也曾对《史通》理论加以借鉴。首先来考察一下刘知幾的史料观。刘氏认为纂修史书，首先要选择那些"当代雅言，事无邪辟"的史料，只有这样才能"取信一时，擅名千载"②。但同时，刘知幾也认为："自古探穴藏山之士，怀铅握椠之客，何尝不徵求异说，采摭群言，然后能成一家，传诸不朽。"③ 据此，则刘知幾的史料观主要有二点：第一，要广搜博采；第二，主要依据朝廷官方史料，但也不能一概排斥偏记小说。

《明史》纂修过程中，即是按照这一方法来采择史料。首先，由于明代官修史书并不发达，以实录为国史，没有撰修起居注、日历与时政记。《明史》纂修官可凭借的官修史料就只有实录，然而实录中有很多曲笔，又非完整无缺（缺天启四年、七年以及崇祯朝实录）。因此，摆在当时纂修官面前的主要任务就是广泛搜集史料。

顺治年间，清廷就多次颁发购书令。康熙十八年，史馆初开，叶方霭首请刻期购书："前内阁同翰林院会题疏内，请令礼部行文各直省督抚，不论官员士民，有收藏故明书籍者，不拘忌讳，俱送该地方官量加奖赏，奉有谕旨遵行在案。臣等窃虑地方官职务烦多，虽遵依部文，止于奉行故事，不能极力购求，而藏书之家，又吝惜不肯出献，稽迟日久，即使各州县间有呈送，不过以寻常见闻之书，

① 汪由敦：《松泉文集》，《清代诗文集汇编》，上海古籍出版社2009年版，第272册，第424~427页。

② 刘知幾著，浦起龙释：《史通通释》，上海古籍出版社2009年版，第106页。

③ 刘知幾著，浦起龙释：《史通通释》，上海古籍出版社2009年版，第106页。

充数塞白，终无稗于实用。今请敕部再行确议，或令直省督抚，责成该管学臣，或遣官专行采访，不独专载故明事迹，有稗史事，即如各郡县志书，及明代大臣名臣名儒文集传志，皆修史所必需，务令加意搜罗，以期必得。其藏书之家，或详计卷帙多寡，给值若干，或开注姓名送部，俟纂修完日，仍以原书给还；或有抄本书籍，官给雇值，遣人就其家誊写。总之朝廷曲示旁求，则人心倍加踊跃，奉行既有专责，则部檄不虑虚文。及今预行购取，待史馆开日，续送到馆，庶不致掘井于既渴之时，而结网于临渊之后矣。"① 稍后，徐元文、朱彝尊、汤斌、潘耒等都曾提出广求史料的建议，如徐元文指出："购采书籍，实史馆第一要务……量遣翰林官分行搜访，举凡野史、杂编、名臣状志、碑碣，诸家文集，悉遵前者不拘忌讳之旨，务令所遣官员悉心罗致。"② 汤斌主张趁"今日时代未远，故老犹存，遗书未尽"之时，"开献书之赏，下购求之令，凡先儒记载有关史事者，并许参考。"朱彝尊也认为："史馆急务，莫先聚书。"

其次，明代虽然没有完善的记注制度，只以列朝实录为国史，但是明代的野史非常繁盛，然而明代的实录与野史也都存在着不同的缺点，正如徐乾学所言："实录则隐讳太过，而野史又诬谤失真。"③ 面对这个问题，《明史》纂修官在史料采择方面确定了以实录为主要依据，同时参考野史的原则，万斯同、徐乾学、朱彝尊、汪由敦都持此观点。

康熙十八年，史馆初开，徐氏兄弟在此阶段作出了重要贡献，《修史条议》一文即为修史的一大骨干。而徐乾学曾对明代实录作出总体评价：" 明之实录，洪永两朝最为率略，莫详于弘治，而焦芳之笔，褒贬殊多颠倒，莫疏于万历，而顾秉谦之修纂，叙述一无足采。其叙事精明而详略适中者，嘉靖一朝而已。仁宣英宪胜于文皇正德，隆庆劣于世庙，此历朝实录之大概也。家乘野史，未可尽信，必本之实录而参以他书，庶几无失。愿加博访之力，无据一家之言。"基于

① 叶方蔼：《叶文敏集·请购书籍疏》，载刘承干：《明史例案》，《四库未收书辑刊本》第5辑第4册，北京出版社2000年版，第542页。

② 徐元文：《请购明史遗书疏》，载《含经堂集》，《续修四库全书》第1413册，第618页。

③ 徐乾学：《修明史议》，载刘承干：《明史例案》，《四库未收书辑刊本》第5辑第4册，北京出版社2000年版，第552页。

这种认识，他特意提出："诸书有同异者，证之以实录；实录有疏漏纰缪者，又参考诸书。集众家以成一是，所谓博而知要也，凡作名卿一传，必遍阅记载之书及同时诸公文集，然后可以知人论世。"万氏观点尤具代表性："凡实录之难详者，吾以它书证之，它书之诬且滥者，吾以所得于实录者裁之，虽不敢谓具可信，而是非之枉于人者鲜矣。"①

这一史料采撰原则，在众编修官分拟史稿中也得到了贯彻。如史馆初期，潘耒负责分修《食货志》，据其所言，"作志必先采料，本石具而后可以筑室，总素具而后可以缝衣，太将明代实录通纂一过，凡片言只字，有关于食货者悉行节出，琐细庞杂，不厌其详，盖欲使一代物力登耗、度支盈绌之故了然于胸中而后可以下笔也。既以实录为主，又博采诸家著遂名臣奏议与凡典章故实之书，次第节录以备参考，必求如是而后可以无憾。"②

雍正年间，重修史稿，关于史料采撰，所施行的也是以实录为主，辅以野史的原则。汪由敦认为："大抵列朝事迹，宜以实录为主，而博考诸书以证之。盖实录虽有曲笔，必不至如野史之凿空无稽也。好事者专信野史，更不参考实录，未可尽从。"③"但稗官野史脞说丛谈无足徵信，而实录编年系日，事迹釐然。虽是非褒贬不足为凭而一人之出处及所建之言，所任之事，首尾具在，明白无疑，故查实录以改原文，视臆断较有把握，亦非不知叩头乞哀，实录原有曲笔，而一一墨守瞽趋也。"④ 杨椿也认为："明代国史未修，所存者祇有实录，洪永两朝，语多忌讳，其事略而不详，洪宣而后，史官好恶当颇，不得不采之于稗史。稗史中传信纪实者固有，剿闻剽见私骋胸臆，览之若瑰奇可喜考之茫无杨据者亦不少。若遽以为凭，则是非必将颠倒，真伪必致混淆。"⑤

---

① 钱大昕：《潜研堂集》，上海古籍出版社 2009 年版，第 682 页。

② 潘耒：《潘次耕上某总裁书》，载刘承干：《明史例案》，《四库未收书辑刊本》第 5 辑第 4 册，北京出版社 2000 年版，第 616 页。

③ 汪由敦：《史裁蠡说》，载氏著：《松泉集》，《清代诗文集汇编》，上海古籍出版社 2009 年版，第 272 册，第 424~427 页。

④ 汪由敦：《答明史馆某论史事书》，载氏著：《松泉集》，《清代诗文集汇编》，上海古籍出版社 2009 年版，第 272 册，第 294~295 页。

⑤ 杨椿：《杨农先上明史馆总裁书》，载刘承干：《明史例案》，《四库未收书辑刊本》第 5 辑第 4 册，北京出版社 2000 年版，第 618 页。

综之，《明史》在纂修过程中，首先广求史料，然后严加考核，在以《明实录》为主的原则下，对明代野史也能够加以审订利用，与刘知幾之理论若合符契，足以证明《明史》纂修过程中在史料采择方面曾受到《史通》启发与影响！傅振伦先生也曾指出："此篇（《采撰》篇）论搜集史料及撰述史书之道……盖《明史》之修，即恪遵刘法也。"①

三、《史通》与《明史》体例

刘知幾对史书体例非常重视，认为："夫史之有例，犹国之有法。国无法，则上下靡定；史无例，则是非莫准。"② 这一观点对后世史学产生了很大影响。在唐代以前，很少有史家在修史时先定体例，而自从刘知幾这个论点提出之后，后世史家大多能够遵从。《明史》在修纂的过程中，对体例也极为重视。

史馆开后一月，朱彝尊就上书总裁，提出："盖作史者必先定其例、发其凡，而后一代之事可无纰缪者。"③ 潘耒也在史馆初开之时就建议："职任欲分，义例欲一"，"大凡作书最重义例……今为史亦宜先定规模，发凡起例，去取笔削，略见大旨。何志当增，何志当裁，何传当分，何传当合，先有定式，载笔者奉以从事，及其成也，互相雠勘，总其事者，复通为钩考，俾无疏漏舛复之失，乃可无憾。是故职事欲分而义例欲一也。"④

---

① 傅振伦：《刘知幾年谱》，中华书局1962年版，第139页。需要指出的是，史官虽然注意到广泛购书的重要性，但民间仍颇多忌讳，尤其是神宗末年事涉边疆之书，终汰去不敢上。戴名世《与余生书》："前日翰林院购遗书于各州郡，书稍稍集。但自神宗晚节，事涉边疆者，民间汰去，不以上。而史官所指名以购者，其外颇有潜德幽光，稗官碑志，记载出于史馆之所不及知者，皆不得以上，则亦无以成一代之全史，甚矣其难也！"顾炎武早在征书令下之时，就预见到效果不会乐观："求藏书于四方，意非不美，而四方州县以此为若宪，檄一到即报无书，所以然者正缘借端派取，解费时事，人情大抵如此。"《顾亭林与公肃甥书》，《明史例案》，《四库未收书辑刊本》第5辑第4册，北京出版社2000年版，第632页。

② 刘知幾著，浦起龙释：《史通通释》，上海古籍出版社2009年版，第81页。

③ 朱彝尊：《史馆上总裁第一书》，载氏著：《曝书亭集》，《汪代诗文集汇编》，第116册，第273页。

④ 潘耒：《修明史议》，载氏著：《遂初堂文集》，《清代诗文集汇编》，上海古籍出版社2009年版，第170册，第283~284页。

雍正年间，汪由敦撰《史裁蠡说》，实际上也发挥了凡例的作用，他特别提出："史法必先体例，体例不明，笔削无据。考之前史，《史记》《汉书》《南、北史》《梁》《陈》二书，则世学相传，《后汉书》《三国志》《宋书》《北齐》《北魏》诸书，则成于一手，或秉承前规，或包罗全局，文随法立，义例自符。至唐撰《晋书》则萃集群贤，分任纂录，于是先命敬播创为凡例，此如行师之有节制，营室之有规模，后代官书，必宜取则者也。但成书具在，例议不传，惟《元史》卷端精陈梗概，亦云略矣。开局之日，总裁先生首以先定凡例为言，诚得修史要领，且命各拟凡例呈览，示欲博采众长，务求尽善。由敦学识谫陋，谬参编校之役，谨就蒙浅所及，条举一二，以备采择。"①

从上文所举例子，足以看出纂修官对史书体例的重视。而在《明史》修纂过程中，撰文讨论史书体例的还有很多。当时纂修人员对体例极为重视，参与讨论的史官众多，讨论的内容也极为广泛，涉及全书凡例、本纪书法、列传类目（如关于道学传、隐逸传等），甚至一传一志的书法。近人张舜徽先生曾在《史通平议》中指出："唐以前人修史，罕有先定义例而从事纂述者……清修《明史》，则讨论周洽，修订矜慎。"②《明史》馆臣对体例如此重视，明显是受到了《史通》理论的影响。

上文所论为《明史》馆臣对体例的重视态度，这固然是受《史通》的启发与影响。具体而言，《明史》在体例方面对刘知幾史学理论的借鉴也彰彰可考。

刘知幾认为纪传体史书中的本纪犹如春秋之经，列传如春秋三传。据此，他认为："又纪者，既以编年为主，唯叙天子一人。有大事可书者，则见之于年月；其书事委曲，付之列传。"③ 刘知幾对本纪书法的要求十分严格，认为有关于国家大政的事情才可见诸本纪。《明史》纂修官对刘知幾的这一观点十分认同，徐乾学、王鸿绪都曾对本纪书法问题加以讨论。汤斌还曾撰《本纪条例》，专门探讨本纪书法问题。徐乾学认为："本纪之体，贵乎简要。《新唐书》文求其省，固失之略，宋元史事求其备，亦失之繁，斟酌乎二者之间，务使详略适宜，始为

① 汪由敦：《松泉文集》，《清代诗文集汇编》，上海古籍出版社 2009 年版，第 272 册，第 424~427 页。

② 张舜徽：《史学三书平议》，华中师范大学出版社 2004 年版，第 394 页。

③ 刘知幾著，浦起龙释：《史通通释》，上海古籍出版社 2009 年版，第 34 页。

尽善。今惟大典大政登诸本纪。其他宜入志者归之于志，宜入表者归之于表，宜入传者归之于传，则事简而文省矣。”① 王鸿绪认为：“本纪体贵，简严无取繁冗，非当代纪载比也。”“纪者以编年为主，惟叙天子一人，有大事可书者，见之于年月，其书事委曲，付之列传。此史例也。魏齐二史于诸帝篇或杂载臣下，或兼他事，巨细必书，洪纤备录。昔人谓是传体，有乘纪文。往见庄烈纪稿，颇犯此病，不知诸臣传中更何著笔。”② 可见，徐、王二人对于本纪所载事实的选取标准极为严格，与刘氏观点高度一致，受《史通》影响的痕迹十分明显。

刘知幾对附传之法大力提倡，不同意附出为小的看法。他曾于《史通·列传》中指出：“史氏相承，述作虽多……其同于古者，唯有附出而已。”③ 受刘氏观点影响，《明史》附传之法尤为得宜。徐乾学：“公侯伯既为立传，子孙或袭爵，或为勋卫，而有行事可纪者当附于祖父之后，不必别为立传。”④ 王鸿绪：“人子务在显亲，每传必载父祖名谥官爵，人情重于继体，传末必历谱其子孙之世。今明史父祖子孙有事迹可附见者，亦用此例。”⑤《明史》附传之设，也得到了后世学者的普遍认可，“《明史》事多而文省，最为简密，其法之尤善者，莫如附书之例”⑥。刘知幾对类传之法也非常推崇，认为不同时代可以设立不同的类传，据此可以考见不同的时代特征。他认为：“又传之为体，大抵相同，而述者多方，有时而异。”⑦ 而《明史》中设立《阉党传》《流贼传》《土司传》，反映了明代特殊的社会问题，与《史通》主旨也极为契合。

刘知幾对纪传体史书中的“表、志”评价很低，对于《艺文志》甚至认为应当除去。但同时又说：“必不能去，当变其体。近者宋孝王《关东风俗传》亦

---

① 徐乾学：《修史条议》，载刘承干：《明史例案》，《四库未收书集刊》，第5辑第4册，第552页。

② 王鸿绪：《史例议》，载刘承干：《明史例案》，《四库未收书集刊》，第5辑第4册，第557页。

③ 刘知幾著，浦起龙释：《史通通释》，上海古籍出版社2009年版，第43页。

④ 徐乾学：《修史条议》，载刘承干：《明史例案》，《四库未收书集刊》，第5辑第4册，第552页。

⑤ 王鸿绪：《史例议》，载刘承干：《明史例案》，《四库未收书辑刊》，第5辑第4册，第567页。

⑥ 赵翼著，王树民校证：《廿二史札记校记》，中华书局1984年版，第258页。

⑦ 刘知幾著，浦起龙释：《史通通释》，上海古籍出版社2009年版，第43页。

有《坟籍志》……所列书名，唯取当时撰者。习兹楷则，庶免讥嫌。”①

《明史》馆开后，对于《艺文志》之修有两种意见：一是与本纪、列传同样的断代为书，只记明人著作；另一做法是将《宋史艺文志》咸淳以后及辽金元三代的艺文补于明代著录之后，填补史志目录中的空白。1681—1689年，《明史艺文志》稿主要由黄虞稷负责，采纳的则是第二种意见。② 对此，倪灿为黄稿撰序解释道：“今《文渊》之目既不可凭，且其书仅及元季，三百年作者缺焉，此亦未足称纪载也。故特更其例，去前代之陈编，纪一朝之著述。《元史》既无《艺文》，《宋志》咸淳以后多缺，今并取二季，以补其后，而附以辽金之仅存者。萃为一编，列之四部，用传来兹。诸书既非官所簿录，多采之私家，故卷帙或有不详；要欲使名卿大夫之崇论闳议，文儒学士之勤志苦心，虽不克尽见其书，而得窥标目，以著一代之盛云尔。”此后，在黄稿的基础上，王鸿绪加以修改，主要有：首先，把宋辽金元四朝的艺文删去；其次，把明人著作中“卷数莫考”、书不甚著者删去；再次，对黄稿略作增补。据其介绍：“爰取士大夫家藏目录，稍为釐次，凡卷数莫考，疑信未定者，宁阙而不详云。”在删去宋辽金元四朝艺文之后，王鸿绪稿本《艺文志》就确然为只纪当时撰著了，“惟载明人著述，而前史著录者不载”③。

在史志目录编纂史上，《明史艺文志》将记一代藏书之盛改为记一代著作。之所以采用这种体例，直接原因当然是明朝并无一部完备的官修目录以作史志目录的凭借，但刘知幾于《史通》中所阐述之建议也发挥了重要作用。四库馆臣认为，这种体例“始于宋孝王《关东风俗传》，刘知幾《史通》又反覆申明，于义为允。唐以来弗能用，今用之也。”④ 可见，《明史・艺文志》只收有明一代之书正是对刘知幾理论的实践。⑤ 除此之外，笔者认为，《明史・艺文志》受《史

① 刘知幾著，浦起龙释：《史通通释》，上海古籍出版社2009年版，第56页。

② 王重民：《明史艺文志》与补史《艺文志》的兴起，《明史研究》，黄山书社2012年版，第462页。

③ 永瑢等：《四库全书总目》，中华书局1965年版，第416页。

④ 永瑢等：《四库全书总目》，中华书局1965年版，第416页。

⑤ 黄云眉先生曾经指出：“《艺文志》经多人先后撰稿，始主兼收前代，终乃专收明代，以明代文渊阁藏书，修史时散失靡遗，而《文渊阁书目》，又无卷数及撰人姓名，难于取徵故也。”见黄云眉：《明史考证》，中华书局1986年版，第4页。

通》影响还有一处表现，即将纪传体与编年体一起视为正史。自《隋书·经籍志》将纪传体史书设为正史之后，后世史家多承用之，而刘知幾在《史通·古今正史》中叙述历代正史编纂概况，则将纪传体与编年体一起视为正史。而《明史·艺文志》正史类下也著录编年体史书。可以看出，《明史》馆臣心中的正史概念也包括编年体。这虽然是由多方面的原因造成的，但刘知幾的影响也是一个重要因素。

关于五行志，《明史》馆臣也参考了《史通》理论。五行志创自班固，旨在用灾异现象推衍天人感应，其后历代各史多袭之。刘知幾第一次从史学理论角度对《五行志》进行评论，反对不加鉴别随意附会，尤其批评班固释灾多滥，解释抵牾。究其原因，正是因为《明史·五志行》编纂原则即："著其祥异，而事应暨旧说之前见者并削而不载。"不过，明史馆臣并未完全否定天人感应："天人相感，以类而应者，固不得谓理之所无……夫苟知天人之应捷于影响，庶幾一言一动皆有所警惕。以此垂戒，意非不善。"① 刘知幾虽然并未否定阴阳五行灾异说，但曾说道："夫灾祥之作，以表吉凶。此理昭昭，不易诬也……则知吉凶递代，如盈缩循环，此乃关诸天道，不复系乎人事。"② 综之，纪昀反对《五行志》中过事深求的穿凿附会之说，但并不完全否定天人感应，承认天道人事之间存有关联，可以藉此示儆垂诫，都与《明史》高度一致。③

关于论赞，《明史》馆臣也曾借览《史通》理论。刘知幾对史书后论赞的烦冗十分不满，认为："夫每卷立论，其烦已多，而嗣论以赞，为黩弥甚。"④ 由此可见，刘知幾"其于论也，辞严而不摈；于论后之赞，则辞决而加绝"⑤。

对于《明史》中要不要加论赞的问题，其间似颇有曲折。徐乾学："赏罚在一时，褒贬在万世，故史之有作，前贤比之兖钺。然使钩稽冗琐，苛摘细微，高

① 张廷玉等：《明史》卷二八《五行一》，中华书局 1974 年版，第 2 册，第 425~426 页。

② 刘知幾著，浦起龙释：《史通通释》，上海古籍出版社 2009 年版，第 58 页。

③ "著其灾异，削其事应"是自欧阳修以来编纂《五行志》的惯常作法，参考游自勇：《试论正史〈五行志〉的演变——以"序"为中心的考察》，《首都师范大学学报（社会科学版）》2006 年第 2 期。

④ 刘知幾著，浦起龙释：《史通通释》，上海古籍出版社 2009 年版，第 77 页。

⑤ 刘知幾著，浦起龙释：《史通通释》，上海古籍出版社 2009 年版，第 78 页。

下在心，爱憎由已，殊非忠厚之道，则又刘知幾辈所深诫者也。”据尤侗所言，则史官拟传时并不作论赞：“又纂修但著本传，其总论则私自增撰，非敢云独断也。知我罪我，听之而已。”① 但陈廷敬在《陈文贞答立斋总宪书》中又曾说：“并奉去陈友谅传一卷，其论赞又须改易也。”② 据此，此拟传中则有论赞。似在史馆初期，有无论赞并未有明确规定。王鸿绪出任总裁，负责统编列传部分，则未加论赞，其言道：

> 史自马班而下，篇末皆有论断。《元史》则无，后汉论后有赞，晋史承之。窃思篇中所述贤否，已是昭然，叙而复断，更无逸事，何须烦黩。昔人诸赞语之作，多录纪传之言，其有所异，惟加文饰而已。至于甚者，天子操行，具诸纪末，继以论曰，接武前修，纪论不殊，徒为再列。旨哉斯言。今明史列传未经作论，体同元史，或增或否，惟识者裁量焉。

王氏此处所言“昔人”，即刘知幾，语出《史通》。王鸿绪于史稿中并未缀以论赞，而其依据正是来自于刘知幾的意见。

雍正年间，重修《明史》，汪由敦在《史裁蠡说》就论赞发表看法：“叙论评赞，前史亦各不同。《元史》则谓据事直书，具文见意，善恶自明，不加论赞。究之龙门诸赞，多于传外别出意义，或标举轶事，或徵引旧闻。五代史论发明书法，推究事辫，反覆咏叹，意义深长。范蔚宗自比过秦，谓语无泛设，虽近于夸，要之于史法不可缺也。今应加论赞与否，统俟裁定。”③

杨椿：“当雍正元年秋，特命重修，旧时草卷不可复得，馆中所有惟累朝实录及名人传记，而传记亦十不存一二。名为重修，阁下所委者仅于纪传后缀

① 尤侗：《尤西堂明史拟稿叙》，载刘承干：《明史例案》，《四库未收书辑刊本》第5辑第4册，北京出版社2000年版，第638页。

② 刘承干：《明史例案》，《四库未收书辑刊本》第5辑第4册，北京出版社2000年版，第595页。

③ 汪由敦：《史裁蠡说》，载汪由敦：《松泉集》，《清代诗文集汇编》，上海古籍出版社2009年版，第272册，第424~427页。

以赞辞及以意更其目次，或点窜字句，未能将现存之书与王公史稿细加讨论。”①

而最后所成之《明史》，虽然有赞无论，但刘知幾所说的“论谓篇末论辞，赞谓论后韵语”②。而《明史》的赞语是散文体，并不是韵语，正是刘知幾所指的“论”。清代学者浦起龙也认为：“自是唐后诸史，有论无赞，皆阴奉其诫。可知刘说之当理也。”③

唐朝刘知幾所著《史通》，由于“多讥往哲，喜述前非”,④ 并且公然“疑古惑经、诽议上圣”，不合于儒家伦理纲常，所以招致许多非议。但刘知幾在历史编纂学上提出了许多创见，修史时又不能对其加以忽视。致使唐后学者在面对《史通》时，不免陷入一种矛盾境地：既要批判其异端思想，又不能忽视其理论建树。正是缘于这种矛盾境地，导致了“阴用其言，而显訾其书”情况的出现。⑤《明史》纂修过程中，在史馆运作、史料采择、史书体例方面都对《史通》理论颇多借鉴，而众编修官却并未明言，充分印证了唐后学者的这一矛盾心境。

但《明史》在修纂过程中，对刘知幾的史学主张并不是全盘接受，其中也有选择的扬弃。例如刘知幾对纪传体史书中“表”的评价很低，认为“得之不为益，失之不为损”⑥。而《明史》馆臣，如王鸿绪、朱彝尊、汪由敦等都不同意刘知幾的这一观点。王鸿绪则引用《史通》原文后，驳论道：“是固然矣。然有其人入纪入传而表之者，有未入纪未入传而牵连以表之者，是表所以通纪传之穷也。庸可废乎！但史汉表皆有深意，史记诸侯年表断自共和，秦楚月表上尊义帝而汉居其中，将相年表上系大事，汉书同姓诸侯王一例，异姓诸侯一例，元始之间同姓列侯而加之异姓列侯之例，以王莽封之，天子不能有其同姓也。然则表未

① 杨椿：《杨农先上明鉴纲目总裁书》，载刘承干：《明史例案》，《四库未收书辑刊本》第5辑第4册，北京出版社2000年版，第619页。

② 刘知幾著，浦起龙释：《史通通释》，上海古籍出版社2009年版，第756页。

③ 刘知幾著，浦起龙释：《史通通释》，上海古籍出版社2009年版，第78页。

④ 刘知幾著，浦起龙释：《史通通释》，上海古籍出版社2009年版，第271页。

⑤ 刘知幾著，浦起龙释：《史通通释》，上海古籍出版社2009年版，第273页。

⑥ 刘知幾著，浦起龙释：《史通通释》，上海古籍出版社2009年版，第48页。

可以漫然而为之矣。”① 汪由敦指出：“表与纪传，相为出入。……作史无表则列传不得不多，传愈多文愈繁，而事迹或反遗漏而不举。”② 全祖望更是建议在《明史》中“仿《辽史·部族》之例，别为立表”。③ 虽然《明史》在最后定稿时没有采取全祖望的建议，但设立了《七卿表》，反映了明代废除丞相后职官制度的变化，这也是《明史》的创新之处。

① 王鸿绪：《史例议上》，载刘承干：《明史例案》，《四库未未收辑刊》第5辑第4册，第557页。

② 汪由敦：《史裁蠡说》，载汪由敦：《松泉集》，《清代诗文集汇编》，上海古籍出版社2009年版，第272册，第424~427页。

③ 全祖望著，朱铸禹点校：《全祖望集汇校集注》，上海古籍出版社2000年版，第1649页。

第四章　浦起龙与《史通通释》

浦起龙（1679—1762），字二田，号孩禅，晚年自署三山伧叟，学者称之为山伧先生，江苏金匮（今无锡）人，著有《读杜心解》《古文眉铨》《史通通释》《酿蜜集》《不是集》等。① 其中，《史通通释》“引据详明，足称该洽”②，是《史通》传播史上最为重要的一个注本，时至今日，仍是研治《史通》的必备参考书，意义巨大，影响深远。但目前学界尚未有专文对此书进行研究。③ 有鉴于此，笔者拟从历史文献学与史学思想史两个角度对其加以探析，以就教于方家。

---

① 关于浦起龙之生平，前人所述甚少，赵尔巽等所撰《清史稿》，并未给浦起龙立传，仅于《艺文志》内著录浦起龙所撰《史通通释》及《读杜心解》二书（分见赵尔巽等：《清史稿》，中华书局 1977 年版，第 4323、4375 页）。清光绪年间所修《无锡金匮县志》中收录秦瀛《浦起龙传》一篇，附于《王绳曾传》之后（见裴大中修，秦缃业纂：《无锡金匮县志》卷 22《文苑》，光绪辛巳刻本）。此外，秦瀛所撰《浦起龙传》亦收入《国朝耆献类徵初编》（载李桓编《国朝耆献类徵初编》卷 253，收于周骏富：《清代传记丛刊》，明文书局 1985 年版，第 164 册，第 21 页）。但秦瀛此篇《浦起龙传》极为简略，全文仅 111 字。浦起龙族侄浦霖另外撰有《宗老山伧公传》一篇，对浦起龙生平论述稍详（见浦起龙：《酿蜜集》，载纪宝成：《清代诗文集汇编》，上海古籍出版社 2009 年版，第 246 册，第 4 页）。钱仲联先生所编《中国文学家大辞典》（清代卷）也曾简略交待其生平（见钱仲联：《中国文学家大辞典》（清代卷），中华书局 1996 年版，第 691 页）。上述记载大多失于简略，并且有一些讹误。对浦起龙生平介绍最为详细者，当推王煦华先生所撰《浦起龙的生平及其著述》一文（收于邓广铭等：《纪念顾颉刚学术论文集》（下册），巴蜀书社 1990 年版，第 979~989 页。又收入刘知幾撰，浦起龙释：《史通通释》，王煦华整理，上海古籍出版社 2009 年版，第 757~772 页）。王煦华先生曾点校整理《史通通释》，期间搜罗收集有关史料，主要利用浦起龙之文集《不是集》，撰成此文，十分详备，并纠正了前人记述中的一些讹误，读者可加以参考。

② 永瑢等：《四库全书总目》卷 88《史通通释提要》，中华书局 1965 年版，第 751 页。

③ 目前学界仅有少量论文曾涉及《史通通释》，如张新民《史通评释诸本述略》（《文献》1988 年第 2 期）、杨绪敏《论明清时期史通的流传、整理和研究》（《史学月刊》2008 年第 11 期）等，但都是在宏观论述时简略提及，并且大多停留在介绍层面。

一、《史通通释》之编纂与刊刻

《史通》一书在经历了宋至明前期长时间的沉寂之后，由陆深撰成《史通会要》发端，在明代中后叶引起一股研究热潮，出现多种校勘、注释版本，如张之象刻本、张鼎思刻本、郭孔延《史通评释》、王惟俭《史通训故》等。① 但明代学风空疏，诸种评释专著尚有许多缺憾与不足，难惬人意。这反而为清儒续作研究留存了巨大空间。此外，就浦起龙个人而言，虽"幼时资质鲁钝"，但"好学不倦"②，治学十分勤勉，尝自言道："某一生迂谨，癖嗜读书。"③ 并且喜好藏书，"家甚贫，书甚富"④，"惟老屋三间，坐拥五千余卷，资之作遣年之具而已"⑤，其中还有许多宋刻珍本。⑥ 治学勤勉、藏书丰富，为浦起龙撰写《史通通释》奠定了坚实基础。

浦起龙于乾隆四年（1739 年）任教紫阳书院时，曾得见《史通评释》与《史通训故》二书，但并不满意，因此发愿重注。乾隆十年（1745 年），正式动

---

① 此外，明代还有一部李维桢、郭孔延合著之《史通评释》，因其有伪书之嫌，此处暂不列入。(洪业先生曾言："又徐承礼藏之明刊本《史通》二十卷，是否每半叶九行、行二十字，且附有伪李本宁评语者?"见王钟翰：《王钟翰清史论集》（第四册），中华书局 2004 年版，第 2470~2473 页)。另，明代另有一部标名陈继儒所著之《史通订注》，而经洪业先生考证，此为伪书已成定谳，因此亦不列入（见王钟翰：《王钟翰清史论集》（第四册），第 2471 页)。

② 陈开骥：《酿蜜集序》，载浦起龙：《酿蜜集》，《清代诗文集汇编》，上海古籍出版社 2009 年版，第 246 册，第 2 页。

③ 浦起龙：《上云贵制军尹大人》，载氏著：《不是集》，《清代诗文集汇编》，上海古籍出版社 2009 年版，第 246 册，第 110 页。

④ 浦霖：《宗老山伧公传》，浦起龙：《酿蜜集》，《清代诗文集汇编》，上海古籍出版社 2009 年版，第 246 册，第 4 页。

⑤ 浦起龙：《致荆州兵备道同年李漪年》，载氏著：《不是集》，《清代诗文集汇编》，第 246 册，第 126 页。

⑥ 黄丕烈于其所撰《士礼居藏书题跋记》卷三《普济方》条中记载："近日书直昂贵，闻有无锡浦姓书贾，即浦二田之后，持残宋本《孟东野集》，索值每叶元银二两，故余戏以叶论价此书，犹贱之至也。此书亦即出浦姓手。书有'锡山浦氏珍藏'印，又有'浦氏蒉菽赏鉴'印，当亦二田家藏者。二田故多宋本书，后人不知，尽皆散失。"载黄丕烈著，潘祖荫辑：《士礼居藏书题跋记》，周少川点校，书目文献出版社 1989 年版，第 88~89 页。

笔撰述《史通通释》，乾隆十二年（1747年）初稿完成，乾隆十三年（1748年）又加以修订，并得见黄叔琳之《史通训故补》，以之互正。浦起龙注释《史通》极为严谨勤勉，尝自言道：“一言之安，一事之会，周顾而旁质，丰取而矜择。”① 即使在《史通通释》刊刻问世之后，浦起龙还屡经修改完善，其自言道：

> 乙丑事始，凡历干枝之次者八，而稿两脱，后易者又三。既入木，复条刊者卅有奇……盖其专固蹇拙之如此，亦将弥其所谓释事忘义之憾，而务相与为之尽也。②

《史通通释》虽然是由浦起龙撰著完成，但其间也曾得到多人襄助，③ 其中又以蔡焯出力最多。蔡焯，字敦复，浦起龙门生，“其间搜讨援据，出焯手者十三四”④，“网罗傭钞，敦复力最勤”⑤。书前所列《史通通释举例》，标举“二科十别”，发明全书凡例，就是由蔡焯所撰，而篇中之按语亦曾参与撰写。⑥

浦起龙撰著《史通通释》极为不易，而付梓刊刻也同样艰难。《史通通释》初稿完成于乾隆十二年（1747年），但浦起龙绌于资财，无力刊刻，只能依赖亲友襄助，分别任刊一卷或数卷。⑦ 浦起龙自言道：“序例具之再及期，知友督梓踵至。又再逾期，不自意刻竟成。自戊辰尽壬申，为岁五通。”⑧ 由此可知，《史通通释》初稿完成后，陆续付梓雕刻，自乾隆十三年戊辰（1748年）至乾隆十七年壬申（1752年），历时五年，才全部刊刻完成。

《史通通释》于乾隆十七年（1752年）刊刻问世，此后又屡经翻刻，计

---

① 刘知幾著，浦起龙释：《史通通释》，上海古籍出版社2009年版，第2页。

② 刘知幾著，浦起龙释：《史通通释》，上海古籍出版社2009年版，第2页。

③ 刘知幾著，浦起龙释：《史通通释》，上海古籍出版社2009年版，第3页。

④ 浦起龙：《蔡敦复小传》，转引自王煦华：《浦起龙的生平及其著述》，刘知幾著，浦起龙释：《史通通释》，上海古籍出版社2009年版，第770页。

⑤ 刘知幾著，浦起龙释：《史通通释》，上海古籍出版社2009年版，第2页。

⑥ 如《史通通释·古今正史篇》中存有一段按语，即为蔡焯所撰，见刘知幾著，浦起龙释：《史通通释》，上海古籍出版社2009年版，第328页。

⑦ 参见浦起龙：《与秦庚和》《与倪时行》《与黄大山内侄》《致许修来》，载氏著：《不是集》，《清代诗文集汇编》，上海古籍出版社2009年版，第246册。

⑧ 刘知幾著，浦起龙释：《史通通释》，上海古籍出版社2009年版，第2页。

有：清同治三年成都志古堂重刊本、光绪十一年翰墨园汪氏重刊本、清光绪二十年积石山房石印本；清光绪二十五年上海通时书局石印本；清光绪二十五年上海宝文书局石印本；清光绪二十八年益友书局刻本；光绪-宣统间上海广学会排印本、光绪十一及十九年上海文瑞楼石印本；袖珍古书读本本；四部备要本。① 此外，《史通通释》，也被收入《四库全书》，但削去《惑经》一篇，成为另一种版刻。

二、浦起龙《史通通释》所采底本考析

“校勘为读史先务，日读误书而不知，未为善学也。”② 《史通》问世以后，即乏善本，明代中叶以后，陆续有学者致力于其文本校勘，但文字讹舛、错简淆乱仍不能免。校勘之业，首先在于选定一个较为完善之底本，而浦起龙并未交代其所采底本，因此这一问题曾引发后人争议。有学者认为浦起龙所据底本即为宋本，如卢文弨认为：“见无锡浦氏起龙注释本，叹其精核，虽并不言宋本，凡其作正字大书者，皆宋本也。”③ 杨守敬也认为：“浦氏所见古抄即宋本也，与卢文弨所见本合。”④ 也有学者认为浦起龙所据底本仅为明刻本，如周星诒认为：“浦氏所据仅止明椠，沿讹袭误皆所不免，其难通率凭臆改，良由未见善本故耳。”⑤ 还有学者认为浦起龙所据底本为不全之宋本，如陆心源：“浦起龙《通释》本虽不言所自，而与此本皆合，则当见影宋本矣。惟卷十七《诸晋史篇》‘寄出外戚传’下，宋本有‘案外戚传’四字，浦本亦夺，而注云：‘凡例语止此，此下疑

① 据中国古籍总目编纂委员会：《中国古籍总目·史部》（1），中华书局、上海古籍出版社 2009 年版，第 457 页；台湾图书馆：《台湾公藏普通本线装书目书名索引》，台湾图书馆 1982 年版，第 220 页；成都市图书馆：《成都市古籍联合目录》，成都市图书馆 1992 年版，第 196 页。

② 陈垣：《通鉴胡注表微》，中华书局 1962 年版，第 37 页。

③ 卢文弨：《群书拾补》，《续修四库全书》，上海古籍出版社 2013 年版，第 1149 册，第 362 页。

④ 杨守敬评语，转引自张三夕：《史通三家评校钞》，《通往历史的个人道路——中国学术思想史散论》，社会科学文献出版社 2001 年版，第 103 页。

⑤ 载傅增湘：《藏园群书经眼录》，中华书局 2009 年版，第 433 页。

有阙文'，似所见宋本亦不全。"①

浦起龙所据底本到底为何？其所见"古本"是否为"宋本"？是否将所谓"宋本"采为底本呢？为解决这一问题，有必要先考察一下《史通》究竟有无宋刻本存在。

众所周知，《史通》刻本流传至今天的，并未见有宋刻。但明清时期的诸多学者，如张之象、王惟俭、何镗、卢文弨、顾广圻、陈鳣等，都曾自称得见宋本。而民国时期，也有学者曾就《史通》宋刻本的存在提出过质疑，如洪业认为："盖昔人所称曾见宋刻本者，恐皆是妄语，此蜀藩司本殆为最早刻本。"② 洪氏所言蜀藩司刻本，即陆深据以重刻之底本。洪氏以蜀藩司刻本为最早之刻本，即是否定《史通》宋刻的存在。无独有偶，余英时先生也曾提出过相似观点："刘知幾《史通》在宋初并非流传甚广的书，是否已有印本，也大成问题……其时《史记》《汉书》还很稀见，何况《史通》这么比较冷僻的书呢？"③ 余英时从宋代印刷术的发展情况，推测其时书籍刊刻数量甚少，连士人所共习的《史记》《汉书》等纪传体正史尚且刻本无多，更遑论《史通》这类非圣无法的史评书籍。余氏所言虽无确切依据，但推论亦颇近情理。那么，《史通》一书究竟有没有宋刻本呢？明清学人所见是否真为宋刻，抑或将别本误认作宋刻？对此，我们或许可以从诸家所记录之版式行款入手加以探析。

明清时期，自言得见宋刻《史通》者颇多，其中张之象、卢文弨、陆心源三家曾记载其所见版本之行款。张之象自称于友人秦柱家得见，但张氏所刊刻仍有许多舛讹，尤其是《曲笔》《鉴识》两篇之错简亦未能订正，并且张之象刻本之款式为每半页十行，行十九字，白口，左右双阑，卷首依次为《史通序》《史通序录》《订正史通名氏》《史通目录》，自卷一至卷二十均题"唐凤阁舍人彭城刘子玄撰"。卢文弨亦曾言得到华亭朱氏影钞宋本，据其所述，影钞宋本行款特征

① 见陆心源：《影抄史通跋》，《仪顾堂书目题跋汇编》，中华书局 2009 年版，第 84~85 页。

② 王钟翰：《王钟翰清史论集》（第四册），中华书局 2004 年版，第 2470~2473 页。

③ 余英时：《宋明理学与政治文化》，吉林出版集团 2008 年版，第 88~89 页。

有如下几点：首先，影钞宋本《史通》仅上十卷有目录，下十卷无目录①，并且序录后即接目录，目录中所标卷数“第一”“第二”均为大字单行，而篇名如《六家第一》《二体第二》之例，皆小字双行如夹注。目录统言道：“宋本目录作《体统》第卅六、《纰缪》第卅七、《弛张》第卅八，且总结云：‘右定凡卅六篇，并序及志第七篇，共卅八篇。’”② 其次，正文中每卷起首总言，“《史通》卷第几，内篇，刘氏。”次行低格标列篇名，如第一卷标明“《六家》第一”，第二卷标明“二体第二、载言第三、本纪第四、世家第五、列传第六”。此外，一些细节之处如第一卷中总作《六家第一》，其《尚书》家、《春秋》家、《左传》家等并未占行标明。陆心源也曾记录其所见影宋钞本《史通》款式：“《史通》二十卷，首行上题‘史通’，下题‘刘氏’，中题‘内篇’、‘外篇’等字。每卷有目，连属篇目，明人照写宋本。每页十八行，每行十八字。目录后有总结云：右定凡三十六篇，并前序及志第七篇，共三十八篇……卢抱经所称影宋本，与此本同出一源，其善处卢氏已尽录于《群书拾补》中。”③

由上文所述可以看出，卢文弨与陆心源所见影钞宋本，同出一源，其行款版式也极为相近，但较之张之象刻本，则不同之处颇多，尤为显著者即卢氏所见下十卷并无目录，而张氏刻本则有目录，卢氏所见序录后即接目录亦与张氏刻本不同。而陆深刻本、张鼎思并未提及宋刻，但据现存刻本，其版式行款与卢文弨所记反而较为一致。④ 由此可知，张之象、卢文弨等自述已经颇为纷歧，则其所见

① 卢文弨于《史通秩下》言：“宋本缺目录，今依前例补之。”载卢文弨：《群书拾补》，《续修四库全书》，第1149册，第352页。

② 卢文弨：《群书拾补》，《续修四库全书》，第1149册，第343页。

③ 陆心源：《影宋抄史通跋》，《仪顾堂书目题跋汇编》，第84页。

④ 蒙文通：“卢召弓影钞宋本云：‘《史通》下十卷无目录，而张之象有之，张鼎思覆陆本，均惟上十卷有目录，固与宋同，宋本序录后即接目录，陆、张二本亦然，目录第一、第二为大字单行，《六家第一》《二体第二》之例，皆小字双行如夹注，陆、张于此亦如此，一卷《六家》，黄叔琳本《尚书家》《春秋家》，俱各标一行，宋本无之，今陆、张于此亦同。’……宋本《史通》卷二，次行低格列《二体》《载言》《本纪》《世家》《列传》各目录，余卷皆如此。此为宋本款式，陆、张两本亦同。”据蒙氏所述，则卢文弨所见影钞宋本与陆深、张之象刻本较为一致（蒙文通《馆藏明蜀刻本〈史通〉初校记》，载蒙文通：《经史抉原》，巴蜀书社1995年版，第443页）。但蒙氏此处意求证明陆深刻本即为宋刻本，对此，笔者并不认同。

是否为真正的宋代刻本，不禁要让人打上一个大大的问号，极有可能是将别本误认作“宋本”。

现在，我们再回到浦起龙所采底本的问题上来。浦起龙撰述《史通通释》，其校勘处理形式为定本附校勘记，统观其中校语，所提及之版本信息有：“一作”“或作”“旧作”“古本”“本作”“张本”“郭本”“王本”“黄本”“义门订本”。其中张本、郭本、王本、黄本、义门订本四种，仅为参校本，必定不是浦起龙所采用之底本。其中所言“一作”“或作”两种，也大都分别指称张本、郭本、王本、黄本。可见，浦起龙自己所作之校勘记，并没有言及“宋本”，但其中所称作“古本”者为何呢？是否即为卢文弨等人所言的“宋本”呢？是否将“古本”采作底本呢？浦起龙在《摸拟篇》中曾言道：

> 此事俗本《史通》并作谢承《家语》云云……及得映钞古本《史通》核之，原无“谢承”二字。①

观此处所言“及得”云云，则浦起龙得见“映钞古本”时，《史通通释》之撰著工作早已开始，“映钞古本”乃是后来勘校过程中所得见。此外，浦起龙于《蔡敦复小传》中也曾称：“丁卯，（蔡焯）购得旧本《史通》，持以相质，僻语晦指，错简误文，累叶皆是。”② 此处所言“旧本”，即是《史通通释》中所称的“古本”，而丁卯年为乾隆十七年（1747 年），此时，《史通通释》初稿已基本完成。再者，浦起龙在批注《史通训故补》时，其中有一条批语为我们提供了重要信息，其文曰：“宋本之误，不可枚举，岂尽信书耶。”③ 由此可知，浦起龙虽然在批注它书时提及“宋本”，但在公开发行的《史通通释》中则仅仅称作“古本”，可见其对所谓“宋本”的真实性也存有质疑，也并未将自己所见认定为“宋本”。并且，据上文所引批语，浦起龙对所谓的“宋本”评价并不高，并非一味佞信。因此，笔者认为，浦起龙虽然得见“映钞古本”，但并未将其认定为

---

① 刘知幾著，浦起龙释：《史通通释》，上海古籍出版社 2009 年版，第 210 页。

② 浦起龙：《蔡敦复小传》，转引自王煦华：《浦起龙的生平及其著述》，载刘知幾著，浦起龙释：《史通通释》，上海古籍出版社 2009 年版，第 770 页。

③ 浦起龙于黄本《史通训故补・鉴识篇》中所作批语。

“宋本”，更未将其用作底本，只是作为参校版本加以运用。

三、浦起龙之史学思想

浦起龙撰著《史通通释》，内容十分详备，蔡焯曾将其归纳为“二科十别”，简言之，即校勘、注释、考证、评论以及划分章节、串讲大义。浦起龙之评论主要是以“按”语形呈现，类似于“跋尾”①，集中体现了浦起龙的史学思想。就内容而言，浦起龙之评论可分为三类：总结申述刘氏意旨，疏通证明篇意；探明刘知幾之思想渊源或分析其影响；阐发己见，对相关史学议题续作探讨。就笔者考察，以下三点尤其值得重视，下文分述之。

（一）经史关系论

经史关系是我国传统学术中的一项重要理论命题，对史学的发展有着深远影响。刘知幾撰著《史通》，其内容虽然以探讨史学议题为主，但笔锋所及，对经史关系也有关涉。这主要表现在，刘知幾顺应唐代史学独立不断增强的趋势，援经入史，将《尚书》《春秋》等儒家经典纳入史部范围加以考察。

但在传统社会，受儒家观念拘囿，对于经史疆界之判定相当严格，因而刘知幾“援经入史”的观点饱受学者批驳。宋代学者王十朋即曾提出：“《书》载尧舜三代之事，《春秋》出于吾夫子之亲笔，学者尊之以为经，不可诬矣。知幾乃同迁、固之书而史之，可乎?”② 黄叔琳对此也颇有微词，指出：“《春秋》《左传》皆编年之祖，似不应区分。”③

浦起龙对此却颇为认可，指出：“史体尽此六家，六家各有原委。其举数也，欲溢为七而无欠，欲减为五则不全，是《史通》总挈之纲领也。”④ 浦起龙称赞刘知幾的“六家”说，亦即认可其“援经入史”之观点。不唯如此，浦起龙更

---

① 刘知幾著，浦起龙释：《史通通释》，上海古籍出版社 2009 年版，第 2 页。

② 王十朋：《梅溪集》卷 13《问策》，《景印文渊阁四库全书》，台湾商务印书馆 1986 年版，第 1151 册，第 223 页。

③ 黄叔琳：《史通训故补》，上海古籍出版社 2006 年版，第 440 页。

④ 刘知幾著，浦起龙释：《史通通释》，上海古籍出版社 2009 年版，第 1 页。

进一步指出，《易》《礼》《诗》《书》《春秋》俱可视作史书，其言曰：

> 夫古人之经即古人之史，盖史之为义，所以备劝戒也。试以经言之，《易》非以吉凶劝戒人者乎？史以纪往，《易》以纪来，来不可名，故示之以象。试求之诸史得失成败，孰能逾之者，故曰《易》亦史也。《礼》亦然。悬之为规，蹈之为绳，曰如此则合礼宜兴，否则败，劝戒昭焉，史法也。《诗》以道性情，为美为刺，纪盛纪衰，亦史法也。《书》则当时之史体也。然其所举者皆弘纲而不详其目，于世次尤略，要之史道备矣。若夫《春秋》之为史，昭昭也。顾孔子当日岂若后人之沾沾纪述旧闻哉！盖将以正彝伦，维王迹，其旨殆与《易》《诗》《书》《礼》一而已矣。而左氏、公羊、谷梁三子为释之、传之，且叙其事以明之，而史法由之而起。故即编年叙事之中而纪传表志之体皆具焉。由是言之，经以道法胜而兼事辞，即为一代之实录可知矣。①

浦起龙此段议论乃是针对宋代学者苏洵而发，② 主张经史相通，将《易》《礼》《诗》《尚书》《春秋》等儒家经典统视为先秦之史籍，反对将经、史歧而二之。浦起龙指出："吾则以为古之经即古之史，今之史其不足为经者，并不足为史也。学者先穷经而后读史，亦常读史以证经。斯纷纷异同之见，亦可以不设也夫。"③ 与刘知幾"援经入史"之观点可谓一脉相通。

浦起龙主张经史相通的观点，与其治学宗向与学术环境密切相关。首先，浦起龙治学宗奉朱子，④ 关于《尚书》《春秋》两部儒家经典，朱熹曾指出："古

---

① 浦起龙：《经史异同》，载氏著：《酿蜜集》，《清代诗文集汇编》，上海古籍出版社 2009 年版，第 246 册，第 24 页。

② 苏洵曾提出："由是知史与经皆尤小人而作，其义一也。其义一，其体二，故曰史焉、曰经焉……虽然，经以道法胜，史以事辞胜。经不得史无以证其褒贬，史不得经无以酌其轻重。经非一代之实录，史非万世之常法。体不相沿而用实相资焉。"苏洵：《嘉祐集笺注》，曾枣庄、金成礼整理，上海古籍出版社 1993 年版，第 229 页。

③ 浦起龙：《酿蜜集》，《清代诗文集汇编》，上海古籍出版社 2009 年版，第 246 册，第 24 页。

④ 浦起龙尝作《朱陆异同》一文，指出："宗朱而不及，犹不失拘谨之儒，宗陆而不及，弊将入于禅悟而不觉。"浦起龙：《朱陆异同》，载氏著：《酿蜜集》，《清代诗文集汇编》，上海古籍出版社 2009 年版，第 20~21 页。

史之体，可见者《书》《春秋》而已。”① 浦起龙在解释《尚书》《春秋》二书的史学属性时，即援引朱熹观点加以解释，指出：“《史通》首此二家，皆谈史不谈经。诸家执经言经，繁引义疏，都无交涉。”② 其次，浦起龙经史相通之见解，与明清以来学术发展趋势相关。宋明时期，史学成为理学附庸，但自明代中叶起，经史关系又发生了变化，史学独立意识渐次增强，经史相通之呼吁层出不穷。王阳明明确提出了“五经皆史”的观点③，而薛应旂、沈国元、王世贞、李贽、顾炎武、黄宗羲等学者相继阐发过“经史一也”“六经皆史”之观点，经史相通之主张已深入人心。

（二）班马优劣论

班马优劣论作为传统史学的一项重要理论命题，一直颇为引人关注。刘知幾撰著《史通》，虽未直接就此加以判定，但相关评述却曾引发歧义。如在《六家篇》中指出：“（《史记》）每论家国一政，而胡、越相悬；叙君臣一时，而参、商是隔。”④ 而《汉书》则“包举一代”，“言皆精练，事甚该密”。⑤

刘知幾的本意其实在于评述通史、断代之优劣，《史记》《汉书》分别作为两种体例之代称，但其论述容易引发歧义。宋代学者郑樵即据此认为：“迁之于固，如龙之于猪，奈何诸史弃迁而用固，刘知幾之徒尊班而抑马。”⑥ 明代学者郭孔延也认为：“子玄于《史记》有贬词，于《汉书》加伟称，优固于迁。”⑦ 由此可知，郑樵、郭孔延俱认为刘知幾推崇班固，贬抑司马迁。但刘知幾对于“班马优劣”问题究竟是如何看待的呢？浦起龙对此曾加辨析，指出：

> 纪传家自隋唐以来，经籍、艺文诸志，皆列史部首科，谓之正史。先马

① 朱熹：《跋通鉴纪事本末》，《朱熹集》，郭齐、尹波点校，四川教育出版社 1996 年版，第 41~47 页。

② 刘知幾著，浦起龙释：《史通通释》，上海古籍出版社 2009 年版，第 3 页。

③ 王阳明：《传习录上》，《王阳明全集》，上海古籍出版社 1992 年版，第 10 页。

④ 刘知幾著，浦起龙释：《史通通释》，上海古籍出版社 2009 年版，第 18 页。

⑤ 刘知幾著，浦起龙释：《史通通释》，上海古籍出版社 2009 年版，第 20~21 页。

⑥ 郑樵：《通志二十略》，王树民点校，中华书局 1995 年版，第 3 页。

⑦ 郭孔延：《史通评释》，上海古籍出版社 2006 年版，第 20 页。

> 次班，此定例也。刘氏以时近者易为功，代远者难为力，有鉴于《通史》《科录》之芜累，故特标举“断限”，借《史》《汉》二家以示适从云尔。夹漈持论，有意矫枉，其言既悖，至评者认此为乙马甲班，直不晓文义矣。①

关于“班马优劣”问题，浦起龙认为郑樵、郭孔延等学者误解了刘知幾的本意。在浦起龙看来，刘知幾对于《史记》《汉书》“互有褒贬”②，并未简单地评判其高下优劣。浦起龙通过寻绎《史通》全书，指出刘知幾也曾有多处阐发“扬班抑马”的观点，并以《论赞篇》为例证，指出：“子长淡泊无味，盖对限篇书论，非要强文为言。观‘事无重出’‘文省可知’八字，三昧仍首马次班也。”③由此可知，刘知幾在“班马优劣”的问题上，并未“扬班抑马”，而是以客观公正的态度辩证地加以审视，郑樵、郭孔延等误解了刘氏原意，浦起龙对其加以辨析，不仅探明了刘知幾的本意，也纠正了前人误解。

浦起龙不仅纠正前人对于刘知幾之误解，其本人也曾参与班马优劣问题之争论。浦起龙从通史、断代两个角度切入考察，指出司马迁撰著历代之史，得以“各出心裁，初无一定语”，而班固则“所奉者一王之制，所编者宜有一定之程，不得任意为参差”。缘此，浦起龙认为《史记》《汉书》二书“体制不同，迁才高识超，不拘拘于绳墨，固言必矩度，有阡陌可寻，其格力不同。”浦起龙并未简单地定其优劣，而是认为“后人无迁之才，则宁学固不可学迁，以迁书变化无方，而固书有规矩可遵也”④。此后，章学诚以圆神、方智论《史记》《汉书》之不同，并且指出：“迁《史》不可为定法，固《书》因迁之体，而为一成之义例，遂为后世不祧之宗焉。”⑤ 与浦起龙观点极为一致。

---

① 刘知幾著，浦起龙释：《史通通释》，上海古籍出版社2009年版，第21页。

② 浦起龙：《班马优劣》，《酿蜜集》，《清代诗文集汇编》，上海古籍出版社2009年版，第246册，第26~27页。

③ 刘知幾著，浦起龙释：《史通通释》，上海古籍出版社2009年版，第78页。

④ 浦起龙：《班马优劣》，载氏著：《酿蜜集》，《清代诗文集汇编》，上海古籍出版社2009年版，第246册，第26~27页。

⑤ 章学诚：《文史通义校注》，叶瑛校注，中华书局1985年版，第49~50页。

（三）历史编纂学

刘知幾撰《史通》，对唐前史书编纂做了系统总结与全面清理，六家、二体从总体上构筑史体演进轨迹，其后本纪、世家、列传、表历、书志、断限、论赞、叙事、书事等篇，则从历史编纂学角度，对纪传体史书体例加以规范。因此，历史编纂学理论是刘知幾所探讨的主要内容，浦起龙对此也颇为关注。

然而受时代局限，刘知幾之论述也不乏偏颇之见，但浦起龙因为给《史通》作注，对"原书多所回护"。① 如刘知幾"囿于断代而昧于通史"②，将《史记》《汉书》区别为二家，并将《汉书》视为纪传体纂修规范，极力表彰断代体例的优点，批驳通史的缺点。③ 而浦起龙则更进一步提出汇刊群史以代替通史，"尝谓昔人所以甄综古近，通为一书者，为其时未有汇刊群史定本故耳。识者鉴此，乃有十七史之刻，嗣是而为廿一、为廿二，循代接编，各还原帙，既无纂合之劳，亦免离散之患，实自斯言发之，刘氏岂非史部功臣！"④ 其意即指通史可以废黜不作，可谓荒谬至极。

再如，刘知幾于《史通》中开篇即提出"六家"说，确定史体大全，其后便统归二体：以《左传》为代表的编年体、以《汉书》为代表的断代纪传体，并断言："后来继作，相与因循，假有改张，变其名目，区域有限，孰能逾此！"⑤ 浦起龙对于"六家二体说"十分信服。刘知幾划分六家，以书表家，六部史著分别为六种体裁的代称，浦起龙则从具体到抽象，对"六家"之说续加申述，分别为其指出编纂特征：记言、记事、编年、国别、通古纪传、断代纪传。关于"二体"，浦起龙也是极力加以维护，认为：

① 永瑢等：《四库全书总目》，中华书局 1965 年版，第 757 页。

② 刘咸炘：《史通驳议》，《刘咸炘学订论集·史学编》（下），黄曙辉整理，广西师范大学出版社 2007 年版，第 466 页。

③ 刘知幾著，浦起龙释：《史通通释》，上海古籍出版社 2009 年版，第 18~20 页。

④ 刘知幾著，浦起龙释：《史通通释》，上海古籍出版社 2009 年版，第 19 页。

⑤ 刘知幾著，浦起龙释：《史通通释》，上海古籍出版社 2009 年版，第 24 页。

> 二体两字，贯彻全书，纲维群史。人言自袁机仲《纪事本末》出，史体参而三矣。余曰：亦从二体出，非别出也。且降史书为类书，法不参立。故其书不由史馆，不奉敕亦编。①

平情论之，刘知幾所提“六家二体”说作为传统史学理论的一个重要命题，援经入史，打破经史壁垒，价值巨大，影响深远。但“六家二体”说并非毫无瑕疵，而是醇驳相杂，得失互参。首先，刘知幾划分史体的标准并不明晰，纷歧错出，“体之外凡为四准，准各分类，今知幾所列六家，或用此准，或用彼准，参差错出，自为纷歧”②。其次，刘知幾在总结史体时，采取的是将六家散开并列式的呈现方式，六部史著分别为六家的开山之作，畛域森然，并没有洞见史体之间的递嬗演进关系。③ 再次，以“二体”概括唐前史体主流，未为失当，但自《通鉴纪事本末》出现后，以“纪事本末”标名之史书相沿踵作，纪事本末宋明时期虽被视为“编年体”，但在明末清初逐渐独立为一种新的史体，对“二体”说造成了巨大冲击，足以成为与编年、纪传鼎足而三的一种新史体。④ 综上所述，刘知幾“六家二体”说并非毫无瑕疵，而是存有缺憾。浦起龙因为给《史通》作注，对刘知幾多所回护，盲从其说，曾不置辩，失于浮信。

四、浦起龙《史通通释》之评价

明代中叶以后，《史通》重新进入学者视野，兴起了一股研究热潮，出现了多家勘校、注释版本。陆深首发其端，撰成《史通会要》并审正讹脱错简刻成新本，张之象、张鼎思踵作于后，勘校工作续有进展。郭孔延撰《史通评释》，开

---

① 刘知幾著，浦起龙释：《史通通释》，上海古籍出版社 2009 年版，第 27 页。

② 刘咸炘：《史体论》，《刘咸炘学术论集·史学编》（下），黄曙辉整理，广西师范大学出版社 2007 年版，第 367 页。

③ 刘海波：《刘咸炘〈史通〉研究探析——以〈史通驳议〉为中心》，《天府新论》2012 年第 5 期。

④ 刘海波：《略论纪事本末体裁的发展历程——以目录学为视角》，《济南大学学报》（社会科学版）2011 年第 2 期。

评注之先河，但其注释冗杂枝蔓、引文不标出处，并且其评论有浓厚的“义理史学”思想，偏离了刘知幾的“实录”主旨。① 王惟俭撰《史通训故》，依据正史，选择精严，引文虽标出处，但仅列书名，未标篇名，并且仅具校勘、注释两端，删去评论一项，注释内容也过于简略。② 进入清代，黄叔琳首先致力于《史通》的校注、评论工作，为王氏拾遗补阙，撰成《史通训故补》，注释更为详明，恢复评论一项，内容更为丰富，但在体例上一仍王氏之旧，注释统一列于篇末，未能摘标原文字句，读者检核不便，并且其注释，多据类书，而不引最先出处。

浦起龙撰著《史通通释》，在明清注本当中，最为晚出，因而可以吸取众家所长，集《史通》研究之大成，并被收入《四库全书》，得到官方认可。与前此诸家相较，其价值与影响，可以从以下三个方面加以考察。

第一，从文献学角度而言，浦起龙校勘之精审、注释之详备都远超前人。首先，在校勘方面，浦起龙虽然不乏臆改之处，但其汇集多家版本，加以精密方法，刊正讹文、厘定错简，已然最大限度地恢复了《史通》文本原貌。在注释方面，虽然也还存有疏漏，但大致“引据详明、足称该洽”③，与此前诸家相较，其所注内容必标字摘句，明确指出，统一列于篇后，并详细交代引文出处，“书皆举名，篇皆举目”④，体例极为严谨。对此，学界也给予了充分肯定，如周中孚曾言：“于各篇之后，广注出处，其择之精而语之详，诚非在前诸注所得并

① 刘海波：《郭孔延〈史通评释〉探析》，《理论学刊》2013 年第 5 期。

② 王惟俭注释内容过于简略，可能与其撰著动机相关，据曾参与《史通训故》校订的薛永宁所言：“明兴以来，载笔不乏，至于纪传之体，独郑端简公《吾学编》耳。吾友王损仲欲删润一代之大典，故于《史通》一书深所究心，其训注该博，信史家之龟鉴也。”（薛永宁：《跋史通训故》，载王惟俭：《史通训故》，《续修四库全书》，第 447 册，第 427 页。）据此，则王氏似有意于编纂一部纪传体《明史》，倾向于借鉴《史通》中所倡导的史学理论，因而其注释以简要为原则，不求详备，亦即王氏所言“人止字里之概，文止篇什之要”。（王惟俭：《文心雕龙训故》，载中国文心雕龙学会、全国高校古籍整理委员会：《文心雕龙资料丛书》（上），学苑出版社 2004 年版，第 378 页。）

③ 永瑢等：《四库全书总目》卷 88《史通通释提要》，中华书局 1965 年版，第 751 页。

④ 蔡焯：《史通通释举例》，载刘知幾著，浦起龙释：《史通通释》，上海古籍出版社 2009 年版，第 2 页。

也。"① 并且，在《史通通释》问世之后，直至民国，再无全面整理《史通》文本之著作，学者大多致力于为其拾遗补阙，订讹规过，如陈汉章《史通补释》、杨明照《史通通释补》、罗常培《史通增释》、程千帆《史通笺记》；或专致力于《史通》评论，如纪昀《史通削繁》、程千帆《史通笺记》、徐桂林《史通驳议》、吕思勉《史通评》、张舜徽《史通平议》。这也从一个侧面反映了浦起龙的巨大成就。

第二，极大地促进了《史通》流传，并成为底层文化圈的首选版本。浦起龙撰著《史通通释》，在体例方面曾颇为人所诟病。四库馆臣即曾指出："至于句解章评，参差连写，如坊刻古文之式，于注书体例更乖。使其一评一注，厘为二书，则庶乎离之双美矣。"② 并且其评语也是"识趣既卑，文又拙涩，全是三家村学究习气"③，确实深中其弊，但我们今天若具"了解之同情"，结合浦起龙之生平经历对此加以考察，便不会再对其加以苛责。浦起龙因仕途不顺，生活十分贫寒，曾自言："以弱冠补诸生，汩汩三十年，起龙仅通一籍。"④ 穷其一生，大多僻居乡间以教书授馆为业，所以其所撰著，大多以底层文化圈为预设受众。费念慈在为其所著《酿蜜集》作序时曾指出："先生在康、雍间以文学教授乡里，著书满家……兹编……殆为家塾读书之阶梯，开示学僮，道以径路。"⑤ 其实，不惟《酿蜜集》如此，《史通通释》《读杜心解》《古文眉诠》概莫能外。而句解章评，虽然有乘注书体例，但确实对于初学极为便利。并且，正是缘此，《史通通释》问世以后，受到了底层文化圈的普遍欢迎。清代学者黄丕烈曾记载自己购书的一次经历，其言曰：

书友云：外间买是书者（指《史通》——笔者引），唯《史通通释》是

① 周中孚：《郑堂读书记》，黄曙辉、印晓峰点校，上海书店出版社 2009 年版，第 531 页。

② 永瑢等：《四库全书总目》卷 88《史通通释提要》，中华书局 1965 年版，第 751 页。

③ 李慈铭：《越缦堂读书记》，中华书局 2006 年版，第 414~415 页。

④ 浦起龙：《一涧公行述》，转引自王煦华：《浦起龙的生平及其著述》，载刘知幾著，浦起龙释：《史通通释》，上海古籍出版社 2009 年版，第 759 页。

⑤ 费念慈：《酿蜜集序》，载浦起龙：《酿蜜集》，《清代诗文集汇编》，上海古籍出版社 2009 年版，第 246 册，第 3 页。

问，若此则无过而问焉者，故以归子。余不觉笑余嗜好与俗殊酸碱也。癸酉冬记，复翁。①

黄丕烈此段跋语，记于嘉庆癸酉年（1813年），此时距离《史通通释》初刻问世，已有61年。《史通通释》俨然已经成为底层文化圈阅读研治《史通》的首选版本，充分说明其价值已得到普遍认可。

第三，在研究方法上为后人开示途辙，并促成了《史通》研究学圈的形成。浦起龙极力表彰刘知幾之贡献，针对前人诋毁《史通》之论，提出"显訾其书、阴用其言"的观点，断言："继唐编史者，罔敢不持其律。"并列举十条例证，将《史通》影响于唐后史书编纂者，一一为之抉发。② 这就为后人研究《史通》开辟了一个新途径，提示学者从历史编纂学角度探讨其对于史书编纂实践之影响。此后，钱大昕即以《新唐书》为例进行考察、傅振伦更是依《史通》篇目顺序，全面加以加阐发。③ 并且，浦起龙促成了《史通》研究学圈的形成。清代学人，致力于《史通》研究者人数众多，如黄叔琳、浦起龙、王峻、卢文弨、钱大昕、王鸣盛、纪昀、陈鹤、陈鳣、顾广圻等，而这些学者之间，大多具有师友渊源，可以说是形成了一个渊源相承的研究学圈。其中，钱大昕、王鸣盛都是浦起龙任教紫阳书院时的学生，与浦氏有直接的师承关系。钱、王二人都曾对《史通》加以研究，并且颇为推崇其书。钱大昕在其著述中多次引及《史通》，并于《十驾斋养新录》中撰有一篇专文，推论刘知幾"疑古惑经"之用意，表彰其影响，与浦起龙观点极为一致，而王鸣盛更是直言其《十七史商榷》之命名，受《史通》启发："予体例与知幾异而'商榷'之义亦窃取之。"④ 陈鹤对《史通》研究也用力颇深，著有《书史通通释后》一篇，"勘订浦起龙舛误之处，弥见细心"。而陈鹤作为钱大昕门生，"少游于钱大昕之门，得其指授，于治史尤勤……

① 黄丕烈：《黄丕烈书目题跋》，中华书局1993年版，第63页。

② 刘知幾著，浦起龙释：《史通通释》，上海古籍出版社2009年版，第273页。

③ 钱大昕：《十驾斋养新录》，上海书店出版社1983年版，第303页；傅振伦：《刘知幾年谱》，中华书局1963年版，第132~146页。

④ 王鸣盛：《十七史商榷》，上海书店出版社2005年版，第943页。

盖其一生潜心乙部，亦实自钱氏启之”①。三代学人，相继致力于《史通》研究，渊源脉络，十分清晰。在这一《史通》研究学圈当中，虽应将钱大昕视作核心，但肇端之功，则应归诸于浦起龙。

① 张舜徽：《清人文集别录》，中华书局1963年版，第292~293页。陈鹤著《史通通释书后》一文，载陈鹤：《读书改过斋丛录》，文海出版社1974年版，第91~92页。

第五章　“志在避祸”？
——钱大昕《史通》解读析论

钱大昕（1728—1804），字晓徵，一字辛楣，号竹汀，江苏嘉定（今上海嘉定区）人，考据学派最杰出的代表学者之一，治学领域极为广博，而尤以史学精湛著称于世，被誉为清代史学第一人。① 长期以来，钱大昕一直被人视为考据大师，但根据目前学界的研究成果，钱氏并非专言考据，而是“借着讲经论史，颇有以古喻今，批评清王朝施行政治的微言。”② 检阅钱大昕关于《史通》之相关评论，可以发现其背后同样寓有现实关怀。关于这一点，学界目前尚未注意及此。③ 笔者拟从钱大昕对《史通》一书的征引与评论入手，透视其言论背后的意蕴指向，进而以钱氏为中心梳理乾嘉时期“《史通》研究学圈”的形成，考察清代官方史学与私家史学之间的竞争关系。

一、志在避祸：钱大昕对“疑古”“惑经”的解读

通过梳理钱氏著作，可以发现，他对于《史通》一书极为熟稔。这体现在征

① 陈寅恪：《李德裕贬死年月及归葬传说辨证》，《金明馆丛稿二编》，三联书店出版社2001年版，第26页。张舜徽：“大昕之学，既精且博，自不愧居清代学者中第一流也……故考史之功，为有清第一。”见张舜徽：《清人文集别录》，华中师范大学出版社2004年版，第185页。

② 弁润孙：《钱大昕著述中的论政微言》，《注史斋丛稿》，中华书局1987年版，第487页。

③ 许冠三先生曾经观察到：“知幾史学义例，乃成一时之显学。纪氏同辈学人而究心于史学者，如《十七史商榷》之作者王鸣盛（1722—1797），《二十二史考异》之撰者钱大昕（1728—1804）等，莫不熟读刘氏之书，或明用其说，或暗袭其义。”（许冠三：《刘知幾的实录史学》，香港中文大学出版社1983年版，第151页）但许氏所论重在从史学观点角度分析二人之因袭暗合，与本书异趣。

引之频繁上，以《十驾斋养新录》为例，其中即有“竹书纪年”“晋书叙例”“南齐书序录”“何法盛书”“王劭齐隋二史”“文选”“史汉目录”诸条，《廿二史考异》《三史拾遗》《潜研堂集》中也曾多次征引。对《史通》征引如此频繁，一方面当然与钱大昕广博的治学风格有关，钱氏治史主张广涉博览，极力扩大史料范围，曾自言：“自古史家之患，在于不博。”① 但更重要的还是治史理念的契合，简而言之，即刘知幾“实录直书”与钱大昕“实事求是”的主张，极为契合，虽然一用之史书撰著，一用之史书考证，致力之端虽有区别，但忠于历史原貌的态度则并无二致。②

钱大昕关注研治《史通》，侧重点有一明显转向：早年多将其视为考证之资作为文献资料加以征引，在熟稔其书的基础上，晚年曾直接就《史通》加以评论，极具思想意蕴。此评论针对《疑古》《惑经》两篇“诽议上圣”的文字，推测刘知幾撰此两篇的动机在于“避祸”，其文曰：

> 刘知幾沉潜诸史，用功数十年。及武后、中宗之世，三为史官，再入东观，思举其职，既沮抑于监修，又见嫉于同列，议论凿枘，不克施行，感愤作《史通》内、外篇。当时史局遵守者不过贞观所修晋、梁、陈、齐、周、隋六史之例，故其书指斥尤多。但以祖宗敕撰之本，辄加弹射，又恐谗谤取祸，遂于迁、固已降，肆意觝排，无所顾忌。甚至疑古惑经，诽议上圣，阳为狂易侮圣之词，以掩诋毁先朝之迹。耻巽辞以谀今，假大言以蔑古，置诸外篇，窃取庄生《盗跖》之义。后人大声疾呼，目为名教罪人。自是百世公论，要之蚍蜉撼树，言匪由衷，柳翳隐形，志在避祸，千载以下，必有心知其意而莫逆者。不然，六经三史，模楷万世，夫岂不知叔孙之毁，无伤日月也哉？③

据《钱辛楣先生年谱》记载：嘉庆八年，钱氏七十六岁之际，曾撰《跋史通》

① 钱大昕：《潜研堂文集》，上海古籍出版社 2009 年版，第 300 页。
② 可参考许冠三：《刘知幾的实录史学》，香港中文大学出版社 1983 年版，第 151 页。
③ 钱大昕：《十驾斋养新录》，上海书店出版社 2011 年版，第 303 页。

一文。《潜研堂文集》中未见收录，或许即为此文。而此文作于钱大昕晚年，可视为钱氏对刘知幾所作的“晚年定论”。钱大昕从刘知幾所处时代背景与生平经历出发，分析其著述主旨在于确立纪传体撰述规范，因指斥本朝敕撰史书之处过多，恐招致祸端，所以藉诋诃古人、诽议上圣的行为掩盖诋毁本朝之痕迹。同时，将《疑古》《惑经》两篇置于外篇而非内篇，这样的篇目安排也是此一动机的表现。一言以蔽之，钱大昕推测刘知幾诋诃古人、诽议上圣之举动完全是言不由衷，而是志在“避祸”。

这一解说颇为新颖，迥异于传统观点。回顾《史通》问世以后，自晚唐至清，因“疑古”“惑经”两篇非圣无法而横遭指责，刘知幾也因此被视为名教罪人，不获谅解，指斥者代不乏人，如柳璨、苏鄂、赞宁、孙何、张唐英、陆深、焦竑、张鼎思、胡应麟、郭孔延等，几近众口一词。进入清代，黄叔琳评价道：“《疑古》一篇似是有为而发，不应悖谬至是，惜哉，为全书之玷！”① 虽然怀疑刘知幾是有为而发，但并没有追进考察，仍然持以贬斥态度，并在尹嘉诠鼓动下，欲删去《疑古》全篇及《惑经》篇中的“五虚美”部分。② 在钱大昕之前，为刘知幾解脱辩护者，仅有浦起龙一人而已。

浦起龙撰《史通通释》，曾就刘知幾“疑古”动机加以推测，认为：“通观十条，显斥古圣，罪无辞矣。然读书尚论其意，有可推者，敢一雪之。知幾眼见近古自新莽始祸，以及当涂、典午……讳诛伐为恶声，掩揖让而护迹。凡资口实，率附陶姚。于是古帝前王，青天白日气象，尘错雾塞，五六百年于此矣。作者侗焉，假号汲坟之荒简，反兵孔壁之遗编。所伤在二姓改玉之交，所影皆九锡升坛之套。其意盖曰古圣且蒙疑谤，此事谁容售欺，凭伊借面有辞，至竟隐形无地耳。其所提防，盖在于此。”③ 即认为刘知幾“疑古”在于以古喻今，讽刺禅让之虚伪。据此，浦起龙提出：“此等书，怒其非圣无法，而严为摈者，谊人之辞也。会其读史寄愤，而悬为解者，晓人之辞也。徒骇其拂经横议，而出我巾箱

① 黄叔琳：《史通训故补》，上海古籍出版社2006年版，第574页。

② 黄叔琳：《史通训故补书后》，转引自张振珮：《史通笺注》，贵州人民出版社1985年版，第783页。

③ 刘知幾著，浦起龙释：《史通通释》，上海古籍出版社2009年版，第381~382页。

剩语，与之讲是对非，则痴人之辞矣。”①

钱大昕推测刘知幾“疑古惑经”的动机在于“避祸”，与浦起龙的观点结论虽然不尽一致，但运思路径却惊人地相似。② 就其解读来说，浦起龙“借古喻今”过于牵强，我们从《史通》中很难读出此意。③ 浦起龙为刘知幾辩护，只不过是出于对研究对象的情感偏袒，借以自重而已。然而钱大昕这一推测是否符合刘知幾本意呢？后人意见颇为纷歧。赞同者，如清末黄本骥认为：“及读《唐书》本传……始知子玄仕当武韦之朝，牝鸡晨鸣，玄黄易位，愤激于中，有为而发……盖皆不平之鸣，而非由衷之论。然则读是书者，当如《南华·盗跖》诸篇，作寓言观，存而不论可也。”④ 李慈铭也认为：“况子元学识冠绝史家，其议

① 刘知幾著，浦起龙释：《史通通释》，上海古籍出版社 2009 年版，第 367 页。

② 浦起龙于乾隆四年任苏州府学教授，此时“青浦王昶、嘉定钱大昕、王鸣盛辈方为诸生，并游其门”（秦瀛：《浦起龙传》，附于《王绳曾传》后，载李桓编：《国朝耆献类徵初编》（38），卷 253，收于周骏富辑：《清代传记丛刊》，明文书局，第 164 册，第 21 页）。就《史通》研究而言，钱大昕与浦起龙颇多相合之见。“志在避祸”之推测显与浦起龙用意相同，自不待言。另外，在表彰《史通》对于后世史书编纂影响上，二人亦极为相近。浦起龙曾观察到：“继唐编史者，罔敢不持其律。”并指出其形式为“阴用其言，而显訾其书”（刘知幾著，浦起龙释：《史通通释》，上海古籍出版社 2009 年版，第 273 页）。钱大昕也认为：“刘氏用功既深，遂立言不朽，欧宋《新唐》往往采其绪论。”（钱大昕：《十驾斋养新录》，上海书店出版社 2011 年版，第 256 页）

③ 陈汉章曾于所撰《史通补释》指出：“此篇所谓古，实皆言今也。唐初君臣、父子、兄弟间，多见惭德。刘氏身为臣子，不敢昌言，乃假古以切今，实惩前而毖后……纪评削去其言，固非刘氏知己。然不善读者，徒执所疑，封其所见，又从而扬其波，拾其唾，卮言日出，变本加厉，又为刘氏之罪人，误人而实自误。今一一以唐事证之，可见刘氏之疑非古事矣。”（陈汉章：《史通补释》，载刘知幾著，浦起龙释：《史通通释》，上海古籍出版社 2008 年版，第 640 页）陈汉章此说可视为浦起龙之嗣响。浦起龙与陈汉章都认为《疑古篇》是为影射政治而作，其不同者，浦氏认为影射对象为前朝禅让伪迹，陈氏认为影射对象为唐初当朝史事。其实，陈汉章提出此观点是另有所指，《史通补释》作于 1927 年，正是“古史辨”派盛行之时。因此，陈氏是籍以抒发对“古史辨”派之不满。程千帆已经指出：“陈氏则尤重在陈古以刺今，其所谓不善读者，刘氏之罪人，盖阴指古史辨派而言……故其‘所谓古实皆言今’之语，适可谓夫子自道也。”程千帆：《史通笺记》，中华书局 1980 年版，第 260～261 页。

④ 黄本骥：《痴学·信古录》，载黄本骥著，刘范弟点校：《黄本骥集》，岳麓书社 2009 年版，第 291 页。

论间有偏戾，乃恐以讥毁国史获罪，故托于口言，遍诋群籍，诚不得已而言，昔贤论之甚详。”① 李慈铭所言“昔贤”，即指钱大昕。逯耀东先生更是直接指出：“钱大昕的这种推论，不仅十分有趣，也是非常可能的。”②

持异议者也不乏人，近代学者刘咸炘就曾经指出：“此说是非参半。详观沈、萧以降诸史，自知知幾弹射之的，浦氏尝举证之而未尽也。然谓其疑古、惑经皆借掩其抵毁，则非其情也。书中于《晋》《周》《隋书》皆明举直斥，未尝稍隐，向令以此为谗，岂疑古之所能掩乎？此自古人文网之疏，不然，则狂易侮经止足增成其罪耳。”③ 程千帆先生也认为：“子玄不满当时史局，既见自叙，复著忤时专篇，且其于唐初敕撰六史，亦复绳愆纠缪，称心而谈，绝无避忌。如杂说中篇于新晋书之多采妄说，则斥曰：‘以此书事，奚其厚颜？’于五代史之择焉不精，则断言：‘以实为虚，以非为是。’诸如此类，实繁有徒。则钱氏之说，亦不攻自破矣。”④

诚如刘咸炘、程千帆所言，刘知幾于《史通》中对《晋书》《周书》《隋书》等唐代官修史书，批驳至多，并且明举直斥，毫无避忌，而“疑古”“惑经”之作，也完全是站在纯粹的史学立场上，出于客观求真之标准，并非籍为掩饰。⑤ 由此，笔者认为钱大昕之推测并不符合刘知幾本意。

① 李慈铭：《越缦堂读书记》，中华书局 2006 年版，第 414~415 页。

② 逯耀东：《刘知幾〈史通〉与魏晋史学》，《魏晋史学的思想与社会基础》，中华书局 2006 年版，第 197 页。

③ 刘咸炘：《刘咸炘学术论集·史学编》（下），黄曙辉整理，广西师范大学出版社 2007 年版，第 466 页。

④ 程千帆：《史通笺记》，中华书局 1980 年版，第 260 页。此外，赵吕甫在《史通新校注》中曾罗列浦起龙、钱大昕、陈汉章等人对《疑古篇》之评论，指出：“无论是影射论也好，‘离经叛道’论也好，都未能领会刘氏写作本篇的意图和精神。”（赵吕甫：《史通新校注》，重庆出版社 1990 年版，第 780 页）可知，赵吕甫对钱大昕之推测也持否定态度。

⑤ 刘知幾撰《史通》，其中也有避忌政治嫌疑之处，如《本纪篇》中评司马迁不该将周自后稷至于西伯、秦自伯翳至于庄襄、项羽列入本纪。但“《史记》尚有《吕后本纪》，以少帝非惠帝子，而政归吕后，故列吕后为本纪，而子玄不敢论列，似避武后之嫌”（朱希祖：《中国史学通论》，中华书局 2012 年版，第 51~52 页）。但对唐初官修诸史，并无避忌。

二、官私之别：钱大昕与四库馆臣的分歧

上文已经指出，钱大昕认为刘知幾“疑古惑经”的动机在于“避祸保身”，其实只是钱氏的一种推测，这一推测并不符合刘知幾本意。但是，笔者此处更为关注钱大昕为何会作如此推论？为回答此问题，必须对钱大昕所处历史语境加以解构，才能真正探知。易言之，必须先了解钱大昕此一推测的指向，其言论是针对谁而发？

笔者认为，钱氏言论似是针对《四库全书》及《四库全书总目》（以下简称《总目》）。众所周知，由于《四库全书》的官方背景，其颁布以后，“乾、嘉诸儒于《四库总目》不敢置一词，间有不满，微文讥刺而已”①。所以，钱大昕不便明言指向，但其推测与四库馆臣的立场差异是极为明显的。

据前文，钱大昕此文作于嘉庆八年，而在此之前，《四库全书》已经编纂完成，《总目》也已于乾隆六十年，正式颁布刊印。《四库全书》的编纂，及其对于《史通》一书的态度，直接构成钱大昕作此推测的语境。因此，有必要考察一下四库馆臣对于《史通》一书的评价。

《四库全书》编纂时，依书籍之重要程度，分为应刻、应抄、应存三类。最终成书时，共收录《史通》及《史通通释》两种版本，并将《史通会要》《史通评释》《史通训故》《史通训故补》列为存目。其收录的两书中，《史通》为“内府藏本”（实为张之象刻本），保留《疑古》《惑经》两篇。而在所收录的《史通通释》中则将《惑经》一篇删去，仅保留《疑古》一篇。这种处理方式表明四库馆臣对于《史通》一书的态度颇为矛盾。一方面，四库馆臣对于《史通》极为重视，直接收录两种版本，并将多种注释本列入存目；另一方面，似又心有不甘，因而在收录《史通通释》时，将其《惑经》一篇删掉，以较为隐晦方式展示对于异端思想的不满。

与之对应，《总目》中的评价也反映出四库馆臣的矛盾态度。在《总目》“史部”之中，“直接引用并指明出自《史通》者有50余处”，“作为单部史书，

① 余嘉锡：《四库提要辨证》，中华书局1986年版，第48页。

在史部中的引用和记叙的数量之多是罕见的”①。此外，在经部、子部、集部诸书提要中，也有多处直接引用《史通》。四库馆臣对刘知幾的史学贡献是极为认可的，《总目》中有大量推崇言论，例如，在“史评类”叙中言：“考辨史体，如刘知幾、倪思诸书，非博览精思，不能成帙，故作者差稀。”②“子元于史学最深，又领史职几三十年，更历书局亦最久，其贯穿今古，洞悉利病，实非后人之所及。”③又言：“刘知幾博极史籍，于斯事为专门。”④“刘知幾深通史法”⑤“其缕析条分，如别黑白，一经抉摘，虽马迁班固，几无词以自解免。亦可云载笔之法家，著书之监史矣。”⑥深通史法，洞悉利病，此类评语出自严苛的四库馆臣之口，实属不易。

另一方面，在肯定刘知幾史学观点的同时，四库馆臣对于疑古惑经的异端思想，抨击力度亦属空前。在《史通提要》中，四库馆臣评论道：“性本过刚，词复有激，诋诃太甚，或悍然不顾其安……《疑古》《惑经》诸篇，世所共诟，不待言矣。”⑦世所共诟，不值一驳，是四库馆臣对于“疑古”“惑经”思想的直接评论。此外，《总目》中凡与此有所涉及者，皆不忘随时申明。浦起龙《史通通释》曾为刘知幾加以辩护，对此，四库馆臣在《史通通释提要》中言：“惟《疑古》《惑经》诸篇，更助颓波，殊为好异。”⑧与之形成鲜明对比的是，黄叔琳对“疑古”“惑经”深为不满，因此，四库馆臣在《史通训故补提要》中加以肯定：“惟起龙于知幾原书多所回护，即《疑古》《惑经》之类，亦不以为非。此书颇有纠正，差为胜之耳。”⑨再如，清代学者孙之騄撰《考定竹书》，对《史通》多所征引，对此，四库馆臣指出：“然之騄爱博嗜奇，多所征引而不能

① 代继华：《〈四库全书总目〉“史部”中的〈史通〉》，《华南师范大学学报》2007年第6期。

② 永瑢等：《四库全书总目》卷88，“史评类叙”，中华书局1965年版，第750页。

③ 永瑢等：《四库全书总目》卷88，《史通提要》，中华书局1965年版，第751页。

④ 永瑢等：《四库全书总目》卷89，《史通训故提要》，中华书局1965年版，第757页。

⑤ 永瑢等：《四库全书总目》卷47，“编年类叙”中华书局1965年版，第418页。

⑥ 永瑢等：《四库全书总目》卷88，《史通提要》，中华书局1965年版，第751页。

⑦ 永瑢等：《四库全书总目》卷88，《史通提要》，中华书局1965年版，第751页。

⑧ 永瑢等：《四库全书总目》卷88，《史通提要》，中华书局1965年版，第752页。

⑨ 永瑢等：《四库全书总目》，中华书局1965年版，第757页。

考正真伪……又刘知幾《史通·疑古篇》中排抵舜禹，以末世芬操心事推测圣人，至为乖谬，而一概引用，漫无辨正。"① 再如，邵泰衢撰《檀弓疑问》，"摘其可疑者，条列而论辩之"，虽对儒家经典提出质疑，但未曾偏离伦常名教，因而能够为四库馆臣所接受，但此书与《史通》在内容上并无太多牵连，而四库馆臣仍不忘借机批驳，"（邵泰衢）都皆明白正大，深中理解，非刘知幾之横生臆解，惑古疑经者可比"②。

总之，四库馆臣对于《史通》的态度是颇为矛盾的，在肯定其史学贡献的同时，极力批驳其异端思想。笔锋所及，对于一切为其异端思想辩护的言论，如浦起龙也连带抨击，不遗余力。甚至，相较于刘知幾的异端思想，四库馆臣对于为刘知幾辩护的后世学者，更为不满，警戒后来的意图十分明显。这一意图更加直白地反映在纪昀所著《史通削繁》中："此真不待辩之纰缪。即有所激，何至于此！浦氏爱奇，又提唱其词，曲为之说，故为大言以骇俗，抑又甚矣！盖子玄之论，犹以愤激立说；浦氏之注，直以诡异取名耳。"③《四库全书》在收录《史通》《史通通释》二书时，一者全书保留，一者加以删削，正是这一态度的直接体现。

有证据显示，钱大昕对于《总目》是认真阅读过的，在《十驾斋养新录》中，钱氏自我欣赏道："如《石刻铺叙》，本庐陵曾宏父撰，与南丰曾惇字宏父者绝不相涉，而识以为一人。曩岁李南涧刊此书，予始为考证，今《四库全书总目》即采予说也。"④ 既有阅读经历，再加上超凡学识，四库馆臣对于刘知幾"疑古惑经"的批判立场，对于为其辩护者的不满态度，钱大昕当不难体认。《总目》的官方背景，钱大昕自然也是非常清楚。甚至，笔者认为，在《总目》问世以前，钱大昕或许就已了解其立场。众所周知，主持《四库全书》编纂，总括四库提要之人为纪昀。而纪昀与钱大昕是至交好友，二人为乾隆十九年同榜进士，此后曾一同参与编纂《热河志》，关系密切，往来极多。《总目》中的《史

① 永瑢等：《四库全书总目》，中华书局1965年版，第432页。

② 永瑢等：《四库全书总目》，中华书局1965年版，第174页。

③ 纪昀：《史通削繁》，转引自张三夕：《史通三家评校钞》，《通往历史的个人道路——中国学术思想史散论》，社会科学文献出版社2001年版，第175页。

④ 钱大昕：《十驾斋养新录》，上海书店出版社2011年版，第343页。

通》《史通通释》两篇提要，极有可能是出自纪昀之手。将两篇提要与《史通削繁》进行比对，可以发现二者相合之处颇多。从时间线索来看，纪昀所撰《史通削繁》完成于乾隆三十七年，而四库馆开于乾隆三十八年，《总目》中《史通》《史通通释》两篇提要撰写时间虽不可考求，但必然晚于《史通削繁》之撰著。另外，《史通》中“秦人不死，验符生厚诬；蜀老犹存，知葛亮之多枉”两句，浦起龙未能考知出处，而纪昀则考证其一出《洛阳伽蓝记》，一出《魏书·毛修之传》，并将其收入《阅微草堂笔记》中，俨然视为自己的学术成果。以纪昀之地位声望，应无攘窃他人成果之可能。因此，两篇提要极有可能为纪昀所撰。而以纪昀与钱大昕交往之密切频繁，未必不会在《总目》成书以前就曾有过交流。① 综之，在《总目》问世之前，钱大昕就应该非常清楚官方对于刘知幾“疑古惑经”的态度。但在此种语境之下，钱大昕仍然别出新解，发出了与四库馆臣不同的声音。

三、现实关怀：推测背后的思想意蕴

钱大昕推测刘知幾“疑古惑经”目的在于避祸保身，是针对四库馆臣的官方态度而发，并不符合刘知幾本意。程千帆先生曾经指出：“浦、钱之意，不过欲为子玄疑古惑经之论曲为开脱耳。”② 此言诚有见地，不过，我们仍然要追问：钱大昕为什么要为刘知幾訾议上圣的异端思想开脱？笔者认为，钱大昕此处其实是借评论《史通》表达已身关怀，别寓微意。我们可以从三个方面来理解钱大昕推测背后的意蕴指向。

（一）清廷文网严峻背景下己身心境的微婉表述

首先，钱大昕将刘知幾“疑古惑经”思想解读为“志在避祸”，其实是在清

① 《四库全书总目》在编写过程中，经常征引钱大昕观点。翁方纲曾言：“辛楣近尤殚心史学……昨见晓岚援辛楣《曹全碑跋尾》一条，著于《四库书录》，不特征定论之公，亦见朋友服善之益也。”（见翁方纲《复初斋集外诗》）另，余嘉锡也曾观察到：“《提要》常引《潜研堂集》。”（见余嘉锡《四库提要辩证》，中华书局1986年版，第429页。）

② 程千帆：《史通笺记》，中华书局1980年版，第260页。

廷文网严峻的背景下，阐发己身心境的一种微婉表述。有清一代，文网严峻，文字狱屡兴，就史学领域而言，先后有庄廷鑨《明史》案、戴名世《南山集》案等。政治高压之下，考据学兴起并得以大盛于世，学者将精力倾耗于传统文化典籍，为之进行疏通、清理与总结的工作。考据方法被引入史学之后，学者也主要施力于古代史，而不敢倡言当代。正如李宗侗所指出的："清代以厉行文字狱之故，学者遂不敢研究明史及当代史，故清代史学家只最初有数人，季世有数人，中间只有历史考证家，而无纯粹史学家。"① 在文网严峻的语境下，当代史研究与撰著成为一个不可跨越的禁区。

乾嘉时期，钱大昕《廿二史考异》、王鸣盛《十七史商榷》、赵翼《廿二史札记》并称为三大考史专著。其中，王鸣盛《十七史商榷》并未涉及清廷官修之《明史》，而赵翼虽然涉及，但其评论则极尽颂承之能事，认为："近代诸史，自欧阳公《五代史》以外，《辽史》简略，《宋史》繁芜，《元史》草率，惟《金史》行文雅洁，叙事简括，稍为可观，然未有如《明史》之完善者。"② 平心而论，《明史》之编纂质量，在官方设馆所修诸史当中洵然当属上乘，但远远没有达到完善的程度，赵翼极力颂扬，讳其缺失，正是文网严峻背景下，力求周身自保，远避疑忌的表现。而怀此顾虑者，当然并非赵翼一人，"《明史》一书，清代学者以其为钦定之故，率有褒无贬，或箝口不道，以远疑忌"③。钱大昕对于清廷官修《明史》，同样也是小心翼翼，避免因谗谤而招祸。揆诸钱氏著作，此种态度至为明显。钱氏史学代表作为《廿二史考异》，成书于乾隆四十五年，此时钱大昕早已致仕归乡，任教于书院之中，其中并未涉及《明史》。在《十驾斋养新录》中，虽然有"明史"一条，但钱氏评论道："议论平允，考稽详核，前代诸史莫能及也。"④ 以考据之作，犹然不敢论及《明史》，笔记中偶有涉及，也是极尽颂扬，正是碍于《明史》的官修背景，是清廷文网严峻之下用以自保、避免疑忌的表现。因而，钱大昕将刘知幾"疑古惑经"解读为掩盖诋毁本朝敕撰

① 李宗侗：《中国史学史》，中国友谊出版公司1984年版，第176~177页。

② 赵翼著，王树民校证：《廿二史札记校证》，中华书局1984年版，第721页。

③ 黄云眉：《明史编纂考略》，《史学杂稿订存》，齐鲁书社1980年版，第111页。

④ 钱大昕著，陈文和点校：《嘉定钱大昕全集》（七），江苏古籍出版社1997年版，第259页。

史书之痕迹，“志在避祸”，与其说是解读刘氏心理，毋宁说是钱氏的夫子自道之言，既是为刘知幾异端思想开脱，也是钱大昕己身心境的一种微婉表达，若非缘于自己的切身处境，断不会有如此体悟。

（二）扭转学界“重经轻史”的不良学术倾向

钱大昕“避祸”说的提出，实际上寓有扭转当时学界“重经轻史”不良学术倾向的诉求。传统社会，经史关系几经演变，自汉至唐，从史附于经到经史分途发展，史学已渐趋独立。《史通》就是在这种氛围中撰就问世的，也是史学独立化的重要表征。因此，《史通》在问世后，已超出一书价值，而具有了一种符号象征意义。

当乾嘉之世，考据学大兴，学者以肆经为宗，倾主要精力研治经学，视史学为闲暇消遣之资。诚如陈寅恪先生所言：“一世才智之士，能为考据之学者，群舍史学而趋于经学之一途……虽有研治史学之人，大抵于宦成以后休退之时，始以余力肄及，殆视为文儒老病销愁送日之具。”① 即使以史学名世的王鸣盛、赵翼也不例外。王鸣盛曾自言：“余束发好谈史学，将壮，辍史而治经，经既竣，乃重理史业。”② 赵翼也自称：“资性粗钝，不能研究经学，惟有历代史书，事显而义浅，便于浏览。”③

王、赵二人的自述或许并非由衷之言，却也足以反映当时学界经史之间的紧张关系。经尊史卑、经精史粗这一认识可追溯到宋代。理学兴起之后，将“道”或“理”等哲学概念引入史学，“义理史学”由此盛行一时，史学沦为经学附庸，成为理学家发明天理人欲的注脚，失去了独立地位。明末清初，虽然出现过“五经皆史”等说法，但史学地位并未发生根本性变化。乾嘉时期，钱大昕就曾观察到一个现象，“自惠、戴之学盛行于世，天下学者，但治古经，略涉

① 陈寅恪：《陈垣元西域人华化考序》，《金明馆丛稿二编》，三联书店出版社 2001 年版，第 270 页。

② 王鸣盛著，黄曙辉点校：《十七史商榷》，上海书店出版社 2005 年版，第 1 页。

③ 赵翼：《廿二史札记小引》，载赵翼著，王树民校证：《廿二史札记校证》，中华书局 1984 年版，第 1 页。

三史"①。

"性喜史学"② 的钱大昕对这种现象极为不满，讥讽"三史以下，茫然不知"者不得谓之"通儒"。在为赵翼所著《廿二史札记》作序时，钱大昕曾借机表述了自己对于经史关系的观点，在他看来，"经与史岂有二学哉？昔宣尼赞修六经，而《尚书》《春秋》，实为史家之权舆"③。不仅从历史源流销蚀经尊史卑的思想基础，也提出经史不二、经史无别的鲜明主张。"这篇序文表面上是指责宋、元、明三代重经轻史的偏见，实际上则是向当时一群经学考证家，提出严重的抗议。钱氏虽不持六经皆史之说，但经史无二或经史无别的论点则将史提升至与经完全相等的地位……所以此序可以看作清代史学家的独立宣言"，"其为史学争自主的意态是十分明显的"④。

在乾嘉"荣经陋史"的学术语境下，我们便不难理解钱大昕为《史通》开脱之微意。钱大昕一直抱有扭转"重经轻史"不良倾向的学术诉求，力图使史学摆脱经学束缚，独立发展，提升其地位。而《史通》作为清前唯一一部专门探讨史学理论议题的专书，既是在经史分途的背景下撰就问世，也是史学独立化的重要表征，极具符号象征意义。自晚唐至清中叶，《史通》命运几经沉浮，史学观点虽然获得认可，但"工诃古人"尤其是"诽议上圣"的异端思想一直使其饱受批判。编纂《四库全书》为乾嘉时期备受关注的学术盛事，代表官方立场的四库馆臣，其态度评价为天下士林所瞩目。四库馆臣对刘知幾的批判，收录却加删削的做法，肯定会影响到《史通》的传播。缘此，钱大昕将"疑古惑经"的思想解释为"志在避祸"，其意在于抵消这种不利影响，重塑刘知幾的形象，改变学界对于《史通》的历史记忆。而作为史学独立象征的《史通》如果能够摆脱异端负累，必然能够强化史学独立发展的趋向，在一定程度上扭转当时学界重经轻史的不良学术倾向。

---

① 江藩：《钱大昕》，《国朝汉学师承记》卷三，中华书局 1983 年版，第 51 页。

② 钱大昕：《三国志辨疑序》，《潜研堂文集》，上海古籍出版社 2009 年版，卷 24。

③ 钱大昕：《廿二史札记序》，载赵翼著，王树民校证：《廿二史札记校证》，中华书局 1984 年版，第 885 页。

④ 余英时：《中国思想传统的现代诠释》，江苏人民出版社 1995 年版，第 288 页；《论戴震与章学诚》，三联书店出版社 2000 年版，第 279 页。

（三）与官方争夺学术话语主导权

钱大昕身处乾嘉时期学术圈的中心位置，在学林中享有崇高声誉，与之往来学者人数众多，且多为当世名流。学者之间师承交游对于钱氏的《史通》研究起了相当重要的推动作用，而通过考察可以发现，以钱大昕为中心，乾嘉时期形成了一个“《史通》研究学圈”，其中包括黄叔琳、汪由敦、王峻、卢文弨、王鸣盛、纪昀、陈鹤、顾广圻等。因此，钱大昕推测刘知幾“志在避祸”，亦是为学圈代言，与官方争夺学术话语主导权的表现。先以钱大昕生平经历为中心，考察一下乾嘉时期“《史通》研究学圈”的形成。

乾隆十四年，钱大昕二十二岁时，受学于紫阳书院。时任院长为王峻，同学诸人中，则有王鸣盛、王昶等。王峻对钱大昕影响极为深远，钱大昕曾自述：“予之从事史学，由先生进之也。”① 王峻曾多次校阅《史通》，时间分别在乾隆七年、乾隆十三年，距离钱大昕受学时间不远，师生之间可能会就《史通》一书有所交流。同学中王鸣盛对《史通》也极为熟稔，《十七史商榷》经常援引，并特设《史通驳史记》《史通》两条札记。不唯如此，王鸣盛自言其所著《十七史商榷》即受《史通》启发，其言曰：“评史家得失，有精确者，有苛碎差谬者，前人论之已详，兹不复赘。知幾自序云：‘余历事二主，从宦两京，遍居司籍之曹，久处载言之职，商榷史篇，遂盈筐箧。’予体例与知幾异而‘商榷’之义亦窃取之。”② 王鸣盛自言《十七史商榷》之命名，即受《史通》启发，其对刘知幾之推崇由此可见一斑。王昶虽未留下研治《史通》的学术成果，但曾在乾隆二十六年的会试策题中引及《史通》，也可反映出王昶对《史通》一书极为关注留意。③

---

① 钱大昕：《汉书正误序》，《潜研堂文集》卷 24，上海古籍出版社 2009 年版，第 397 页。

② 王鸣盛著，黄曙辉整理：《十七史商榷》，上海书店出版社 2005 年版，第 943 页。王鸣盛援引《史通》，见《十七史商榷》中《高祖非尧后》《鼠妖证青祥》《地理论古》《刘昭李贤注》《陈寿史皆实录》《裴松之注》《武商出生本末》《脱庙号》《华峤汉后书》《崔鸿十六国春秋》《李存进互异》《唐以前惟三史三国》诸条。

③ 王昶：《辛巳会试策问二道》，《春融堂集》，《清代诗文集汇编》，上海古籍出版社 2009 年版，第 358 册，第 470 页。

钱大昕离乡后北上京师，在北京结识一些学者，其中多人都曾关注研治《史通》，如黄叔琳、汪由敦、卢文绍、纪昀等。钱大昕甫到京师，特意去拜访黄叔琳，此后在京期间时有往还。① 黄叔琳著有《史通训故补》，是清代第一部评释专著。乾隆十九年，钱大昕会试中式，纪昀与其同时成为新科进士。自此以后，钱、纪二人一直保持有良好关系，曾共同参与编纂《热河志》，时有“南钱北纪”之称。② 纪昀曾撰《史通削繁》一书，“所取者记以朱笔，其纰缪者以绿笔点之，其冗漫者又别以紫笔点之。除二色笔所点外，排比其文，尚皆相属，因钞为一帙，命曰《史通削繁》。”③ 此外，乾隆二十一年编修《热河志》时，除钱大昕、纪昀外，同时受命者还有汪由敦。钱大昕与汪由敦此前即已结识。④ 汪由敦对《史通》一书也颇有研究，曾于康熙年间获睹《史通》何焯批校本，并临录何氏评语，将其“时置案头”。⑤ 此后，汪由敦又于雍正十年，得沈岩所赠《史通》，对其详加校勘。⑥ 尤须一提的是，钱大昕同辈学人中，卢文弨也曾长期关注研治《史通》。卢氏以校勘精审著称于世，与钱大昕关系极为笃深，两人文集中存有多封往来书信。卢文弨研治《史通》专力于文字勘校，汇集黄叔琳《史通训故补》、华亭朱氏影抄宋本以及冯舒、何焯、钱曾三家批校本，相互参验，择善而从。其后，卢文弨又得见浦起龙《史通通释》，“叹其精核”，但对其亦有校正，附于书末。⑦

乾隆四十三年后，钱大昕致仕归田，先后执教于钟山书院、紫阳书院等处，培养了一大批学界俊秀，其中陈鹤、顾广圻等都对《史通》有所研究。钱鹤

① 钱大昕：《黄昆圃先生文集序》，《潜研堂文集》，上海古籍出版社 2009 年版，第 432~433 页。

② 钱大昕：《纪昀岚乌鲁木齐杂诗序》，载钱大昕著，陈文和点校：《嘉定钱大昕全集》（玖），江苏古籍出版社 1997 年版，第 415 页。

③ 纪昀：《史通削繁序》，《史通削繁》，《续修四库全书》，第 448 册，第 1 页。

④ 《钱辛楣先生年谱》，载钱大昕著、陈文和点校：《嘉定钱大昕全集》（壹），江苏古籍出版社 1997 年版，第 11 页。

⑤ 汪由敦：《书韩文考异书后》，《松泉集》，《景印文渊阁四库全书》，台湾商务印书馆 1986 年版，第 1328 册，第 846 页。

⑥ 汪由敦：《书沈颖谷所赠〈史通〉后》，载氏著：《松泉文集》，《清代诗文集汇编》，上海古籍出版社 2009 年版，第 272 册，第 360~361 页。

⑦ 卢文弨：《群书拾补·史通》，《续修四库全书》，第 1149 册，第 362 页。

“少游于钱大昕之门，得其指授，于治史尤勤……盖其一生潜心乙部，亦实自钱氏启之”①。陈鹤认为浦起龙所撰《史通通释》一书“条分楼析，世称善本，中所改误字错简，俱明注于当句之下，尤为得体。然亦有不当改而改者”②。因此撰《书史通通释后》一篇，“勘订浦起龙舛误之处，弥见细心”③。顾广圻也是钱大昕主讲紫阳书院时学生，④同样长期关注研治《史通》，其文集中收录有三篇《史通》校记跋文。⑤

从上文所述可知，乾嘉时期有众多学者投身于《史通》研究，相互之间多有师友交游关系，可以说是形成了一个“《史通》研究学圈”。在此学圈的形成过程中，有两个场域中心，一为苏州紫阳书院，一为京师。以紫阳书院为纽带，联结了王峻、卢文弨、钱大昕、王鸣盛、王昶、陈鹤、顾广圻；以京师为纽带，联结了黄叔琳、汪由敦、卢文弨、钱大昕、王鸣盛、纪昀。在这两个场域中，钱大昕都居于绝对的中心位置。很明显地，我们可以发现，上述诸位学人虽然都关注研治《史通》，但他们的观点并不一致，甚至还有较为尖锐的对立情况。在对待《疑古》《惑经》两篇的态度上，黄叔琳、纪昀深致不满，钱大昕则曲加回护。之所以出现这样的分歧差异，与官方、私家立场不同有关。黄叔琳、纪昀都是钱大昕在京师所结识之学者，二人官方背景浓厚，因而受政治因素牵绊较多，更多关注世道人心，注重维护儒家正统思想，为此甚至不惜对《史通》加以删削。⑥而苏州紫阳书院，则远离政治中心，学者可以相对较为自由的不受政治干扰，他们虽然也不认同“疑古惑经”的异端思想，但这些学者治学多趋向于考证路径，

① 张舜徽：《清人文集别录》，中华书局 1963 年版，第 292~293 页。

② 陈鹤：《史通通释书后》，载氏著：《读书改过斋丛录》，文海出版社 1974 年版，第 91~92 页。

③ 张舜徽：《清人文集别录》，华中师范大学出版社 2004 年版，第 292~293 页。

④ 钱庆曾：《竹汀居士年谱续编》，载钱大昕著，陈文和点校：《嘉定钱大昕全集》（壹），江苏古籍出版社 1997 年版，第 39 页。

⑤ 顾千里著，王欣夫辑：《顾千里集》，中华书局 2007 年版，第 312~313 页。

⑥ 黄叔琳刊刻《史通训故补》后，尹嘉诠曾来信，引“昌黎欲削荀扬之义”，建议黄氏删去《疑古》《惑经》两篇。黄叔琳原拟听从，后来在其门生顾镇建议下予以保留。可参考顾镇：《黄崑圃先生年谱》，《北京图书馆藏珍本年谱丛刊》，北京图书馆出版社 1999 年版，第 217 页。顾镇：《与北平先生论〈史通〉不应删截书》，《虞东先生文录》，《清代诗文集汇编》，上海古籍出版社 2009 年版，第 374 册，第 227 页。

即使从这一角度而言，他们也绝对不认同删削古书的过激做法。因为《史通》一书，不仅仅是一部史学评论著作，同时也极具史料价值，“钩稽群史……上自《春秋》，下迄并世，繁称博引，详加厘订，每涉一书，必有定评，凡所指陈，不没短长，而尤能钩元提要，以趋端向。”①《史通》征引唐前史籍极为广博，不啻一部唐前史籍提要，而这些书到清代已颇多散佚。对于此类史籍，“刘氏则一再称引，评陟加详，原书虽亡，犹可籍此以窥其大略，是则《史通》之功，尤在宣究曲隐，保存遗佚矣”②。钱大昕著作中就有多处以《史通》为史料而进行考证的条目。因此，笔者认为，钱大昕甘冒风险，发出与四库馆臣不同的声音，将刘知幾“疑古惑经”的思想解读为“避祸”，其实也是为以苏州紫阳书院为中心联结起来的“《史通》研究学圈”代言，与官方争夺学术话语主导权。

四、结　语

钱大昕在其著述中经常援引《史通》用作考证之资，足证对其十分熟稔。在此基础上，钱大昕推测刘知幾“疑古惑经”的动机在于“避祸”。这一推测是针对四库馆臣而发，迥异于传统观点，不啻为对《史通》的一次“重新发现”。钱大昕此一解读，虽然新颖，但并不符合刘知幾本意。钱大昕之所以作此推测，其实是借评论《史通》阐述自身的现实关怀，别寓微意。

乾隆年间，文字狱频发，对士林学子构成一种巨大的政治压力。对于清廷官修《明史》，学者大都禁口不道，偶有评论，也是极尽颂承之能事，以免疑忌。因此，钱大昕将刘知幾“疑古惑经”解读为因恐谗谤敕撰史籍而获罪，与其说是解读刘氏心理，毋宁说是钱大昕的夫子自道之言，其实是钱大昕在清廷文网严峻背景下己身心境的微婉表述。同时，面对乾嘉时期重经轻史的不良学风，钱大昕的解读，也是为刘知幾异端思想曲为开脱，籍由“重新发现”《史通》这一史学独立化符号，寄托扭转当时学界重经轻史不良倾向的学术关怀。另外，在乾嘉时

① 王绍曾：《〈史通〉引书考初稿绪论》，载《目录版本校勘学论集》，上海古籍出版社2005年版，第80~85页。

② 金毓黻：《中国史学史》，商务印书馆2007年版，第301页。

期，以钱大昕为中心，以苏州紫阳书院、京师为场域，形成了一个“《史通》研究学圈”，在此学圈中，又有官方与私家的区分，针对官方背景浓厚的黄叔琳、纪昀删削《史通》的过激做法，钱大昕别出新解，发出与四库馆臣不一致的声音，其实是为私家史学代言，与官方争夺学术话语主导权。

第六章　纪昀与《史通削繁》

纪昀（1724—1805），字晓岚，号春帆，晚号石云，又号观弈道人、孤石老人，直隶河间府献县（今河北省献县）人。纪氏所纂《史通削繁》，是对刘知幾《史通》加以删削评点而成，以浦起龙《史通通释》为底本，以朱、绿、紫三色笔分别点加《史通》原文，“所取者记以朱笔，其纰缪者以绿笔点之，其冗漫者又别以紫笔点之。除二色笔所点外，排比其文，尚皆相属，因钞为一帙，命曰《史通削繁》”①。

《史通削繁》，纪昀生前并未刊刻。道光十三年，卢坤始刻于广州。此后，该书流传渐广。② 近年来，也颇为学术界所关注。但既有研究成果多是从文献学、

---

① 纪昀：《史通削繁序》，《史通削繁》，《续修四库全书》，上海古籍出版社 1995 年版，第 448 册，第 1 页。据金毓黻所记，其卷一书眉上用三色笔记之，一用墨笔：“浦氏评注猥杂，颇碍寻检，凡子元原注别以墨笔圈出，以便省览，无他义例。”可知，除朱绿紫三色笔所点外，纪昀也曾用墨笔圈出原注。见金毓黻：《静晤室日记》，沈书社 1993 年版，第 8 册，第 6393~6396 页。

② 《史通削繁》可分为刻本与钞本两支系统。卢刻本后有清光绪元年湖北崇文书局刻本、清光绪元年凯江李氏家塾刻本、清光绪八年善化章氏刻本、清光绪二十一年宝庆澹雅书局刻本、清光绪二十一年宝善书局石印本、清光绪二十二年湖南新化三味堂刻本、民国十四年上海文化书局石印本。中国古籍总目编纂委员会：《中国古籍总目·史部》（1），中华书局、上海古籍出版社 2009 年版，第 457~458 页。其中以卢坤刻本流传最广，尤其在被收入《续修四库全书》后，已成为目前《史通削繁》的通行本。由于卢刻仅录纪昀朱笔所取之文，非为全貌，因此刻本虽然流传较广，但存有较大缺陷。我国台湾地区曾出版《史通削繁注》（广文书局 1963 年版），也是以卢坤刻本为底本，虽然加以标点，较便读者，但也未能辑录纪昀对删文所作之批驳语。与之相较，钞本其实更为宝贵。由于纪昀所据底本后为杨守敬所得，因此钞本多源自杨处，金毓黻、向宗鲁、程千帆、赵幼文、赵吕甫等都曾得见。程千帆先生对此有较为详细之叙述，见程千帆《史通三家评校钞题记》（张三夕：《通往历史的个人道路——中国学术思想史散论》，社会科学文献出版社 2001 年版，第 133 页。）此外，王仁峻也曾从杨守敬钞本过录纪氏评语，后为金毓黻购得（金毓黻：《静晤室日记》，辽沈书社 1993 年版，第 8 册，第 6393~6396 页。）。赵吕甫：《史通新校注》，重庆出版社 1990 年。纪昀删削《史通》的底本，现存于湖北省图书馆。张三夕曾整理其评校，分两期发表于《学术集林》卷十一、卷十二（上海远东出版社 1997 年版。此后，张氏又将其收入《通往历史的个人道路——中国学术思想史散论》（社会科学文献出版社 2001 年版）。

史学批评角度切入，以《史通削繁》为文本依据探寻其中所展现出来的纪昀史学思想。① 笔者认为，除从史学角度着眼外，还应将其置于乾隆朝政治文化整体语境下加以观照解读。如果将《史通削繁》看作纪昀对《史通》进行的再创造，那么，在这一过程中，纪昀作为再创造的主体，自然会将个人识见寄寓其中，但同样不可忽视的是，乾隆朝文网严峻，史狱频发，这种背景下，纪昀也不免会有一些现实顾虑。② 值得注意的是，乾隆帝热衷于修史，对史学有着强烈的独裁垄断意识，官方史学挟九五之势占据话语权势，对私家史学也有规范效应。这样的史学生态中，作为私人撰著的《史通削繁》与乾隆朝官方史学是否有所关联与互动？纪昀之外，乾隆年间还有众多学人关注研治《史通》，出现了一股研究热潮，对《史通削繁》的理解也须与之结合，由此引出的一个问题便是：在考据史学风靡的背景下，纪昀等人为何会去关注一部史评类书籍？与之相关的另一个问题，诸人对《史通》的解读评论差异明显，尤其是围绕着《疑古》《惑经》两篇，还出现了截然对立的不同声音。对此应如何理解？笔者不揣浅陋，拟就此略抒管见，以就正于方家。

① 张新民：《史通评释诸本述略》，《文献》，1988 年第 2 期。林时民：《纪昀与史通削繁》，《书目季刊》1990 年第 24 卷第 1 期，该文为林氏为所撰导言，偏重于介绍性质；林时民：《纪昀与〈史通削繁〉——以史学批评为中心的探讨》，《台湾师大历史学报》2002 年第 30 期。杨绪敏：《论明清时期史通的流传、整理和研究》，《史学月刊》2008 年第 11 期，第 113~114 页。栾孟留：《纪昀与〈史通削繁〉》，《沧州师范学院学报》2015 年第 2 期。此外，张维屏《纪昀与乾嘉学派》专列一章讨论《史通削繁》（台湾大学出版中心 1998 年版）。杨文信《史学评论与政治——从清朝的〈史通〉学说起》，收入单周尧编：《明清学术研究》，中国社会科学出版社 2009 年版，对《史通削繁》也有所涉及。

② 纪昀生平著述多受政治因素影响，前贤早已指出。陈寅恪先生曾说："若更推论及于文艺批评，如纪晓岚之批评古人诗集，辄加涂抹，诋为不通，初怪其何以狂妄至是，后读清高宗御制诗集 ，颇疑其有所为而发；此事固难证明，或亦间接与时代性有关，斯又利用材料之别一例也。"（陈寅恪：《冯友兰〈中国哲学史〉审查报告（上册）》，《金明馆丛稿二编》，生活·读书·新知三联书店 2001 年版，第 281 页。）鲁迅也曾就攻击道学先生现象指出，纪昀善于迎合上意："特别攻击道学先生，所以是那时的一种潮流，也就是圣意，我们所常见的，是纪昀总纂的《四库全书总目提要》和自著的《阅微草堂笔记》里的时时排击。这就是迎合着这种潮流的，倘以为他秉性平易近人，所以憎恨了道学先生的刻，那是一种误解。"（鲁迅：《且介亭杂文·买〈小学大全〉》，《鲁迅全集》六，人民文学出版社 2005 年版，第 55 页。）

一、“史学策”与《史通削繁》之编纂

《史通削繁》之编纂始于乾隆三十二年七月，完成于三十七年正月。① 纪昀所撰自序云：“偶以暇日，即其本细加评阅，以授儿辈。”② 纪昀所云“其本”指浦起龙《史通通释》，“暇日”，指服阕返京后的这段时间。乾隆二十九年，纪昀因父纪容舒去世，归里丁忧，至三十二年，服阕返京。纪昀回京后尚未补官之前，时多空暇，得以督导儿辈读书，因而有《史通削繁》之编纂。

纪昀自序“以授儿辈”云云，在其著作中曾多次出现，如《庚辰集序一》：“余于庚辰七月闭户养疴，惟以读书课儿辈，时科举方增律诗，既点定《唐试律说》，粗明程式；复即近人选本日取数首，讲授之。”③成于纪昀晚年的《我法集》序云：“此为自课诸孙而作，我用我法云尔。”④ 众所周知，《唐诗试律说》《庚辰集》《我法集》都是为应试科举所准备的参考书。这就提示我们，纪昀评阅《史通》以授儿辈，亦即《史通削繁》之编纂或许与应试科举有所关联。

为应试科举，为什么会选择《史通》一书，并对其加以删削呢？对此，我们可以结合清初以来的史学策加以理解。众所周知，清代科举考试共分三场，其中第三场为策问。策问包含内容十分广泛，如经学、史学、地理、时事、兵农等。

① 李宗昉：《闻妙香室文集》卷十四《纪文达公传略附》，《清代诗文集汇编》，上海古籍出版社2010年版，第530册，第686页。贺治起、吴庆荣：《纪晓岚年谱》，书目文献出版社1993年版，第46、62页。此外，纪昀曾撰《书浦氏史通通释后》一文，《纪晓岚文集》收录该文未标记时间，金毓黻、张三夕俱曾见其纪昀删削底本，据其所记，该文作于丁亥七月二十四日，可证《史通削繁》始撰于乾隆三十二年。见金毓黻：《静晤室日记》，辽沈书社1993年版，第8册，第6393~6396页。张三夕：《史通三家评校钞》，《学术集林》卷十二，上海远东出版社1997年版，第144页。另，卢坤刻《史通削繁》时将纪昀序文末所署时间刊落，张振珮先生于《史通笺注》中收录纪昀序文，标记时间为乾隆壬辰。张振珮：《史通笺注》，贵州人民出版社1982年版，第789页。

② 纪昀：《史通削繁》，《续修四库全书》第448册，上海古籍出版社2002年版，第1页。

③ 纪昀：《庚辰集序》，载孙致中等点校：《纪晓岚文集》（第3册），河北教育出版社1996年版，第62页。

④ 纪昀：《我法集序》，载纪昀著，魏景文注释：《我法集注释》，嘉庆九年刻本，第3页。

史学策即为第三场策问中的一项重要内容。回顾清初以来的历科考试，可以发现，史学策中经常以《史通》命题。试举几例。

康熙十四年，韩菼在顺天乡试策问中出题：

> 问：史有六家，《尚书》《春秋》《左传》《国语》《史记》《汉书》是已，其后则归之二家，《左传》《史记》是已。编年，左氏家也；纪传，子长家也。各有优劣，前贤评之详矣，抑有可得而推论者欤？……昔刘知幾欲削天文、艺文而增都邑、氏族、方物志……《史通》则谓宜随世事之厚薄，不必限篇第以多少，又孰当欤？①

此策题中所提及之“六家二体”“纪传编年优劣”“志目增删”“史文繁简”等，都是《史通》中的重要论题。考官如此设问，就要求考生必须对《史通》一书有相当程度之了解，否则便无从作答。

康熙三十三年，熊赐履在会试中策问道：“孔元舒撰《春秋后语》、司马彪作《九州春秋》，论者以为庶几乎《国语》，抑或然欤？……孟坚……乃《五行志》多错误，大为刘知幾所讥贬，则又何耶？”② 熊氏所云“论者”即刘知幾，文见《史通·六家篇》。再如，雍正元年，张廷玉在会试中所出策问：“刘知幾之论班氏也，称其言皆精炼，事甚该密，而于五行之志断断致辨，又诋其《古今人表》无益于汉史，然欤？否欤？”③张廷玉要求就刘知幾对班固《汉书·五行志》《汉书·古今人表》的评论发表意见，则应试诸生必须了解刘知幾讥贬之内容。

上文所列，都是直接从《史通》中命题。除此之外，还有多场策问，虽未直接设问，但要求应试者衡评诸史，也可以《史通》为策对之资。如乾隆元年博学

---

① 韩菼：《有怀堂文稿》，《四库存目丛书·集部》第245册，齐鲁书社1997年版，第504~505页。

② 熊赐履：《甲戌科会试策问五道》，《澡修堂集》，《四库全书存目丛书·集部》第230册，齐鲁书社1997年版，第513~514页。

③ 张廷玉：《癸卯恩科会试策问五道》，《澄怀园文存》，《清代诗文集汇编》第229册，上海古籍出版社2010年版，第381~382页。

鸿词科，其中有史学策问道：“考之汉唐宋《艺文志》及隋《经籍志》所载，诸史其名类甚多，而称史学者，惟以马班诸人为宗，何欤?”① 刘纶、于振、杭世骏、周长发、沈廷芳、汪士锽等人的答卷都曾引及《史通》，如夏之蓉言：“然刘知幾作《史通》谓史分六家，自《尚书》《春秋》《左传》《国语》而下有《史记》家、《汉书》家，则马班其史氏之圭臬乎?”②

康雍年间，会试策问中多次以《史通》命题，与其时正在编修《明史》有关，诸如书法体例，史料采择诸问题作为舆论热点，备受各界关注，而《史通》作为唯一一部专讲史法史例之书，很容易进入考官视野，进而出现在史学策问中。进入乾隆朝后，虽然《明史》已修成刊刻，但由于乾隆帝对于经史之学特别关注，各级科举考试中经史方面的内容所占比重越来越大。③ 与之相应，《史通》并未从史学策问中消失，相反，其出现频率越来越高。尤其值得注意的是，在纪昀中式进士的乾隆十九年甲戌科会试策问中，考官也曾以《史通》命题：

> 《春秋》为万世史笔之祖，而或以为有虚美者五，可指而陈欤?④

该科策问为钱维城撰，所言“或以为”者，即刘知幾，文见《史通·惑经篇》：“又世人以夫子固天攸纵，将圣多能，便谓所著《春秋》，善无不备。而审形者少，随声者多，相与雷同，莫之指实。榷而为论，其虚美者有五焉。”⑤ 是科最号得人，“如王礼堂、王兰泉、纪晓岚、朱竹君、姜石贞、翟大川辈，皆称

---

① 弘历：《御制文初集》，《清代诗文集汇编》第330册，上海古籍出版社2010年版，第126~127页

② 夏之蓉：《史学策·试博学鸿词题》，《半舫斋古文》，《四库未收书辑刊》第9辑第26册，北京出版社1997年版。此外，刘纶、于振、杭世骏、周长发、沈廷芳、汪士锽等人的答卷都曾引及《史通》，载《皇清文颖》卷9，卷10。

③ 艾尔曼著，赵刚译：《从理学到朴学：中华帝国晚期思想与社会变化面面观》，江苏人民出版社1995年版，第61~65页。李帆：《清代理学史》（中卷），广东教育出版社2007年版，第299页。

④ 姜亚沙：《中国科举录续编》（二），全国图书馆文献缩微复制中心2010年版，第153~172页。

⑤ 刘知幾著，浦起龙释：《史通通释》，上海古籍出版社2009年版，第382页。

汲古之彦”①。此外，顾镇、范家相、周春、曹学闵等人俱中该科进士，均以著述称。以至于有学者据此认为该科标志着清朝取士标准发生变化，“由专意性理、词章到重视经书”②。纪昀是否已经敏锐地察觉到了这种趋势变化，我们不得而知。但以《史通》为内容策问命题，确实在纪昀心里留下了深刻印象。乾隆二十四年，纪昀首次执掌文衡，任山西乡试主考官，其策问就以《史通》命题：

> 司马迁为《天官书》，史家因有《天文象》诸志，然日月星辰，终古不易，非每代各有一天也。故刘知幾《史通》谓天文志可不必作。其论果是欤？……诸史艺文志皆兼载藏书，钦定《明史》则惟载明一代之著作……然刘知幾谓史家三长，在才、在学、在识，而识为尤难。③

科举作为读书人的晋身之阶，其命题实有引领学风的导向意义。入清以来，史学策频繁以《史通》命题，这种状况自然极易引起学者重视，纪昀并非个例。例如，乾隆十一年，杨绳武定《南京钟山书院规约》，就要求“通史学”，并将《史通》视为“史学之科律”。④ 乾隆三十一年，澎湖通判胡建伟撰《文石书院学约》，提醒士子道：“今国家取士，乡会第二场，试经义四篇，所以重经学也；至于第三场，多有以史事策论者，史学亦何尝不重？是经与史，有不容偏废者也。”⑤ 纪昀自己曾在会试策问中遇到此类策题，也曾在任乡试主考官时以《史通》内容命题，推己度人，其重视《史通》，编纂精缩本，以便儿辈更好准备科

① 钱大昕撰，钱庆曾校注：《竹汀居士年谱》，载陈文和：《嘉定钱大昕全集》（壹），江苏古籍出版社 1997 年版，第 12 页。

② 漆永祥：《乾嘉考据学研究》，中国社会科学出版社 1998 年版，第 61 页。

③ 纪昀：《乾隆己卯山西乡试策问三道》，载孙致中、吴恩扬等校点：《纪晓岚文集》（第 1 册），河北教育出版社 1991 年版，第 265~266 页。此后，纪昀所掌历科策问，如乾隆四十九年会试策问、嘉庆元年会试策问、嘉庆七年会试策问都曾以《史通》内容命试策题，见《纪晓岚文集》（第 1 册），河北教育出版社 1991 年版，第 267~274 页。

④ 杨绳武《南京钟山书院规约》，载邓洪波：《中国书院学规》，湖南大学出版社 2000 年版，第 24~29 页。

⑤ 胡建伟：《文石书院学约》，载邓洪波：《中国书院学规》，湖南大学出版社 2000 年版，第 99 页。

考，是十分自然的事。

纪昀对科举之于读书人的重要意义有极深体认，曾云：“儒生上进，路仅存斯。孤寒之士，性命系之。”① “自数岁受书，孰不期备身功名耶？”② 编纂《史通削繁》之前，纪昀活动多与科举相关。乾隆十九年中式进士之前，纪昀最重要的任务无疑就是读书应试，为此，自小就接受紧严的管束。③乾隆十九年，纪昀得中进士，自此开始步入仕途，其活动仍然多与科举相关，乾隆二十四年被派为山西乡试主考官，二十五年充会试同考官，二十七年充顺天乡试同考官，并受命视学福建。对此经历，纪昀颇为自豪，称为“四度执文柄”。④由于长期从事与科举相关之活动，并多次执掌文衡，所以纪昀对科举试题非常敏感。乾隆二十二年，清廷决定将会试第二场表文改为五言八韵唐律一首。针对此次调整，纪昀迅速作出反应，于乾隆二十五年编成《唐诗试律说》，二十六年编成《庚辰集》，以指导儿辈弟子应试。另外，乾隆三十年汇刻《镜烟堂十种》中所收《馆课存稿》，为八股文集，也与科举有关。此外，纪昀编纂《史通削繁》，采用的是“评点”的形式，也显示出该书与科举考试之间的关联。评点虽不始于时文，其所评也并非都是时文。但评点与时文确实存有密切关系，尤其是明代中叶以后，时文大大促进了评点的盛行，以至于当时有人将评点之学等同于时文之学，“点圈乃时文面目，古书无是也。自有时文，此法乃盛行”⑤。

综上所述，纪昀对于科举试题本来就极为敏感，而自清初以来，《史通》经常出现在史学策问中，尤其是曾出现在纪昀中式进士的甲戌科会试策问中，这种情况自然极易引起纪昀的关注。并且，在乾隆三十二年之前，纪昀之经历活动都与科举相关，其对于科举考试备极重视，并多次编纂科举应试书籍，再加上所使

① 李宗昉：《闻妙香室文集》卷十四《纪文达公传略》，《清代诗文集汇编》第530册，上海古籍出版社2010年版，第692页。

② 纪昀：《梁天池封翁八十序》，载孙致中、吴恩扬等校点：《纪晓岚文集》（第1册），河北教育出版社1991年版，第222页。

③ 纪昀：《阅微草堂笔记》卷二二《滦阳续录》（四），载孙致中、吴恩扬等校点：《纪晓岚文集》（第1册），河北教育出版社1991年版，第543页。

④ 纪昀：《留别及门诸子》，《南行杂咏》，载孙致中、吴恩扬等校点：《纪晓岚文集》（第1册），河北教育出版社1991年版，第2569页。

⑤ 谢章铤：《赌棋山庄笔记·课余续录》，《近代中国史料丛刊续编》第十五辑，文海出版社1975年版，第23页。

用的“评点”形式，种种迹象都指示着纪昀编纂《史通削繁》“以授儿辈”，与应试科举有密切关联。①

二、私家史学与官方史学的关联互动

纪昀在《史通削繁》自序中称：“刘氏之书诚载笔之圭臬也……而偏驳太甚，支蔓弗剪者亦往往有之，使后人病其芜杂。”② 据其所言，则删削动机缘起于不满《史通》中的“偏驳”与“支蔓”之处。毋庸讳言，刘知幾所撰《史通》，并非全为笃论，偏颇之见亦复不少，再加上全书并非成于一时，前后内容多有重出甚至抵牾，诚不免为纪昀所诟病。不过，纪昀并未明言，其眼中的偏驳、支蔓是以什么标准来作判断？张振珮先生将纪昀删削完全视为其史学见解的呈现：“如据此研究纪氏之史学见解，亦尚有裨益，对于研究《史通》，实无可

① 还有一点需要说明的是，自明以来，科举考试就存在“重首场”的现象，尤其是第一场中的四书文。(候美珍：《明清科举取士“重首场”现象的探讨》，《台大中文学报》2005年第23期)。那么，这是否意味着第三场无足轻重呢？史学策能否能够成为纪昀编纂《史通削繁》的动力呢？第三场策问的重要性虽不如首场，但也绝非走过场，“唯取前列者，三场各艺必须匀称，考官若重实学，则二、三场之草率者亦不予取中”（商衍鎏：《清代科举考试述录》，百花文艺出版社2004年版，第101页）。实际上，自清初以来，策问的重要性是日渐提升的。康熙二年就曾对科举加以改革，废制义，以三场策五道移至第一场，虽然只实行了两科即告停止，但也足以反映出时主对于策问的重视态度。雍正十一年，清廷发布上谕，要求考官重视第二、三场考卷的评阅（《世宗宪皇帝实录》卷一二七，《清实录》(第8册)，中华书局1985年版，第668页)。乾隆九年，再次强调：“司文衡者务思设立三场之本意，于经策逐一详加校阅，毋得轩轾其间。若尚积习相沿，傥经九卿磨堪，或科道指参，或被朕查出，将主司与房官从重议处。”(文廷式：“乾隆间鸿才硕学，弁冕古今，实由上之主持风气也。”文廷式：《纯常子枝语》卷七，《续修四库全书》第1165册，上海古籍出版社2002年版，第104页。）进入乾隆年间，随着时主对于经史之学的强调，考官取士标准的变化，策问的重要性更是日渐提升，对此，日本学者水上雅晴已有翔实论证，此不赘。(水上雅晴：《清代科举中的策问：以乾嘉期重视策问的现象为考察中心》，载刘海峰：《科举学的形成与发展》，华中师范大学出版社2009年版；水上雅晴：《清代科举与策问：考官重视策问的实态以及汉学家官员的“再生产”》，《科举学论丛》，2010年)

② 纪昀：《史通削繁序》，《史通削繁》，《续修四库全书》第448册，上海古籍出版社2002年版，第1页。

取之处。"① 但在笔者看来，纪昀能否充分抒发己见其实大有疑问。②

首先，《史通削繁》既然与科举考试相关，则政治正确必须放在首要位置加以考虑，已然决定了纪昀不可能完全以自身喜好为标准以定去取。其次，《史通削繁》编纂始于乾隆三十二年，大体完成于乾隆三十七年，正值文字狱高发时期，史学著作尤其容易招致忌讳。③ 再者，乾隆朝是中国历史上官方修史最为频繁的时期，乾隆帝亦是有史以来参与修史最多的皇帝。就乾隆三十二年之前而言，重大的修史项目就有：乾隆元年谕令编纂"五朝国史"；四年《明史》刊刻告竣并开始编纂《明纪纲目》；九年《钦定八旗满州氏族通谱》成书；十二年议修《续文献通考》，并订正《金史国语解》；二十四年开始编纂《御批历代通鉴辑览》；三十年，重开国史馆纂修文武大臣列传；三十二年开三通馆续修三通。乾隆帝对史学有着异乎寻常的关注以及强烈的独裁垄断意识。官方史学由于悉禀睿裁，挟九五之势占据话语权势，对私家史学也有规范效应。预设读者对象，乾隆朝的政治语境以及史学生态都决定了纪昀不可能充分抒发己见，所谓"偏驳""支蔓"，标准其实别有所在。

由于《史通》的撰著主旨是为馆局修史规范体例，纪昀在自序中也从经史分途的角度特别指出："故说经不可有例，而撰史不可无例。"④ 史例作为撰史时的规矩准绳，本就与馆局修史有着内在联系，"盖史之有例，乃集众修书、整齐故

---

① 张振珮：《史通笺注》，贵州人民出版社 1982 年版，第 789~790 页。

② 对此，已有学者加以揭示，林时民将纪昀删削标准总结为五条：支蔓横生繁冗芜累；工诃古人，言论过激；史学见解不同；事涉边疆少数民族或侮圣之言；内容疑有脱句或仅为一短句。见林时民：《纪昀与〈史通削繁〉——以史学批评为中心的探讨》，《台湾师大历史学报》2002 年第 30 期。林时民先生较完整地归纳出了纪昀的删削标准，不过，"史学见解不同"一项，仍有讨论余地，正如下文所将要指出的，在一些看似纯史学领域的议题上，纪昀的删存评论也不能完全凭诸胸臆，而是须以官方史学为准绳。

③ 清朝文字狱集中在顺治、康熙、雍正、乾隆时期，而尤以朝隆朝为最。有学者统计，乾隆朝文字狱有一百一十起以上，占清朝全部文字狱案件的百分之七十。以乾隆十六年发生的伪孙嘉淦奏稿案为始点，文字狱案进入一个高潮阶段。白新良：《乾隆朝文字狱述评》，《故宫博物院院刊》1991 年第 3 期。

④ 纪昀：《史通削繁序》，《史通削繁》，《续修四库全书》第 448 册，上海古籍出版社 2002 年版，第 1 页。

事之不得不然，若专家独断，别识心裁，岂有一成之例，而亦何必预设一成之例”①。官方史学是理解《史通削繁》的重要参照维度。乾隆时期清廷有两部官修纪传体史书尤为引人关注，一为已经刊刻的《明史》，一为正在编修的“国史”。比勘之下，即可以非常清晰地看到纪昀删削评论与官方史学之间的关联与互动。

（一）《明史》体例与纪昀之删存评论

《明史》纂修经顺治、康熙、雍正、乾隆四朝赓续相接，刊刻于乾隆四年。黄云眉先生曾注意到：“《明史》一书，清代学者以其为钦定之故，率有褒无贬，或箝口不道，以远疑忌。”② 其实，清人对于《明史》非但不可贬抑，由于其官修钦定的背景，还成为学人评判史学得失的标准。在清人看来，《明史》“虽一代之史，而实集诸史之长而撰定者，学者读廿三史毕，而进之以是史，并可以折衷诸史之是非，则是史实全史之准绳也”③。

纪昀对《史通·书志篇》的删存评论，就是以《明史》为评判准绳。其中，痕迹最为显著者，当属纪昀对于《艺文志》的看法。刘知幾以《艺文志》无益劝惩，并且超出断限，频烦互出，因而主张删去此志，“唯艺文一体，古今是同，详求厥义，未见其可。愚谓凡撰志者，宜除此篇。必不能去，当变其体……所列书名，唯取当时撰者”④，即主张专收一代之书。纪昀对此颇为认可，在他看来：“秦焚经籍以后，汉始购求遗书。班史所志，乃当时石渠、天禄所藏，用备一朝掌故耳，不得谓之妄载。后来泛滥而收，乃多支蔓，非孟坚本旨也。”⑤ 纪昀之意，即认为《汉书》首创此志，自可综汇前代，后世踵修，则应严守断限，不得泛滥支蔓。由此，纪昀肯定刘知幾“唯取当时撰者”的编纂原则，认为“此言

① 刘咸炘：《史学杂论》，《刘咸炘学术论集·史学编》（下），广西师范大学出版社2007年版，第528页。

② 黄云眉：《明史编纂考略》，《史学杂稿订存》，齐鲁书社1980年版，第111页。

③ 周中孚：《郑堂读书记》，上海书店出版社2009年版，第292页。

④ 刘知幾著，浦起龙释：《史通通释》，上海古籍出版社2009年版，第56~57页。

⑤ 张三夕：《史通三家评校钞》，《学术集林》第十一卷，上海远东出版社1997年版，第53页。

有理。故《明史》竟用此例。"① 其实，对于艺文志专收一代之书的主张，历来学者多不认可。② 明代胡应麟就曾指出："原夫艺文之为志也，虽义例仍乎前史，实记述咸本当时。往代之书，存没非此无以考，今代之书，多寡非此无以征……考文大典，意在斯乎。刘知幾《史通》以为附赘悬疣，雷同一律，而大讥隋史之非。此疏卤之谭，匪综核之论。"③ 在《明史》成书之前，仍有学者加以质疑，全祖望曾于乾隆元年上书《明史》馆，指出："横云山人撰《明艺文志稿》，专收有明一代之书，其简净似为可喜。然古人于《艺文》一门，必综汇历代所有，不以重复繁冗为嫌者，盖古今四部之存亡所由见焉……《汉志》所有，至隋而佚其半；《隋志》所有，至唐而佚其半；其卷数或校前志而少，则书之阙可知；或校前志而多，即未必伪，要其书之攙改失真可知。"④ 而纪昀却一反前人观点，认可"艺文志"专收一代之书的主张。究其原因，其实是因为《明史・艺文志》体例较之前史已经作出重大改变，从纪一代藏书之盛改为纪一代著作，所以纪昀不得不承认刘氏之言有理，真正的逻辑是《明史》已用其例，故此言有理。

在刘知幾看来，天体位置及运行规律古今如一并无变易，"古之天犹今之天也，今之天即古之天也"，并且"若乃体分濛澒，色著青苍，丹曦、素魄之躔次，黄道、紫宫之分野，既不预于人事，"因此不必踵相记载。⑤ 刘知幾此论对后世修史确有一定影响，《辽史》即不志天文。然而明末清初之际，随着传教士东来，西方天文学传入中国，引发士人研究热情，康熙帝对于天算之学更是有着极大兴趣。在这种背景下纂修的《明史》，天文志较之前史更为铺张。《明史・天文

① 纪昀：《史通削繁》，《续修四库全书》第448册，上海古籍出版社2002年版，第16页。

② 就笔者所见，只有王惟俭一人对此持赞同态度："《艺文》一志，亦诸史之必有者，钞四部之目，何益劝惩，总《七录》之篇，徒增简帙，即去前代而用本朝，如宋孝王之书，亦无当也，今宜删之。"王惟俭：《宋史记・凡例》，载张寿镛：《约园杂著三编》，《民国丛书》(第四编)，第96册，上海书店1992年版，第9页。

③ 胡应麟：《少室山房笔丛》，上海书店出版社2001年版，第38页。

④ 全祖望：《移明史馆贴子一》，载全祖望著，朱铸禹整理：《全祖望集汇校集注》，上海古籍出版社2000年版，第1644~1646页。

⑤ 刘知幾著，浦起龙释：《史通通释》，上海古籍出版社2009年版，第54页。

志·序》称："天象虽无古今之异，而谈天之家，测天之器，往往后胜于前。无以志之，使一代制作之义泯焉无传，是亦史法之缺漏也。"① 由于清主的重视以及《明史》体例的示范作用，纪昀自然不能认可刘知幾废《天文志》的主张，虽未加以删削，但明确提出批驳道："古今测验亦有不同，然宜以不同者归之历志。"②

五行志创自班固，旨在用灾异现象推衍天人感应，其后历代各史多袭之。刘知幾第一次从史学理论角度对《五行志》进行评论，反对不加鉴别随意附会，尤其批评班固释灾多滥，解释抵牾。对此，纪昀多予以肯定评论，"此尤破的之论"，"此尤病之"。③ 众所周知，纪昀平时喜谈鬼神，笃信占兆，而于此处，却对五行志大张挞伐，不类平时。④ 究其原因，正是因为《明史·五志行》编纂原则即"著其祥异，而事应暨旧说之前见者并削而不载。"不过，明史馆臣并未完全否定天人感应："天人相感，以类而应者，固不得谓理之所无……夫苟知天人之应捷于影响，庶几一言一动皆有所警惕。以此垂戒，意非不善。"⑤ 刘知幾虽然并未否定阴阳五行灾异说，但曾说道："夫灾祥之作，以表吉凶。此理昭昭，不易诬也……则知吉凶递代，如盈缩循环，此乃关诸天道，不复系乎人事。"⑥ 准之以《明史》，纪昀自然不能对刘知幾的这种说法表示认可："此说倡自王充，其流极乃为荆公矣。天变不足畏之说而小人盖无忌惮矣。子玄之意，盖激于刘向、董仲舒之附会穿凿，故矫枉过正耳。"⑦ 综之，纪昀反对《五行志》中过事深求的穿凿附会之说，但并不完全否定天人感应，承认天道人事之间存有关联，

---

① 张廷玉等：《明史》卷二五《天文一》，中华书局 1974 年版，第 2 册，第 339 页。

② 纪昀：《史通削繁》，《续修四库全书》第 448 册，上海古籍出版社 2002 年版，第 15 页。

③ 纪昀：《史通削繁》，《续修四库全书》第 448 册，上海古籍出版社 2002 年版，第 16~17 页。

④ 龚鹏程：《乾嘉年间的鬼狐怪谈》，《中华文史论丛》2007 年第 2 期。周积明：《纪昀评传》，南京大学出版社 2011 年版。

⑤ 张廷玉等：《明史》卷二八《五行一》，中华书局 1974 年版，第 2 册，第 425~426 页。

⑥ 刘知幾著，浦起龙释：《史通通释》，上海古籍出版社 2009 年版，第 58 页。

⑦ 张三夕：《史通三家评校钞》，《学术集林》第十一卷，上海远东出版社 1997 年版，第 145 页。

可以藉此示儆垂诫，都与《明史》高度一致。①

（二）清“国史”体例与纪昀之删存评论

清国史馆最早开设于康熙二十九年，再开于雍正元年，分别纂修“三朝国史”“四朝国史”。虽经两次开馆，成效却不显著，仅修成若干大臣列传。清国史纂修取得较大进展是在乾隆年间，乾隆元年，清廷决定编纂“五朝国史”，本纪、志、表、列传齐全，至二十一年如期完竣后闭。此后，乾隆三十年再开国史馆，纂修文武大臣列传，此后即常开不闭。清国史编纂期间所酌定的修史体例，对纪昀删削评论也有相当程度的约束。

本纪在纪传体史书中有着特殊意义，“盖纪之为体，犹《春秋》之经，系日月以成岁时，书君上以显国统”②。在刘知幾看来，本纪体尊，乃正统所寄，非天子不得滥入本纪，因此对司马迁将周自后稷至于西伯，秦自伯翳至于庄襄列入本纪，颇致讥评。纪昀对此评论道：“此为《魏书》《晋书》作俑，子元驳之甚伟，然有追叙源流者，又不以此论。”③ 本纪列天子行事，以爵位升降定从违，虽属漏见，却是当时史家共识。纪昀却于此处强调不可拘泥，而其所谓“追叙源流”，实与清国史体例有关。乾隆二年，弘历发现史臣纂修世宗实录，未将藩邸事迹载入，特别提出：“我皇考与皇祖圣祖仁皇帝、世祖章皇帝不同，皇祖圣祖仁皇帝、世祖章皇帝皆自冲龄即位，临御以前并无应行恭纪之事。皇考即位之时

① 值得注意的是，“著其灾异，削其事应”是自欧阳修以来编纂《五行志》的惯常作法，参考游自勇：《试论正史〈五行志〉的演变——以“序”为中心的考察》，《首都师范大学学报（社会科学版）》2006年第2期。不过，鉴于《明史》官修钦定的特殊地位，其对于纪昀的约束是显而易见的。另外，纪昀之评论与乾隆帝的灾异观也有一定关联。乾隆帝不信灾异，在《御批通鉴辑览》中例证颇多，在评论《续纲目》记载元末明初之事时说道：“于至正之世灾异琐屑具书，及明祖起兵以后赠兼书祥瑞，事皆不经。其意盖以祥为明代受命之符而以灾为元室危亡之兆。殊不思是时元未失，海宇尚统于元，安在灾祥之必当分属乎？盖由元史成于明时，秉笔者不免阿私之见，其记载岂果信而可徵。况灾异率庸俗谬传，而神怪尤圣人不语，真伪更毋庸深辩矣。”（《御批通鉴辑览》卷99批语，《景印文渊阁四库全书》第339册，台湾商务印书馆1986年版，第149页）

② 刘知幾著，浦起龙释：《史通通释》，上海古籍出版社2009年版，第34页。

③ 纪昀：《史通削繁》，《续修四库全书》第448册，上海古籍出版社1995年版，第12页。

年已四十有五，从前恭侍皇祖，承欢慈颜，恪遵庭训，仰蒙皇祖恩勤教育，及处朕伯叔之间，诸事如何措置之处，理应详载，以备将来纂修国史叙入皇考《本纪》。"① 纪昀追叙源流之论实为呼应乾隆帝要求将雍正即位以前事迹载入本纪的做法。

刘知幾在《论赞篇》中指出："夫论者，所以辩疑惑，释凝滞。若愚智共了，因无俟商榷。""且欲观人之善恶，史之褒贬，盖无假于此也。"② 其意即是不必每篇设论，论赞亦非全系褒贬。纪昀颇为赞同刘知幾之见，对《论赞篇》总论道："此篇持论极精核。"③ 这同样也与清国史体例有关。乾隆三十年，清廷重开国史馆，乾隆帝亲定国史体例，其中谈道："朕每览历代史册，褒讥素无定评。即良史如司马迁，尚不免逞其私意。非阿好而过于铺张，即怨嫉而妄为指摘，其他更可知矣！我朝百余年来，于大小臣工，彰善瘅恶，一秉至公，实可垂为法戒，今悉据事核实，立为表、传，总裁、大臣公同商榷，朕复亲为裁定，传之万世，使淑慝并昭而衮钺不爽，不更愈于自来秉史笔者之传闻异辞而任爱憎为毁誉者耶?"④ 根据乾隆帝的指示，国史馆史臣将"三朝国史""四朝国史"所修人物列传中的论赞全行删削，此后纂修列传，也不复加论赞。⑤ 乾隆帝不仅热衷于修史，还将自己塑造成公正无私的历史判官形象，收揽历史褒贬大权，不容私人置喙。⑥ 这就直接导致当时士人不得不自动舍弃褒贬权利，正如四库馆臣所言："我皇上综括古今，折衷众论，钦定《评鉴阐要》及《全韵诗》昭示来兹。日月

---

① 《清高宗实录》卷三六，乾隆二年二月乙丑，《清实录》第9册，中华书局1985年版，第665~666页。

② 刘知幾著，浦起龙释：《史通通释》，上海古籍出版社2009年版，第75~77页。

③ 纪昀：《史通削繁》，《续修四库全书》第448册，上海古籍出版社1995年版，第19页。

④ 《乾隆朝上谕档》，乾隆三十年九月十五日，档案出版社1991年版，第4册，第718页。

⑤ 崔军伟：《清代纪传体国史纂修与皇权掌控》，《满学论丛》（第一辑），辽宁民族出版社2011年。

⑥ 参考何冠彪：《论清高宗自我吹嘘的历史判官形象》，《明清人物与著述》，香港教育图书公司1996年版。

著明，爝火可息，百家谰语，原可无存。”①

纪昀将《表历》一篇全文删去，既有研究多将其视为学术思潮影响下的结果，其实与清国史体例也有一定关联。毋庸讳言，刘知幾对于“表”的认识确实有失偏颇，在他看来，本纪、世家、列传已能缜密清晰反映出历史人物的世系、年代和政治地位，“表”夹杂其中，“得之不为益，失之不为损”，因而主张毋庸设表。② 不同于刘知幾，清代学者对史表极为重视。朱鹤龄、梅文鼎、牛运震等人都曾阐发其功用。③ 自万斯同《历代史表》后，为历代诸史补缉史表的成果也至为繁夥。④ 然而并不能据此判定纪昀删削《表历》完全是受学术思潮影响的结果。实际上，纪昀对《史通》的删削评点，并不总是与学术思潮保持一致。对此，我们可以在《史通削繁》中找到多处例证，最为明显者，当属经昀对于史馆修史、《艺文志》体例之态度。

在精英学者阐述史表功用之外，清廷官方也极为重视史表。康熙五十一年，官方曾辑有《历代年表》一书，康熙帝亲为撰序。⑤ 乾隆十四年十二月十八日，国史馆总裁傅恒等奏请于国史中设立年表：“臣等奉命恭纂国史，敬谨编辑……查史书体例，立有年表。今国史记载五朝事实，凡宗室、受封功臣、宣力及简任宰辅、七卿等官，非立年表不无遗漏之处，应请补序年表。”⑥ 乾隆三十年，清廷重开国史馆，纂修《宗室王公功绩表传》，乾隆帝亲自指示编纂体例，要求内而卿贰以上，外而将军、督抚、提督以上者分别立表，“至立表之式，固当如所

① 永瑢等：《四库全书总目》，中华书局 1965 年版，第 750 页。朱维铮先生曾观察到：“十八世纪的汉学家，说起历史，几乎都反对‘以议论求法戒’，‘以褒贬为与夺’。”见朱维铮：《走出中世纪》，上海古籍出版社 1989 年版，第 407 页。

② 刘知幾著，浦起龙释：《史通通释》，上海古籍出版社 2009 年版，第 48 页。

③ 朱鹤龄：《读后汉书》，《愚庵小集》，《景印文渊阁四库全书》第 1319 册，台湾商务印书馆 1986 年版，第 153 页。杨燕起等：《历代名家评〈史记〉》，北京师范大学出版社 1986 年版，第 139 页。

④ 据李宗侗先生统计，清人补辑前朝史书表志著作共计有 82 种。李宗侗：《中国史学史》，中国友谊出版公司 1984 年版，第 189~192 页。

⑤ 玄烨：《御制文四集》卷 21《历代年表序》，《清代诗文集汇编》第 194 册，上海古籍出版社 2010 年版，第 245~246 页。

⑥ 《乾隆十四年十二月十八日傅恒等奏折》，《清国史馆奏稿》（上），全国图书馆文献缩微复制中心，2004 年，第 41 页。

定官阶为限制，仍应于各姓氏下注明有传无传，使览者于表传并列者，即可知某某之美恶瑕瑜；而有表无传者，必其人无足置议；有传无表者，必其人实可表章。则可卷了然，不烦言而义自见”①。在乾隆帝看来，表传相互配合，可以彰明其人之贤否，有益劝惩。刘知幾关于史表烦费无用之论，显然有悖于乾隆帝的见解。不难看出，清廷官方与知识精英对于史表功用都持肯定态度。纪昀删削《表历》篇，究竟是为了与官方立场保持一致，抑或是受学术思潮影响，似不能轻下断语。但联系纪昀对“艺文志”体例、史馆修史的评论来看，在学术思潮影响之外，乾隆帝的相关言论，清国史极重史表也是一个不容忽视的因素，甚至是主要因素。对于纪昀而言，在乾隆帝相关言论发表之后，《表历篇》的处理就不再是一个纯粹的史学问题，独立抒发观点的空间已然被大大压缩。

如果将《史通削繁》看成是纪昀对《史通》的再创造，那么，纪昀作为再创造的主体，自然会将个人识见寄寓其中，但同样不可忽视的是，乾隆年间，由于时主对史学的热衷，官方史学强势主导地位以及频发的文字之狱，使得纪昀不得不有多重现实顾虑，直接的结果即是纪昀在筛选评论之际，并不能充分抒发己见，而必须充分尊重官方史学权威。上文所述，已可见纪昀之删削评论与官修《明史》、国史体例多有对应关系。易言之，官方史学极大影响了纪昀的再创造过程，甚至成为纪昀评判《史通》内容是否偏驳支蔓的规矩准绳。缘此，与其将《史通削繁》视为纪昀史学见解的呈现，倒不如将其视为透视乾隆朝官私史学关系的一个案例。

三、清廷文化政策与《疑古》《惑经》之删削

《史通》问世以后，最饱受诟病者厥有两端，一为轻肆讥评，伤于苛刻；一为疑古惑经，诽议上圣。两者相较，疑古惑经的异端思想尤其受人指摘。纪昀既然要对其削繁，那么《疑古》《惑经》两篇难逃被删的命运。既往研究对此也极为关注，但将删削原因归结为“侮圣之言”“是非颇谬于圣人”，却似尚未足以

---

① 《清高宗实录》卷七四四，乾隆三十九年九月戊子，《清实录》第18册，中华书局1986年版，第192~193页。

尽窥其底蕴。① 值得注意的是，对于《疑古》《惑经》两篇，指斥者代不乏人，自宋至明，如柳璨、苏鄂、赞宁、孙何、张唐英、陆深、焦竑、张鼎思、胡应麟、郭孔延等，几近众口一词。刘知幾也因此被视为“名教之首诛”。② 不过，清代以前，学者之不满仅限于批驳，而未有删削之议，降至乾隆年间，却有多位学者主张对其加以删削，如尹嘉诠、黄叔琳、纪昀。此外，代表官方立场的《四库全书》也将收录其中的《史通通释》删去《惑经篇》。尤其耐人寻味的是，四库馆臣所删篇目与《史通削繁》存有巨大差异。这就提示我们，纪昀删削《疑古》《惑经》两篇，不能仅仅从儒家正统观念加以解释。

刘知幾撰《疑古》《惑经》两篇，分别针对儒家《尚书》《春秋》二部经典，以《尚书》记事缺略，列十条疑问以批驳；对《春秋》则指出有十二未谕、五虚美。纪昀将《疑古》一篇全文删去，《惑经》篇则只删“五虚美”部分，保留“十二未谕”。对于《疑古》之删，纪昀解释道：“此真不等辨之纰缪。即有所激，何至于此！浦氏爱奇，又提唱其词，曲为之说，故为大言以骇俗，抑又甚矣！盖子玄之论，犹以愤激立说；浦氏之注，直以诡异取名耳。”③ 纪昀所言浦起龙“曲为之说”，是指浦氏推测刘知幾《疑古篇》之作出于读史寄愤，借古喻今，为其诽议上圣的异端思想曲加开脱。对于《惑经篇》，纪昀则指出：“十二未谕，犹是质论疑义，传经者原不禁研求也。五虚美，则太无忌惮，虽浦氏亦不能为词，所谓是非之心，人皆有之也。”④

在纪昀之前，尹嘉铨曾于乾隆十九年致函黄叔琳，建议删去《疑古》全篇及《惑经》篇中“五虚美”部分，并颇得黄氏认可。乾隆年间，多位学者对《疑

---

① 金毓黻：“实则纪氏之所削者，亦有不当削而削者，如《疑古篇》，纪氏以离经畔道故削之，实则亦有精言妙义存乎其中，不可废也。”《静晤室日记》，辽沈书社1993年版，第6册，第4219页。林时民归纳纪昀删削标准，其中一项为“侮圣之言”，林时民：《纪昀与〈史通削繁〉——以史学批评为中心的探讨》，《台湾师大历史学报》2002年第30期。张振珮先生也曾特别指出：“然其细心剜砍处，多缘‘是非缪于圣人’。”张振珮：《史通笺注》，贵州人民出版社1982年版，第789~790页。

② 胡应麟：《少室山房笔丛》，上海书店出版社2009年版，第133页。

③ 张三夕：《史通三家评校钞》，《学术集林》第十二卷，上海远东出版社1997年版，第115页。

④ 张三夕：《史通三家评校钞》，《学术集林》第十二卷，上海远东出版社1997年版，第120页。

古》《惑经》两篇深致不满，并欲加以删削，其实与清廷文化政策以及乾隆朝的学术氛围有直接关联。

清朝以异族身份入主中原，深谙儒家文化对中国政治与社会广泛而微妙的影响，定“崇儒重道”为国策，细究之下，其中尚有由尊宋尊朱到崇汉崇孔的变化。康熙将朱子由孔庙东庑先贤之列升入大成殿十哲之次，确立了程朱理学的至尊地位。在雍正朝，程朱理学在庙堂开始降温，清廷由极尊程朱转为极崇孔子，雍正帝直言道：“大哉圣人之道，其为福于群黎也甚溥，而为益于帝王也甚隆。”① 见诸行政者，则在科考中用《孝经》取代宋儒性理之书在“论”中地位。乾隆初政，虽然曾短暂回归尊宋立场，但很快转为尊经崇汉，开三礼馆纂修三礼、颁布《十三经注疏》于学宫、诏举经明行修之士。② 清廷对孔子的表彰礼敬远超前代，在孔庙礼仪也有着充分表现，“我圣祖释奠阙里，三跪九拜，曲柄黄盖，留供庙庭。世宗临雍，止称诣学。案前上香、释奠、献爵，跪而不立。黄瓦饰庙，五代封王，圣诞致斋，圣讳敬避。高宗释奠，均法圣祖，躬行三献，垂为常仪。崇德报功，远轶前代。已隐寓升大祀至意”③。与表彰孔子相呼应的，还有清初以来的辟异端思潮。清初学人反思明亡原因，多归咎于宋明理学、晚明心学窜入释道二教思想，因此积极以辟异端为己任，倡导屏异端崇正学。与知识精英的儒家正统观相比，官方则同时注意于儒家内部的异端思想。康熙九年，清廷颁行圣谕十六条，将“崇儒重道”的国策具体化，其中即有“黜异端以崇正学”。熊赐履更是建言道：“帝王之道以尧舜为极。孔孟之学，即尧舜之道也。外此不特仙佛邪说在所必黜，即一切百家众技，支曲偏杂之论，皆当摈斥勿录，庶几大中至正，万世无弊。”④ 官方尤其强调判别异端不能以同异为据，雍正帝认为：“以同乎己者为正道，而以异乎己者为异端，非圣人之所谓异端也。”在其看

① 胤禛：《世宗宪皇帝御制文集》卷十六《碑文·修建阙里圣庙碑文》，《清代诗文集汇编》第240册，上海古籍出版社2010年版，第319页。

② 王达敏：《姚鼐与乾嘉学派》，学苑出版社2007年版。

③ 赵尔巽等：《清史稿》卷八四《礼三·吉礼三》，中华书局1977年版，第10册，第2538页。

④ 中国第一历史档案馆：《康熙起居注》，中华书局1984年版，第125页。

来，“凡中国、外国所设之教，用之不以其正，而为世道人心之害者，皆为异端也。”① 乾隆帝说得更为直白：“夫释、道原为异端，然诵经读书而罔顾行检者，其得罪圣贤，视异端尤甚焉。”② 基于此，清廷对于儒家内部的异端思想也不轻易放过，多次以“诡言邪说，语既不经”“立论乖僻，违背圣经”为由兴起文字狱。③ 有学者注意到，“乾隆在位期间的一百三十多起文字狱案中，有 12 起是因为士人唐突古代圣人而获罪。”④

清廷文化政策也推动了学风的转变。清初学者治学，怀疑风气炽烈，“阎若璩之疑《古文》；胡渭、黄宗羲、黄宗炎之疑《图书》；毛奇龄之疑《周礼》《仪礼》；姚际恒之疑《诗序》；声气所被，大开学者疑经之风。试遍观清初之著述，几无一不多少带有怀疑之精神。怀疑之成为风气者，以此时为最著。”⑤ 然而到了乾隆年间，随着清廷由尊宋尊朱转为崇汉崇孔，惠栋之学风行天下，怀疑之风转为信守汉人师说，正如顾颉刚所说：“于是汉学复兴而疑古之风为之灭杀。”⑥ 钱穆先生也曾观察到，乾隆年间“怀疑之精神变为笃信，辨伪之工夫转向求真。”⑦ 从清初至乾隆朝，怀疑风气退潮，疑古之风灭杀，刘知幾“疑古惑经”的异端思想自然容易成为学者攻击的标靶。

清廷以崇儒重道为国策，并且经由尊宋尊朱到崇汉崇孔，亟亟于表彰孔子，打击异端，意在表明清代帝王不仅代表治统，同时也是道统的守护神。⑧ 刘知幾敢于疑古惑经，已然将批判鞭锋直指孔子，明显有悖于清廷文化政策。特别值得注意的是，纪昀完成《史通削繁》于乾隆三十七年，此时的他刚刚经历漏言获罪

① 参考曹新宇：《清前期政教关系中的儒教及三教问题——乾隆朝三教堂案研究》，《清史研究》2019 年第 3 期。

② 中国第一历史档案馆编：《乾隆帝起居注》（二），广西师范大学出版社 2002 年版，第 82~84 页。

③ 参考丁原基：《清代康雍乾三朝禁书原因之研究》，华正书局 1983 年版。

④ 王汎森：《权力的毛细管作用：清代的思想、学术与心态》，北京大学出版社 2015 年版，第 352 页。

⑤ 萧一山：《清代通史》（一），华东师范大学出版社 2005 年版，第 759~760 页。

⑥ 顾颉刚：《我与古史辨》，上海文艺出版社 2001 年版，第 157 页。

⑦ 钱穆：《中国近三百年学术史》（上），商务印书馆 1997 年版，第 354 页。

⑧ 参考黄进兴：《清初政权意识形态之研究：政治化的道统观》，《优入圣域：权力、信仰与正当性》，陕西师范大学出版社 1998 年版。

谪戍乌鲁木齐，对于皇权的威严自是深有体会，“人生快意果有失，一蹶万里随戎旃。”返京后不久，虽然重入翰林，仍感前途命运茫然莫测，“少年意气已萧索，伤禽宁望高飞翻”，焦虑恐慌的心境引导他变得愈加谨慎自守，自觉地将官方政策内化认同，“友朋知己尚必报，况乃圣主恩如天”“石渠天禄勤校录，尚冀勉涤平生愆。”① 作为文学侍从之臣，报答圣主的最好方式无疑就是揣摩圣意，以著书撰文的方式配合清廷打击异端，翼教卫道。

纪昀于乾隆三十七年完成《史通削繁》后，次年四库馆开，受诏校秘书。《四库全书》共收录两种《史通》版本，一为内府藏本，一为《史通通释》本。其中内府藏本未被删削，而《史通通释》却被删去《惑经》全篇，保留《疑古篇》。《四库全书》与《史通削繁》之编纂在时间上前后衔接，相距不远。纪昀身处其间，连接其中，为何删削内容却有如此大的差异？

由于《四库全书》采用钞录方式，誊录人员抄写过程中难免会出现讹误，也存在誊录人员敷衍草率，故意漏写的现象。不过，笔者认为，《史通通释》中《惑经篇》之缺绝非无意之失，而是故意删削。首先，文渊阁本《四库全书》所收《史通通释》，其目录中已不列《惑经》一篇，与正文内容恰相对应。其次，《四库全书总目》中《史通通释提要》称：“惟《疑古》《惑经》诸篇，更助颓波，殊为好异。”② 此评语不见于文渊阁本《史通通释》书前提要，而是改为“顾其大致精核，于知幾本意多能阐发，不可谓之无功焉。”③ 究其原因，正是因为《惑经篇》已经被删去，此评语不免显得突兀，会给读者留下线索，无端启人疑窦。书前提要与《总目》提要之不同，说明《惑经篇》之阙是办理者有意删削。

纪昀作为四库馆总纂，虽然并不专司勘校，但《惑经篇》之删既非无意漏写，而是有意删削，则纪昀与此难脱关系。纪昀纵然不是授意者，至少也是知情者。那么，纪昀为何要与己著《史通削繁》立异，在《史通通释》中保留《疑

---

① 纪昀：《三十六亭诗》，孙致中、吴恩扬、王沛霖、韩嘉祥点校：《纪晓岚文集》（第1册），河北教育出版社1995年版，第499页。

② 永瑢等：《四库全书总目》，中华书局1965年版，第751页。

③ 刘知幾著，浦起龙释：《史通通释》，《景印文渊阁四库全书》第685册，台湾商务印书馆1986年版，第159页。

古篇》，删去《惑经篇》？笔者认为，这同样是纪昀揣摩圣意的结果，答案需要从乾隆帝身上寻找。

保留“疑古篇”，与乾隆帝精思善疑的治史特点不无关系。乾隆帝早年撰《记载》一文，就已经表现出强烈的对史书的怀疑态度：“记载之失实，虽正史不能免，而莫甚于稗野之刺谬。”①《御批历代通鉴辑览》中更是有大量批评史书失实的批语，“记载家尚奇藻而失真实者，盖不可屈指数，读书者所宜尚论识时也”②。“尽信书不如无书，读史者不可不具卓识”③。对于上古史事，乾隆帝更是直接指出：“大率三代以上载籍残缺，儒生各逞臆说，遂至支离膠轕若此。盖古史之事在存疑不可深论者多矣。”④ 精思善疑，可以说是贯穿乾隆帝一生的治史特点。⑤ 刘知幾于《疑古篇》中列举疑事十条，虽然并不能成为定谳，但其勇于怀疑的治史精神却与乾隆帝颇有相通之处。

与之相较，乾隆帝对于诽议孔子的异端思想则大张挞阀，在撰于乾隆四十三年的《读论衡》一文中说道：

> 向偶翻阅诸书，见有王充《论衡》，喜其识博而言辩，颇具出俗之识，其全书则未之览也。兹因校《四库全书》始得其全卷而读之，乃知其为背经离道，好奇立异之人而欲以言传者也。夫欲以言传者，不衷于圣贤未有能传者也。孔孟为千古圣贤，孟或可问而不可刺，充则刺孟而且问孔矣。此与明末李贽之邪说何异？……己已犯非圣无法之诛，即有韪其言者，亦不过同其乱世惑民之流耳……予故闢而诃之，读《论衡》者效其博辩，取其轶材则

① 弘历：《御制文初集》，《清代诗文集汇编》第330册，上海古籍出版社2010年版，第194页。

② 傅恒等：《御批历代通鉴辑览》卷五“城濮之战事”批语，《景印文渊阁四库全书》第335册，台湾商务印书馆1986年版，第122页。

③ 傅恒等：《御批历代通鉴辑览》，卷五〇“唐太宗怀鹞事”批语，《景印文渊阁四库全书》第337册，台湾商务印书馆1986年版，第18页。

④ 傅恒等：《御批历代通鉴辑览》卷三“武王”批语，《景印文渊阁四库全书》第335册，台湾商务印书馆1986年版，第73页。

⑤ 乔治忠：《论清高宗的史学思想》，《中国官方史学与私家史学》，北京图书馆出版社2008年版，第199页。

可，效其非圣灭道以为正人笃论则不可。①

乾隆帝此处的批驳对象虽是王充，却也极易让人联想到刘知幾。刘知幾“疑古”“惑经”的思想渊源可以追溯至《论衡》，曾经自言道：“昔王充设论，有《问孔》之篇，虽《论语》群言，多见指摘，而《春秋》杂义，曾未发明，是用广彼旧疑，增其新觉。”② 后人也多将王充与刘知幾并论，甚至有学者认为：“刘知幾的《惑经》，实即王充《问孔》的续编。”③ 四库馆臣也曾以之比拟《问孔》：“又其外篇《疑古》《惑经》之类，至于诋呵六籍，几同王充之《问孔》，实为狂诞。”④ 按照乾隆帝的标准，刘知幾同样难逃非圣无法之诛。《四库全书·凡例》称：“是书卷帙浩博，为亘古所无，然每进一编，必经亲览，宏纲巨目，悉秉天裁。”⑤ 根据现在学者的研究，“悉禀天裁”绝非一句空话。⑥《凡例》又称：“今所采录，惟离经叛道，颠倒是非者，掊击必严，怀诈狭私，荧惑视听者，屏斥必力。”⑦ 刘知幾敢于惑经，诽议孔圣，以乾隆帝的标准而言，无疑属于离经叛道、颠倒是非的范围，四库馆臣自然要严加掊击，加以屏斥。

综之，清初帝王以治统兼道统，作君又作师，对思想文化钳制极严，在崇儒重道的国策下，特别是乾隆时期，在经历了由尊宋尊朱到崇汉崇孔的变化后，清廷对于一切非圣侮经的异端思想严加打击。这种背景下，纪昀删削《疑古》《惑经》两篇，绝不仅仅是为维护儒家正统观念，也是以著书撰文的方式呼应清廷文化政策。此后，纪昀主持编纂《四库全书》，将收入其中的《史通通释》删去《惑经篇》，保留《疑古篇》，也是出于对乾隆帝圣意的揣摩。两相比较，虽然删削篇目有所差异，但所以删削之故则并无二致，其背后都有政治因素考量。这种

① 弘历：《御制文二集》，《清代诗文集汇编》第330册，上海古籍出版社2010年版，第503页。

② 刘知幾著，浦起龙释：《史通通释》，上海古籍出版社2009年版，第387页。

③ 蒯伯赞：《论刘知幾的史学》，《中山文化教育馆季刊》第二卷第二期，1945年。

④ 金毓黻辑：《金毓黻手定文溯阁四库全书提要》，中华全国图书馆文献缩微复制中心，1999年版，第390页。

⑤ 永瑢等：《四库全书总目》，中华书局1965年版，第16页，

⑥ 参考司马朝军：《四库全书编纂考》，武汉大学出版社2005年版，第119~180页。

⑦ 永瑢等：《四库全书总目》，中华书局1965年版，第19页。

删削差异反映出了纪昀在不同阶段对于官方态度的把握，恰可证明其删削并非完全出于学术立场。

四、“权力的毛细管作用”及其差序格局

在《史通削繁》撰成之前，清代已有两部《史通》评释专著问世，分别为刊刻于乾隆十二年的《史通训诂补》与刊刻于乾隆十七年的《史通通释》。除此之外，这一时期还有许多学人也曾关注研治《史通》，如尹嘉铨、卢文弨、顾镇、王鸣盛、钱大昕、王昶、陈鳣、陈鹤、顾千里等，或勘校文字，或评论观点，或撰专文，或加批注。可以说，乾嘉年间出现了一股《史通》研究热潮。① 乾嘉时期，考据学风靡一世，以考据学治史蔚为潮流。在此环境中，为何会有这么多学者去关注一部史评书籍？尤其值得注意的是，这些关注《史通》的学人，大多擅长考证，并多有师友交游关系，但围绕《史通》及其相关史学议题，观点却有较大差异，针对《疑古》《惑经》两篇，甚至出现了截然对立的声音，一则极力批驳，加以删削，一则别出新解，为之解脱。如何理解这种现象？

王汎森先生在考察清代思想、学术与心态时，曾将权力比喻为通过毛细管的水，作用于日常生活的各个角落，乃至读书人内心最隐秘的部分，称之为“权力的毛细管作用”。这一观察同样适用于解释乾隆年间的《史通》研究热潮。不过，需要进一步指出的是，由于政治禁忌标准并不清晰，尺度只能由各人自己揣度。所以，权力的毛细管作用也呈现出一种“差序格局”，简言之，越靠近权力中心，越清楚帝王忌讳所在，因而著述中受政治因素影响就越大。② 乾隆年间，考据史学的盛行以及《史通》研究热潮的出现，表明学人在治史方向上趋向考

---

① 参考刘海波：《“志在避祸”？——钱大昕〈史通〉解读析论》，《史学理论研究》2019年第1期。

② 四库馆臣对《论衡》《史通》的处理就是一个例子。虽然有乾隆帝诏谕的颁布，馆臣在收录《论衡》时并未删去《问孔》《刺孟》两篇。由于《四库全书》是由不同馆臣经手编纂，这表明馆臣中间对于乾隆帝旨意的领会把握能力存有显著差异。此外，文字狱打击对象也可说明这一点。有学者发现，乾隆年间的文字狱多发生在粗通文墨的社会下层，其中诸生有近四十起，平民五十多起。参考郭成康、林铁钧：《清朝文字狱》，群众出版社1990年版，第34~39页。

史、史评两途，这种群体性的自觉选择，正是政治压力下史学领域中的自我禁抑、自我约束的表现，而学人对于《史通》的不同解读，则反映出了权力毛细管作用的差序格局。这在纪昀与钱大昕身上体现得尤为明显。

中国传统史学，一直存在着官方与私家两条轨道，两者既相互竞争，又相互补益。然而在清初君主的设计引导下，官私史学却出现了壁垒分明的局面。如果将传统史学分为修史、考史、史论、史评四项，那么，在乾隆朝，修史、史论都已被官方掌控。① 就修史而言，雍正帝已有否定私人修史的言论："昔孔子作《春秋》，历代因之，各有史册，以垂法诫。今若容悖逆之人，颠倒是非，私行记载，则史册皆不足凭矣，岂非千古罪人乎。"② 这是中国自有史学以来，帝王第一次公开否定私人记载历史。③ 乾隆帝更是热衷于修史，对史学有着极强的垄断意识，多次直言"《春秋》，天子之事"④。就史论而言，乾隆帝将自己装扮成公正无私的历史判官，《御批历代通鉴辑览》以及辑录其中御批编纂而成的《评鉴阐要》，以逐条评点历代史实的方式，确定历史评判标准，并使之具有普遍化的意义，"我皇上综括古今，折衷众论，钦定《评鉴阐要》及《全韵诗》昭示来兹。日月著明，爝火可息，百家谰语，原可无存"⑤。正是由于褒贬笔削大权已被官方垄断，所以导致"十八世纪的汉学家，说起历史，几乎都反对'以议论求

---

① 参考何冠彪：《清代前期君主对官私史学的影响》，《汉学研究》1998 年第 16 卷第 1 期。不过，何氏将史学领域分为考史、论史、著史三项，但其所谓"论史"仍有分疏的必要，大致可别为"史论"与"史评"两项，"史论"是对客观历史如史事、人物、历史现象等问题的评论，"史评"是指评论史书、史学问题或史学现象的言论与著作。关于"史论"与"史评"的区别，可参考瞿林东：《谈中国古代的史论和史评》，《东岳论丛》2008 年第 4 期。乾嘉学者不满的是"史论"，如四库馆臣曾言："其中考辨史体，如刘知幾、倪思诸书，非博览精思，不能成帙，故作者差稀。至于品陟旧闻，抨弹往迹，则才翻史略，即可成文，此是彼非，互滋簧鼓，故其书动至汗牛。"（永瑢等：《四库全书总目》，中华书局 1965 年版，第 750 页。）

② 中国第一历史档案馆：《雍正朝起居注册》，中华书局 2016 年版，第 866 页。

③ 牟润孙：《海遗杂著》，香港中文大学出版社 1990 年版，第 74 页。

④ 参考何冠彪：《清代前期君主对官私史学的影响》，《汉学研究》1998 年第 16 卷第 1 期；盖博坚著，郑云艳译：《皇帝的四库：乾隆朝晚期的学者与国家》，中国人民大学出版社 2019 年版，第 26 页。

⑤ 永瑢等：《四库全书总目》，中华书局 1965 年版，第 750 页。

法戒’，‘以褒贬为与夺’”①。在官方垄断修史、史论之后，私人治史空间就被压缩到考史、史评两途。钱大昕《廿二史札记》与纪昀《史通削繁》都是始纂于乾隆三十二年，一为史考，一为史评，说明钱纪二人对当时史学生态的已经有了敏锐察觉，并主动自我约束，回避修史与史论。

纪昀关注一部史评书籍，并不能充分抒发自身见解，删削评论须以官方史学作为评判准绳。钱大昕治学长于考订，虽然埋首于古籍整理，也同样需要面对政治压力，《廿二史考异》作为一部考据之作，犹然不敢论及《明史》与《旧五代史》，正是因为两书“都是官修书，不敢有所评弹，宁可缺而不谈。”② 纪昀与钱大昕，不论是治史方向的选择，抑或是其著述中内容，都反映出政治权力压力下学人的自我约束。不过，值得注意的是，两人受权力影响的程度又有所差异，围绕着《史通》及相关史学议题，即有着显著表现。

首先，关于《氏族志》。刘知幾主张于史志中增设《氏族志》。钱大昕虽然未明确就此发表评论，但钱氏治史极为重视氏族，曾积三十年之功纂辑《元史氏族表》，并从治史方法角度指出：“予尝论史家先通官制，次精舆地，次辨氏族，否则涉笔便误。”③“予好读乙部书，涉猎四十年，窃谓史家所当讨论者有三端：曰舆地，曰官制，曰氏族。”④ 纪昀对刘氏之论则颇有异议，直言：“此乃唐人之学，后世无庸且亦不能成书矣。唐书宰相世系表，似采此说，而最为可厌。”⑤ 章太炎曾敏锐觉察到《四库全书》史部中不立“谱系”一门，实有隐衷：“求其所以不立之故，殆以讲求谱系，即犯清室之忌……如立谱系一门，必有汉姓、虏姓之辨，故不如径删去耳。”⑥ 纪昀评论背后无疑也有这种顾虑。

其次，关于史馆修史。刘知幾曾“三为史臣、再入东观”，对史馆的利弊都

---

① 朱维铮：《走出中世纪》，上海古籍出版社1989年版，第407页。

② 柴德赓：《王西庄与钱竹汀》，载顾吉辰：《钱大昕研究》，华东理工大学出版社1996年版，第78页。

③ 钱大昕著，方诗铭、周殿杰点校：《廿二史考异》，上海古籍出版社2004年版，第646页。

④ 钱大昕著，吕友仁点校：《潜研堂文集》，上海古籍出版社2009年版，第405页。

⑤ 张三夕：《史通三家评校钞》，《学术集林》第十一卷，上海远东出版社1997年版，第55页。

⑥ 章太炎：《国学概论 国学略说》，四川人民出版社2018年版，第210页。

有着非常深刻的体会，曾指出设史修史有“五不可”。① 自刘知幾批判史馆弊端以来，后人多有共鸣，如王世贞、胡应麟、何良俊、焦竑、詹景凤等人。② 进入清代，批判史馆弊端的言论仍不绝于耳。清初设《明史》馆，潘耒作为馆臣却对史馆弊端保持警惕：“成于一人者，为之愈难，其书愈善；成于众人者，就之愈易，其书愈不能精。刘知幾之论五不可……其言利敝详矣。”③ 万斯同、朱彝尊、施闰章等人也都有相似言论。④ 钱大昕对于馆局修史也持否定态度，主张史书撰著应成“一家之言”，曾评论《晋书》道：“若《晋书》修于唐初，时代益复邈隔，又杂出众手，非专家之业，其罅漏百出，奚足怪哉！”⑤ 评论《宋史》时指出：“史家失于删并，由不出一人之手也。”⑥ 钱大昕对于清初史家万斯同极为推崇，曾撰《万先生斯同传》一文，表彰其史学成就，在此文中特别指出：“先生素以《明史》自任，又病唐以后设局分修之失，尝曰：“昔迁、固才既杰出，又承父学，故事信而言文，其后专家之书才虽不逮，犹未至如官修者之杂乱也……若官修之史，仓卒而成于众人，不暇择其材之宜与事之习，是犹招市人而与谋室中之事也。吾所以辞史书而就馆总裁所者，惟恐众人分操割裂，使一代治乱贤奸之迹暗昧而不明耳。”⑦ 纪昀则认为：“自唐以后，此例不能改矣，在领局者调剂

① 刘知幾著，浦起龙释：《史通通释》，上海古籍出版社 2009 年版，第 554~556 页。

② 分见王世贞：《弇州山人四部稿》卷一一六《策类·湖广第三问》，《景印文渊阁四库全书》第 1280 册，台湾商务印书馆 1986 年版，第 810 页。胡应麟：《少室山房笔丛》，上海书店出版社 2009 年版，第 129 页。何良俊：《四友斋丛说》卷五《史一》，中华书局 1997 年版，第 47 页。焦竑：《焦氏澹园集》卷四《论史》；詹景凤：《詹氏性理小辩》卷三十《史学》，《四库全书存目丛书·子部》第 112 册，第 403 页。

③ 潘耒：《修明史议》，载刘承干：《明史例案》，《四库未收书辑刊》第 5 辑第 4 册，北京出版社 2000 年版，第 588 页。

④ 钱大昕：《潜研堂集》，上海古籍出版社 2009 年版，第 681 页。朱彝尊、施闰章言论，载刘承干：《明史例案》，《四库未收书辑刊》，第 5 辑第 4 册，北京出版社 2000 年版。

⑤ 钱大昕：《潜研堂文集》卷二四《三国志辨疑序》，上海古籍出版社 2009 年版，第 400~401 页。

⑥ 钱大昕：《廿二史考异》卷七七《宋史十一·杨覃传》，上海古籍出版社 2004 年版，第 1072 页。

⑦ 钱大昕：《潜研堂文集》卷三八《万先生斯同传》，上海古籍出版社 2009 年版，第 681 页。

得宜，任用有道，犹可救弊之大半也。"① 纪昀虽承认史馆弊端，却颇为维护史馆制度。究其原因，无疑与乾隆朝频繁设馆修史有关，"群书搜辑，评隲考订，一稟睿裁"②。举凡修史的各个环节，大则修史项目的确定、指导思想的确立，小则体例的安排、字句推敲，无处不透露出皇权的渗透。乾隆帝俨然扮演着监修官、总裁官角色，主宰一切官方修史活动。③

最后，关于《疑古》《惑经》两篇。纪昀对之极为不满，在《史通削繁》中删去《疑古》全篇及《惑经》篇中的"五虚美"部分，并在随后主持《四库全书》编纂期间，将收入的《史通通释》删去《惑经》全篇。钱大昕曾撰《跋史通》一文，针对《疑古》《惑经》两篇提出全新的解读："刘知幾沉潜诸史，用功数十年。及武后、中宗之世，三为史官，再入东观，思举其职，既沮抑于监修，又见嫉于同列，议论凿枘，不克施行，感愤作《史通》内、外篇。当时史局遵守者不过贞观所修晋、梁、陈、齐、周、隋六史之例，故其书指斥尤多。但以祖宗敕撰之本，辄加弹射，又恐谗谤取祸，遂于迁、固已降，肆意觝排，无所顾忌。甚至疑古惑经，诽议上圣，阳为狂易侮圣之词，以掩诋毁先朝之迹。耻巽辞以谀今，假大言以蔑古，置诸外篇，窃取庄生《盗跖》之义。后人大声疾呼，目为名教罪人，自是百世公论，要之蚍蜉撼树，言匪由衷，柳翳隐形，志在避祸，千载以下，必有心知其意而莫逆者。不然，六经三史，模楷万世，夫岂不知叔孙之毁，无伤日月也哉?"④ 钱大昕从刘知幾所处时代背景与生平经历出发，推测其疑古惑经，完全是言不由衷，而是志在避祸。钱氏之推测，虽然并不符合刘知幾本意，不过不难看出，钱大昕与纪昀的立场差异是极为明显的。值得注意的是，钱氏此文撰于嘉庆八年，其时《四库全书总目》早已刊刻问世，似是直接针

① 纪昀：《史通削繁》，《续修四库全书》第448册，上海古籍出版社1995年版，第72页。

② 《高宗纯皇帝实录》卷一五〇〇，《清实录》第19册，中华书局1986年版，第1072页。

③ 参考何冠彪：《论清高宗自我吹嘘的历史判官形象》，《明清人物与著述》，香港教育图书公司1996年版。

④ 钱大昕：《十驾斋养新录》，上海书店出版社2011年版，第303页。

对四库馆臣而发，并有极强的代入感，以一种委婉的笔调批评清廷文网过于严峻。①

钱大昕与纪昀年齿相近，为乾隆十九年甲戌科同榜进士，此前曾共结文社，此后又一起参与修撰《热河志》，时有“南钱北纪”之称。② 乾隆三十六年，纪昀遇赦自西域返京，钱大昕迎至塞上，“握手叙契阔”③，足见交谊笃深。钱大昕辞官归田后，两人也“时通音问”。④ 钱大昕、纪昀终身保持交谊，关系颇为密切，但围绕《史通》及其相关史学议题，两人观点却有较大差异。这种差异正是权力毛细管作用差序格局的反映，而导致这种差异的原因最为关键的就在于两人的仕宦经历。钱大昕登第后，也曾担任史官，参与修纂过《热河志》《续通志》《大清一统志》等官书，因此十分清楚清廷忌讳所在，但他“淡于荣利，以识分知足为怀，谓官至四品可休。”⑤ 乾隆四十年，以丁父尤归里，时年48岁，正值盛年，此后遂不复出，先后任教于钟山书院、娄东书院、紫阳书院。退隐任教书院之后，因远离政治中心，可以相对较少受政治影响，不必时时处处依违于官方。纪昀则以仕宦终老，不断游走于官方与私家之间，入史馆则为史官，出史馆则为史家，官私界限在纪昀身上非常模糊，导致其著述中渗透进了更多的政治因素。

若将考察视野再略放大，可以发现，乾隆年间，围绕《疑古》《惑经》，曾出现两种截然对立的声音，这也同样反映出权力毛细管作用下的差序格局。

在刊刻于乾隆十七年的《史通通释》中，浦起龙虽然承认《疑古》篇“显斥古圣，罪无辞矣。”但又对刘知幾“疑古”动机加以推测道：“知幾眼见近古自新莽始祸，以及当涂、典午……讳诛伐为恶声，掩揖让而护迹。凡资口实，率

① 参考刘海波：《“志在避祸”？——钱大昕〈史通〉解读析论》，《史学理论研究》2019年第1期。

② 纪昀：《袁清悫公诗集序》，《纪晓岚文集》（第1册），河北教育出版社1996年版，第197页。

③ 钱大昕：《纪晓岚乌鲁木齐杂诗序》，《潜研堂文集》，上海古籍出版社2009年版，第435页。

④ 纪昀：《前刑部左侍郎松园李公墓志铭》，《纪晓岚文集》（第1册），河北教育出版社1996年版，第346页。

⑤ 支伟成：《清代朴学大师列传》（上册），岳麓书社1998年版，第60页。

附陶姚……所伤在二姓改玉之交，所影皆九锡升坛之套。"① 在浦起龙看来，刘知幾《疑古篇》之作出于读史寄愤，借古喻今，实为影射前朝禅让伪迹。这一解读虽然牵强，却不难感受到浦起龙对刘知幾颇有回护之意。

乾隆十九年，尹嘉铨致函黄叔琳："涓读外篇至《疑古》十条，不禁发指，废书而叹，殊不解其是何肺肠，敢于非圣无法至于此极，邪说淫辞，当在息放之列。先生亦既斥其悖谬矣，胡为不磨其玷也。迂见应取昌黎欲削荀扬不合圣籍之志，删去此篇，毋贻来学之惑，而以上方评语附于例言之末，以见予夺义法，似觉允当。又《惑经》十二未谕或可备考，而虚美五则亦不可存。"② 黄叔琳在接到尹氏删削建议后，曾征求顾镇意见。顾镇虽然也不认同"疑古""惑经"的异端思想，但并不同意对其加以删削，认为："窃谓书以《补注》为名，止于训释章句，可以捡正本书之失而无删截篇卷之理……今《史通》补注一书既于此二者摘其纰缪，指驳上方，俾读者展卷即知其妄矣，夫又何事于删哉？且惟不删，然后可得其妄，删则妄反不见。"③ 由于《史通训故补》刊刻于乾隆十二年，已来不及剜改，再加上顾镇的劝阻，删削终作罢论，但黄叔琳对尹氏建议其实是颇为认可的，并特撰《书后》一文以记此事："余闻言而适适然以警，内讼于心，不啻芒刺在背，不遑启处者浃日。兹则去其瑕疵，庶几同好者舍其短而究其长，不致瞀乱而不测，惊骇而多疑，以自外于名教。"④

乾隆年间，围绕着《疑古》《惑经》两篇，出现了两种截然不同的对立声音，黄叔琳、尹嘉铨、纪昀都极力批驳，主张对其加以删削，而与之形成强烈反差的则为浦起龙、顾镇、钱大昕，虽致不满，却又别出新解，试图为之开脱。有意思的是，黄叔琳、尹嘉铨、纪昀都为直隶人，浦起龙、顾镇、钱大昕则都为江苏人。然而，诸人对《疑古》《惑经》两篇的不同解读，并不宜从地域文化差异

---

① 刘知幾著，浦起龙释：《史通通释》，上海古籍出版社 2009 年版，第 381~382 页。

② 黄叔琳：《史通训故补书后》，载张振珮：《史通笺注·附录三》，贵州人民出版社 1985 年版，第 783~784 页。

③ 顾镇：《与北平先生论〈史通〉不应删截书》，《虞东先生文录》，《清代诗文集汇编》第 374 册，上海古籍出版社 2010 年版，第 227 页。

④ 黄叔琳：《史通训故补书后》，载张振珮：《史通笺注·附录三》，贵州人民出版社 1985 年版，第 783~784 页。

角度理解，更为重要的在于他们仕宦经历之不同。钱大昕与纪昀已见前述。黄叔琳“年二十，以康熙辛未探花及第……嗣历讲读，晋卿贰，司文衡，秉节钺，落职复起，屏藩山左，詹事春宫。”① 尹嘉铨为尹会一子，“自举人授刑部主事，再迁郎中，授山东济东道，再迁甘肃布政使，改大理寺卿。”② 浦起龙，雍正八年进士，官苏州府学教授，曾任教于昆明五华书院、苏州紫阳书院。顾镇，乾隆三年戊午举于乡，十三年授国子监学正，十七年迁助教，十九年甲戌进士，仍留助教任。乾隆二十八年引疾归，其后历主金台、虞山、白鹿、钟山讲席。③ 黄叔琳、尹嘉铨都曾位居显宦，有着浓厚的官方背景，因而对疑古惑经的异端严加驳斥，甚至不惜采取删削古书的过激做法。与之相较，浦起龙、顾镇则远离权力中心，多任教于南方书院，受政治因素影响程度较浅，因而对疑古惑经的异端思想虽致不满，却不赞同删削，以别出新解的方式曲加回护。诸人对于《疑古》《惑经》的不同态度，同样反映出权力毛细管作用的差序格局。

五、结　　语

纪昀所纂《史通削繁》，是通过删削评点方式对《史通》进行的再创造。毋庸置疑，作为再创造的主体，纪昀肯定会将个人识见寄寓其中。但同样不可忽视的是，该书编纂于文网最为严峻的乾隆年间，纪昀于筛选取舍之际也不得不有多重现实顾虑，因而必须将其置乾隆朝政治文化整体语境下加以观照才能准确解读。从编纂缘起角度而言，纪昀之所以会去关注一部史评书籍，其实与科举考试史学策以及乾隆朝史学生态密切相关。科举作为读书人的晋身之阶，其命题实有引领学风的导向意义。清初以来，史学策问频繁以《史通》命题，本就极易引起读书人的关注，而纪昀对于科举试题又极为敏感，曾多次编纂科举应试书籍，再

① 戈涛：《黄昆圃先生传》，载钱仪吉：《碑传集》（第六册），中华书局 1993 年版，第 1991～1995 页。

② 赵尔巽等：《清史稿》卷三〇八《列传九十五·尹会一传》，中华书局 1977 年版，第 35 册，第 10575 页，

③ 顾镇等：《支溪小志》，收入《中国地方志集成·乡镇志辑（10）》，江苏古籍出版社 1992 年版，第 35 页。

加上所使用的“评点”形式，种种迹象都指示着纪昀编纂《史通削繁》“以授儿辈”，与应试科举有所关联。就乾隆朝史学生态而言，由于时主对于史学有着异乎寻常的关注，频繁设馆修史，并将自己装扮为公正无私的历史判官，收揽历史褒贬大权，不容私人置喙。在修史与史论俱被官方垄断之后，学人不得不将治史领域收缩至考史、史评两途。乾隆朝的史学生态直接促成了《史通》研究热潮的出现，众多学人投身其中，纪昀即为其中之一。因而，《史通削繁》之编纂其实折射出了史学领域在政治权力压力下的自我禁抑。史学与科举、政治相夹杂，导致纪昀于删存评论之间，不能完全凭诸胸意，官方史学权威，清廷文化政策，都会影响到他的筛选取舍。纪昀生前并未刊刻此书，也可证明其顾虑所在。

道光十三年，卢坤始刻《史通削繁》于广州。此后，该书流传颇广，并渐次取代《史通通释》成为通行本。李慈铭于咸丰十年观察到：“《史通》自经纪河间删订为《史通削繁》，世争行之，元本遂不多见。”① 这时距《削繁》刊刻仅仅过了二十七年。在经过太平天国起义冲击后，《史通削繁》更为通行。光绪十八年，唐恭安观察到：“缘《史通》原本及浦氏《史通通释》，赭寇乱后，板皆无存，即藏家亦罕见，唯纪文达《史通削繁》局刻本通行坊间。今人所读者，皆《削繁》本也。”②

值得注意的是，《史通削繁》在渐次流行的同时，也招致许多批评。李慈铭曾言：“古书即极有疵病，必须存其真面目，文之佳恶，作者自有之，读者亦可自知之。况子元学识冠绝史家，其议论间有偏戾，乃恐以讥毁国史获罪，故托于响言，遍诋群籍，诚不得已而言，昔贤论之甚详。河间博洽，北方之学无出其右，而亦为此卤莽，踵明人之恶习，殊不可解。”③ 曾对《史通》加以批注的周星诒也认为：“古人著述于意不可，批抹之可也，汏薙其全文不可也。”④光绪十八年，朱允中甚至专门针对《史通削繁》而撰《史通拾繁》一书，所谓“拾

① 李慈铭：《越缦堂读书记》，中华书局 2006 年版，第 414~415 页。

② 参考曹鑫：《〈史通拾繁〉版本与价值考述》，《图书馆界》2019 年第 1 期。

③ 李慈铭：《越缦堂读书记》，中华书局 2006 年版，第 414~415 页。

④ 周星诒跋《史通》语，见傅增湘：《藏园群书经眼录》，中华书局 2009 年版，第 432~433 页。

繁”，“即拾纪文达所削之繁也”①。流行却又伴随着激烈的批评，这一看似矛盾的现象其实折射出了底层学人与知识精英对于该书的不同观感。晚清喜读《史通削繁》者多数为底层学人，而批评之声则来自精英学者。由于纪昀编纂《史通削繁》缘于应试科举，预设读者本就为底层文化学人，汰其支赘而又首尾贯穿，简洁明快，便于有科举应试需求的底层文化圈诵读，自然极易在坊间流行，而精英学者之注意力并不在于科举应试，自然希望得读完整版本。

① 参考曹鑫：《〈史通拾繁〉版本与价值考述》，《图书馆界》2019年第1期。

第七章　徐桂林与《史通驳议》

《史通》问世以后，自唐后期迄于明代中叶，虽一直隐没不彰，但明代中叶以后，陆深重新校刻《史通》，并撰成《史通会要》，由此发端，引起一股研究热潮，相继出现多本评释专著。相关文献的不断积累，使得“《史通》传播诠释史”也发展成为一个研究领域，颇为引人注目。目前学界已有多篇专文对此加以梳理探析，但就明清时期而言，则多以郭孔延《史通评释》、王惟俭《史通训故》、黄叔琳《史通训故补》、浦起龙《史通通释》、纪昀《史通削繁》为线索。① 这种谱系化的叙述结构导源于《四库全书总目》②，虽然能够将主要成果加以网罗，但粗线条式的勾勒也致使部分著述被湮没忽视，清末湖北学者徐桂林所著《史通驳议》即为一例。有鉴于此，笔者不揣浅陋，拟就此加以探析，绍介于学术界，以期对于当下的《史通》研究有所裨益。

---

① 如张新民《史通评释诸本述略》(《文献》1988 年第 2 期)、杨艳秋:《刘知幾〈史通〉与明代史学》(《史学史研究》2002 年第 4 期)、杨绪敏《论明清时期史通的流传、整理和研究》(《史学月刊》2008 年第 11 期) 等。此外，明代还有一部李维桢、郭孔延合著之《史通评释》，因其有伪书之嫌，此处暂不列入（民国学者洪业先生曾指出：“又徐承礼藏之明刊本《史通》二十卷，是否每半叶九行、行二十字，且附有伪李本宁评语者?”见王钟翰:《王钟翰清史论集》(第四册)，中华书局 2004 年版，第 2470～2473 页)。另，明代另有一部标名陈继儒所著之《史通订注》，而经洪业先生考证，此为伪书已无疑义，因此亦不列入（见王钟翰:《王钟翰清史论集》(第四册)，中华书局 2004 年版，第 2471 页)。

② 清乾隆时修《四库全书》，著录浦起龙《史通通释》，并将郭孔延《史通评释》、王惟俭《史通训故》、黄叔琳《史通训故补》列入存目，并将诸书之提要全部收入《四库全书总目》，首次梳理了《史通》传播历程，对后世影响颇大。而纪昀所著《史通削繁》，因作者为纂修官，其本人著作依例不收入《四库全书》，但因作者声望颇高，因而此书自问世之初便备获时誉，广受关注。

一、徐桂林与《史通驳议》之编纂

徐桂林，字星五，湖北蒲圻（今赤壁市）人，生卒年不详，但据现有史料，可知徐氏为光绪壬寅（1902年）举人。

徐桂林所著《史通驳议》，为笺记体例，首先节引《史通》原文，其下标以作者案语，不涉校勘、注释，唯有评论，并且专意批驳，总共十条，分别为《二体篇》《本纪篇》《世家篇》《书志篇》（二条）、《称谓篇》《杂说篇》（二条）、《五行错误篇》《五行杂驳篇》。① 关于《史通驳议》之编纂缘起，徐桂林自序道：

> 刘子元《史通》一书，荟萃搜罗，钩抓排击，上下数千年，贯穿数万卷。而又综核严明，议论慷慨，史家所宜置之座右者也。观唐宋以后诸史，皆隐相师法，未尝或出其范围。昔人所谓载笔之圭臬，不诚然欤！惟是舌长笔辣，轻口挥斥，揆之义理，时有过当之处，亦其才高气盛，空古绝今，驰骋奔逸，而不自觉也。是以崇论宏议，服膺自永于人心，而偏见驳辞，讥评亦不免于人口。薄尧禹而贷操丕，惑《春秋》而信《汲冢》，高自标榜，前无贤哲，郭氏延年之所诋也。执己见以裁往古，泥定体而少变通，《尚书》古质，猥云为例不纯，史论离奇，乃曰淡泊无味，黄氏叔琳之所讥也。自信过勇，立言好尽，偏驳支离，在《载言》《书志》等篇。《史通》破绽，在《品藻》《人物》等篇。出言易则法制不行，见理粗则论人杂出，斯又浦氏二田所条揭缕指而细为参证者也。夫古人作之，后人诃之，吹毛索瘢，固异吾人信好之旨，而取长征短，或亦古人攻错之资。有过人必知，过者之幸事也；于言无不说，抑岂言者求助后人之本怀乎。磨瑕玷以成全璧，郭、黄、浦、纪诸儒既导于前，小子有疑，亦何敢终缄其口也。谨于诸驳之外，条具

① 徐桂林节引《史通》，并未严格按原文征引，而是略有差异，但这是古人引书通例，不足为咎。清代学者卢文弨曾言："大凡昔人援引古书，不尽皆如本文。"见卢文弨：《与丁小疋论校正方言书》，《抱经堂文集》，收入《清代诗文集汇编》，上海古籍出版社2009年版，第342册。

十条，非敢轻诃古人，亦自托于问难焉耳。①

由徐桂林自序，我们可以约略得知《史通驳议》之编纂经过、特色与旨趣。

首先，徐桂林于序言中历引徐坚、焦竑、郭孔延、黄叔琳、浦起龙、纪昀诸人评语，可见其对于《史通》传播经过十分熟稔，由此可以推知徐桂林所见甚博，虽然没有明确交代其所据底本，但有关《史通》的主要评释版本已然基本得以尽览。也正因如此，徐桂林撰著《史通驳议》，在内容上不求全责备，也即其所自言“不沿袭前人已议之文”“拾所未检”，专为前人拾遗补阙。所以，《史通驳议》卷帙不丰，仅具十条。②

其次，《史通驳议》特点鲜明，全书都为批驳，没有表彰。但这并非意味着徐氏对《史通》全盘否定。细绎徐氏之语调评论，可知徐氏对刘知幾颇为推崇，因此，批驳之论，当属书名体例所限，并非否定《史通》之价值。民国时期，四川学者刘咸炘曾著有《史通驳议》，与徐著同名，就内容而言，也全为批驳，无所表彰。但刘咸炘尝言：“吾奉会稽之旨，以纠其违，不为佞臣，期明史法，然所可驳者尽于此矣。凡诸未驳，皆是不刊，去其瑕而瑜更著。吾宗三家，《七略》《文心》及是书，皆古今无双，吾岂欲苛责之哉?”③ 由此而言，刘咸炘之撰著动机、体例、主旨乃至书名，全与徐书相同。

第三，关于《史通驳议》之编纂方法，徐氏亦自言道：“或搜证旁籍，或取证本书，不沿袭前人已议之文，亦不敢背前人持议之例，拾所未检，用抒管见，以备参稽。”④ 徐氏所言“搜证旁籍”，即援引他人观点，而“取证本书”，则是利用《史通》前后篇章之抵牾加以批驳。其实，刘知幾撰著《史通》，前后篇章抵牾颇多，自明代以来，已有多位学者注意及此，如郭孔延、浦起龙等。但徐桂

① 徐桂林：《史通驳议》，收入湖北省人民政府文史研究馆：《湖北文征》第十三卷，湖北人民出版社 2000 年版，第 26 页。

② 徐桂林：《史通驳议》，收入湖北省人民政府文史研究馆：《湖北文征》第十三卷，湖北人民出版社 2000 年版，第 32 页。

③ 刘咸炘：《史通驳议》，载刘咸炘著，黄曙辉整理：《刘咸炘学术论集·史学编》(下)，广西师范大学出版社 2007 年版，第 466 页。

④ 徐桂林：《史通驳议》，载湖北省人民政府文史研究馆：《湖北文征》第十三卷，湖北人民出版社 2000 年版，第 32 页。

林则从方法论层面明确揭标“取证本书”，并屡次加以运用，十条之中多达五条，这也成为《史通驳议》的一条鲜明特点。

二、徐桂林史学观点析论

在徐桂林撰著《史通驳议》之前，已有多本评释专著问世，尤其是浦起龙所著《史通通释》，“引据详明，足称该洽”①，文字校勘、典故注释已经十分完备，因而，徐氏对此不再措意，而是专门就刘知幾之观点展开评判，并且专意批驳。就其内容而言，虽然也有枝节史实处之考证纠谬，但绝大部分为批判其史学观点。就笔者考察，其中有三点值得注意，下文将分别加以分析。

（一）史体论

在中国传统社会，关于史学本体论的思考十分罕见，史书编纂的繁盛造就了历史编纂学的发达，特别是有关史体论的探讨更是十分丰富。所谓“史体论”，即探讨史书体裁之学说，包括史体源流、史体分类、史体优劣等内容。唐代以前，有关史体论的探讨即已出现，如班彪、裴松之、魏澹等，但较为零散，不成系统。而刘知幾则从理论高度对史体论作了系统论述，既从纵向上梳理源流提出了“六家二体”说，也从横向上对纪传、编年二体优劣加以概括，但由于时代限制，其所总结之史体优劣并不十分准确。例如，刘氏在《二体篇》中论述纪传体缺点时指出：“《史记》者……若乃同为一事，分在数篇，断续相离，前后屡出……又编次同类，不求年月，后生而擢居首帙，先辈而抑归末章，遂使汉之贾谊将楚屈原同列，鲁之曹沫与荆轲并编。此其所以为短也。”② 可知，刘知幾认为纪传体存有两大弊病：一则是一事重出，一则是不依时序叙事。

但因《史通》并非成书于一时，前后篇章之间多有抵牾。关于不依时序叙事这一点，刘知幾于《品藻篇》中却又提出：“盖厥迹相符，则虽隔越为偶，奚必差肩接武，方称连类者乎？”又言：“是以韩非、老子，共在一篇……岂非韩、老

① 永瑢等：《四库全书总目》卷88，《史通通释提要》，中华书局1965年版，第751页。
② 刘知幾著，浦起龙释：《史通通释》，上海古籍出版社2009年版，第25页。

俱称述者，书有子名。"① 与《二体篇》相比较，可见刘知幾论述间的自相矛盾。对此，徐桂林即采用"取证本书"方法，据此对其加以批驳，并且指出："至于编次同类，不求年月，尤史公删繁就简之苦心。若事之相共者，既以品汇之异难于合书，而品之相同者，又以年月之悬禁其类记，是纪传家惟有繁冗之增，绝无径省之法矣。"② 在徐桂林看来，纪传体史书中有专传、有合传、有类传，合传之设置本非以时代分，而是以事类分，此正可考见史家铨配之史识与功力。刘知幾反而以此为咎，徐桂林加以批驳，洵属有见。

关于刘知幾提出的纪传体裁一事重出的弊病，徐桂林也不认同，指出：

> 编年之体，人附于事；纪传之体，事附于人。一则随时而书，一则分人而纪，随时而书者，断无重出之文，事叙而在事之人无不毕叙也。分人而纪，则其人之不能合书者，其事即不得不分隶，事不得不分隶，其文即不得不重出。《史记》一事分在数篇，断续相离，前后屡出，纪传之体，固不可与编年一例视也。③

在徐桂林看来，编年与纪传，一者以时间为单位叙事，一者以人物为单位叙事。所谓一事重出，正是纪传体裁的特点所在，并不能将此视为弊病。但徐桂林认为纪传体史书"事附于人"，"分人而纪"，这种观点仍不准确。其实，纪传体中纪、表、志、传四种体例，志、表二体并非以历史人物为单位进行叙事。徐氏所言，似是专就本纪、列传立论。然而即使本纪、列传两种体例，也并非分人而纪，本纪依君主年号编年记载国家大政，并非专述帝王一人。而"列传"则是依据历史事实所附之人物进行叙事，也并非为传主叙述生平。诚如刘咸炘所言：

---

① 刘知幾著，浦起龙释：《史通通释》，上海古籍出版社 2009 年版，第 172 页

② 徐桂林：《史通驳议》，载湖北省人民政府文史研究馆：《湖北文征》第十三卷，湖北人民出版社 2000 年版，第 26 页。

③ 徐桂林：《史通驳议》，载湖北省人民政府文史研究馆：《湖北文征》第十三卷，湖北人民出版社 2000 年版，第 26 页。

“传非专主记人……非拘拘为一人立一传，非拘拘为一人备始末。”① “传本以事为主，特依人而述，非以人为主。”② 后世史家未能领会司马迁本意，纪传体史书编纂沦为程式，列传就逐渐被人视为叙述人物生平的一种体例，但这是后世史家的浅见陋识，不可据此立论。因此，纪传体四种体例并不是“分人而纪”。

（二）史例论

所谓“史例论”，即是讨论史书体例的学说，包括本纪、世家、列传、表历、书志、论赞、序例、题目、断限、编次、称谓等内容。其中，“本纪”归属一项尤受史家关注。在刘知幾看来，所谓“本纪”，“纲纪庶品，网罗万物。考篇目之大者，其莫过于此乎？”③ 所以称名“本纪”者，必须严加别择，“以天子为本纪”，“唯叙天子一人”，“系日月以成岁时，书君上以显国统”。④ 由此可知，刘知幾认为，“本纪”必须具备两个要素：其一，本纪为记载天子国君言行所专用；其二，本纪必须编年纪事，表正朔，象征天命归属。据此，刘知幾批判司马迁不将西伯、庄襄归入世家，而将项羽滥入本纪。

对此，徐桂林援引清代学者张照的观点：“史法，天子称本纪者，盖祖述马迁之文。马迁之前，固无所谓本纪也。但马迁之意，并非以本纪为天子之服物采章……非天子不可用也。特以天下之权之所在，则其人系天下之本，即谓之本纪。”由此出发，徐桂林认为：

> 夫以西伯、庄襄以上，别作《周秦世家》，帝王传授，固昭然有别，然受命之由，将入世家乎？入本纪乎？入世家，则于体不合，入本纪，则仍是隶诸侯之事于本纪，又何用别立世家。至若项羽，位虽不终，而将五诸侯灭秦，分裂天下而封王侯，政由羽出，且义帝殂丧之后，垓下未败以前，三四

① 刘咸炘：《太史公书知意》，载刘咸炘著，黄曙辉整理：《刘咸炘学术论集·史学编》（上），广西师范大学出版社 2007 年版，第 94 页。

② 刘咸炘：《史通驳议》，载刘咸炘著，黄曙辉整理：《刘咸炘学术论集·史学编》（下），广西师范大学出版社 2007 年版，第 385 页。

③ 刘知幾著，浦起龙释：《史通通释》，上海古籍出版社 2009 年版，第 33 页。

④ 刘知幾著，浦起龙释：《史通通释》，上海古籍出版社 2009 年版，第 33 页。

年间，世无共主，虽以诞膺天命之高祖，亦且受项氏汉王之封，而正位必俟至项亡之后，以视操之挟天子以令诸侯，懿师昭之狐媚以图人家国，而又皆有守府之主在其上，诚不可同日语矣。谓项不宜入本纪，曷亦深观夫秦汉之际大势为何知，而其时所为系天下之本者果何在耶？①

其实，将“本纪”视为天子帝王之专属，乃后世学者的一种陋见，司马迁并未预设此种体例。司马迁撰著《史记》，分本纪、世家、列传、表、书五种体例。其后，“世家”体例被废弃，而“本纪”虽一直为后世史家所沿用，但却逐渐失却本意，成为儒家伦理等级观念的表征，专以爵位为设立标准，而正统观念兴起后，更成为“正统论”在史书体例上的投射，“本纪”之归属，即为天命正统之所系。徐桂林摆脱儒家名教观念束缚，不以爵位为进退，而以“时代大势”之所系为依据，承认司马迁将项羽归入“本纪”的合理性，所见较刘知幾更为高明。

但值得注意的是，清代学者对“本纪”体例认识最为深刻者，当推章学诚。他明确指出：“纪之与传，古人所以分别经纬，初非区辨尊卑。”② 不唯如此，章学诚还从历史编纂学角度指出本纪之写作，其言曰：“窃意本纪之作，非为区别尊卑故也。盖为《春秋》编年纪月，备天道以系人事也……由吕后之纪、传分载推之，则本纪只当式法《春秋》，上备天道，下系人事而止，即帝王一己之事，不关大书特笔例者，皆不当以入纪。纪、传之体，判如方圆水火之不可相混，乃是史文体例有然，而非有关于尊卑之义法也。”③ 此外，清代另一学者徐时栋也曾指出：“天下号令在某人，则某人为本纪，此史公史例也。”并且明确指出本纪“非争名分之地也”，由此出发，徐氏认为：“本纪，史之纲；列传，史之目。”④ 章学诚与徐时栋不仅摆脱儒家伦理等级观念的束缚，指出“本纪”并非争名分、别尊卑之处所，更从历史编纂学角度出发，指出“本纪”与“列传”其实是经与纬、纲与目之关系，认识更为深刻。徐桂林对此未加援引，或许是因为两人声

① 徐桂林：《史通驳议》，载湖北省人民政府文史研究馆：《湖北文征》第十三卷，湖北人民出版社 2000 年版，第 27~28 页。

② 章学诚著，叶瑛校注：《文史通义校注》，中华书局 1985 年版，第 709 页。

③ 章学诚：《丙辰札记》，中华书局 2006 年版，第 252~253 页。

④ 徐时栋：《烟屿楼读书志》，《续修四库全书》，第 1162 册，第 63 页。

名不显，著述流传不广，因而未曾得见。

（三）“夷夏之辨”

刘知幾撰著《史通》，继承秦汉以来的史学传统，大彰“实录直书”之义，在论述史料采择、撰述准则、文字表述、史家修养等方面无不加以贯彻，并且明确提出：“良史以实录直书为贵。”① 可以说，“实录论”是刘知幾史学理论的核心。诚如许冠三先生所言：“知幾史学理论之本核，端在实录直书四字。盖《史通》四十九篇，实无一篇不以‘明镜照物’之直书为依归；亦无一篇不以‘据事直书’之实录为准绳。全书八万九千字，亦无一字不在讲究‘善恶毕彰，真伪尽露’。”②

准此出发，刘知幾于《称谓篇》中评论道：“续以金行版荡，戎羯称制，各有国家，实同王者。晋世臣子党附君亲，嫉彼乱华，比诸群盗。此皆苟循私念，忘夫至公。”③ 刘知幾坚持“实录直书”之义，反对寓褒贬于“名号”的做法，因而批判晋代诸史党附本朝，歧视少数民族所建国号。对此，徐桂林认为：

> 《惑经篇》云：“臣子所书，君父是党。虽乘正直，而理合名教。”兹专以徇私忘公，责臣子之党附，何持论之无常乎？夫戎羯之国家，盗自晋室者也。王景略曰：“江左正统相承，为戎狄谋臣者，尚推重中朝，况晋世臣子之载笔者乎？”至情所在，君子亦党，徇私忘公之论，固晋世臣子所笑而不受者也。④

刘知幾撰《史通》，全书并非成于一时，因而前后篇章多有抵牾之处。徐桂

① 刘知幾著，浦起龙释：《史通通释》，上海古籍出版社 2009 年版，第 381 页。

② 许冠三：《刘知幾的实录史学》，香港中文大学出版社 1983 年版，第 3 页。此外，傅振伦先生也曾经指出：“盖知幾主张撰述史书，贵为实录。”又言：“知幾既以史之所贵，在于写真，求为实录，因力倡叙事以时事为转移、时言记事、史德、阙疑诸说，更有史识良难之叹。”见傅振伦：《刘知幾年谱》，中华书局 1963 年版，第 104 页。

③ 刘知幾著，浦起龙释：《史通通释》，上海古籍出版社 2009 年版，第 100 页。

④ 徐桂林：《史通驳议》，载湖北省人民政府文史研究馆：《湖北文征》第十三卷，湖北人民出版社 2000 年版，第 29 页。

林即以《称谓篇》与《惑经篇》比较，责难刘知幾持论无常。然而，综观《史通》全书，刘知幾虽然未能完全摆脱儒家伦理名教观念束缚，但力主“据事直书”，实录论仍然是贯穿全书的核心理论。徐桂林此处对刘知幾加以批驳，正是缘自于传统“夷夏之辨”的观念，主张通过史书中“称谓名号”的书写否定戎狄的正统地位。无独有偶，清末黄家岱亦曾撰《读〈史通称谓篇〉一文》，对此评论道：“欲知史法，宜治经学……自经义不明，而史例多乘……刘子玄作《史通》辨称谓之多乘，至哉言乎，窃有取焉。然修一朝之史，与修历代之史有别；修一国之史，与修列国之史有别。孔子修鲁《春秋》最称谨严，褒同华衮之加，贬同斧钺之诛。而杞用夷礼，黜而为子；毁虽贤主，恶而称名。或奉王命以进退，或禀时君之爱憎。准是以推，标格自存。则戎羯称制，虽君其国；而晋臣助君，直比诸盗。揆诸古人扶中夏而抑四夷之旨，讵至大相刺谬？而刘氏以为是徇私忘公之见，读者又美其无党同伐异之病。嗟乎！《春秋》之微言将绝，三传之大义乘矣。”① 黄家岱站在“经今文学”立场，明确揭示出“夷夏大防”原则，与徐桂林所论可谓同气相求，同时也表明了这是清代晚期的一种普遍史学观念。

大体言之，中国传统史学，大体可分为先秦伦理史学、汉唐叙事史学、宋明义理史学、清代考据史学四种范式。② 就史学观念而言，叙事史学、考据史学主张纪实，而伦理史学、义理史学则主张褒贬。因而在乾嘉考据史学盛行时期，学者对刘知幾此段论述颇为认可，如纪昀曾于此处加以评论道：“此论尤公，深中世人党同伐异之病。”③ 此外，著名学者钱大昕也曾指出：“史者，纪实之书也。当时称之，吾从而夺之，非实也。当时无之，吾强而名之，亦非实也。”④ 而晚清时期今文经学兴起，学术风气为之一变，学者论史又趋向于褒贬。同时，徐桂林生活在晚清时期，西洋挟坚船利炮而来，发起多次侵略战争，“天朝上国”观念虽然受到冲击，但传统的“夷夏大防”思想并未消解，反而在知识界受到强

① 黄家岱：《读史通称谓篇》，转引自刘占召：《史通评注》，中央编译出版社 2010 年版，第 132 页。

② 罗炳良：《中国传统史学形态嬗变与历史知识社会功能转型》，《天津社会科学》2011 年第 4 期。

③ 纪昀：《史通削繁》，《续修四库全书》，第 448 册，第 26 页。

④ 钱大昕：《潜研堂文集》卷 2，《春秋论二》，上海古籍出版社 2009 年版，第 21 页。

化。徐桂林此处背离刘知幾的“实录论”，从“夷夏之辨”角度出发，对其加以批驳，正是时代语境之反映。

三、《史通驳议》之评价

徐桂林所撰《史通驳议》，虽然卷帙不丰，流传不广，其史学观点也是醇驳相杂，但在史体论、史例论方面能够跳出儒家伦理等级观念束缚，不以爵位为标准进退历史人物，洵属有见。更难能可贵的是，对于《史通》最受人诟病的“疑古”“惑经”思想也能持谅解态度，认为：

> 他若《疑古》之篇，《惑经》之论，作者不过夺杯浇口，读者岂容胶柱鼓瑟，故亦逆之以意，而不置一辞焉。①

在史学功用论上，徐桂林虽一反刘知幾的“实录”主旨，主张“寓褒贬于名号”，略有偏颇，但这是时代语境冲击下的反映，不足深究。

诚然，徐桂林《史通驳议》也有不足之处。首先，徐氏曾自言：“不沿袭前人已议之文。”但于《书志篇》中评论刘知幾“吉凶递代，如盈缩循环，此乃关诸天道，不复系乎人事”之论时指出：“志五行灾异以昭炯戒，正足动人主敬天勤民之心，刘子论吉凶若是，后世天变不足畏之说，刘子实为滥觞矣。”② 而在徐桂林之前，纪昀也曾就此评论道：“此说倡自五充，其流极乃为荆公矣。天变不足畏之说而人人盖无忌惮矣。”③ 由此可知，徐桂林论及刘知幾对于王安石之影响，与纪昀观点极为一致，但又不明言所自，似有剿袭之嫌。其次，徐桂林著《史通驳议》最为偏颇者，在于徐氏坚持“取证本书”之方法，以《史通》前后

① 徐桂林：《史通驳议》，载湖北省人民政府文史研究馆：《湖北文征》第十三卷，湖北人民出版社 2000 年版，第 32 页。

② 徐桂林：《史通驳议》，载湖北省人民政府文史研究馆：《湖北文征》第十三卷，湖北人民出版社 2000 年版，第 29 页。

③ 纪昀：《史通削繁》，载张三夕：《史通三家评校钞》，《通往历史的个人道路——中国学术思想史散论》，社会科学文献出版社 2001 年版，第 144 页。

篇之抵牾加以攻击批驳。(《史通驳议》总共十条，其中有五条采用此种方法)诚然，刘知幾撰著《史通》，前后抵牾、自相矛盾之处颇多，如实录思想与名教观点之纠葛，讥嘲骈文又自用俳体等。对此，浦起龙曾推论其原因道："大抵内外篇非出一时，互有未定之说。两存参取，折衷用之，不为无助。"① 浦起龙有意维护刘知幾，因而为其加以弥缝，但是，《史通》之前后抵牾并未可一概而论。杨翼骧教授曾经指出："由于全书所论述的范围很广，其中许多方面都有互相牵涉关联之处；而在各篇中触及某一方面时，往往是从不同的角度出发，或者是所讨论的对象与意旨不同，因而其主张也不免有令人初读时感到莫衷一是或自相矛盾的地方，而必须仔细探索才能了解的。"② 因此，徐桂林专据《史通》前后篇目之抵牾批驳刘知幾，未能区别具体情况分别看待，实在是有失公允。

1949 年以后，《史通》成为史学界仅次于《史记》的一个关注热点，涌现出大量的研究成果，但就研究方法而言，可以统归于文本分析与学术史阐释两类，而又以文本分析为主。也就是从《史通》文本出发，从不同角度探析刘知幾的史学思想。但《史通》作为对我国传统史学进行总结的一部重要典籍，自明清以来，就不断吸引学者的目光，对其进行校勘、注释、评论的工作，产生了许多评释专著。众多的学者在对《史通》文本进行评释时，不仅是对刘知幾史学观点进行阐发与批驳，其间更渗透着作者强烈的主体意识，反映着作者的史学思想。因此，当前的研究，绝不可以仅仅局限于《史通》文本，而应该从学术史的角度，观照文本阐释的全过程。③ 与此相应，因为研究方法过多地局限于文本分析，也就导致了目前的《史通》研究，在史料运用上主要依赖于《史通》文本，过于褊狭。因此，今后必须深入扩展与挖掘相关史料，将更多的目光投向明清时期的学术笔记以及学者文集，将散存其中的《史通》的研究专文加以利用。因此，从以上两个角度而言，徐桂林《史通驳议》一书都十分值得我们予以关注、加以研究。

---

① 刘知幾著，浦起龙释：《史通通释》，上海古籍出版社 2009 年版，第 50 页。

② 杨翼骧：《刘知幾与〈史通〉》，载吴泽、袁英光：《中国史学史论集》(二)，上海人民出版社 1980 年版，第 144 页。

③ 刘海波：《近十年来〈史通〉研究的回顾与前瞻》，《中国史研究动态》2012 年第 6 期。

第八章　刘咸炘与《史通驳议》

刘咸炘（1896—1932），字鉴泉，号宥斋，四川双流人，曾先后任教于尚友书塾、敬业书院、成都大学、四川大学。刘咸炘一生勤于治学，著述丰硕，在其短暂的生命历程中，共有论著235部，475卷，研究内容遍及四部、淹贯古今。刘咸炘是民国时期最早对《史通》进行研究的学者之一，其所著《史通驳议》一书，于批驳中寓卓识，不仅对传统史学理论作了阐发与总结，还籍以回应了西方史学的冲击，并批判了“新史学”的偏颇之见，折射出一种民族史学本位意识，是传统史学向近代转型过程中的一部重要著作。近年以来，刘咸炘的学术成就逐渐受到学界重视，产生了一些优秀成果。但对于刘咸炘的《史通》研究，目前尚未有专文论述。笔者不揣浅陋，愿对此略抒管见，不当之处，敬祈方家指正。

一、《史通驳议》的撰述特点

唐朝刘知幾所著《史通》，系统考察了唐代以前我国史学的发展，总结与阐发了一系列史学理论命题，影响深远。但自问世以后，《史通》在宋、元两代没有受到应有的重视。明嘉靖年间，陆深将《史通》重新刊刻，并节取其中的精要，撰成《史通会要》一书，自此以后，《史通》在社会上流布渐广，吸引了众多学者的目光。明清两代，《史通》研究成果主要有：李维桢、郭孔延《史通评释》、王惟俭《史通训诂》、黄叔琳《史通训诂补》、浦起龙《史通通释》、纪昀《史通削繁》。纵观晚明以至清末的《史通》研究，其成果主要有三项：校勘、注释、评论。其中校勘、注释两项工作，明清学者著力颇勤，关于评论一项，则受时代所限，往往瞩目于刘知幾所举例证，多就《史通》所涉及的史事发表议论，而对蕴含其中的史书义例思想阐发不够。明清学者的局限，为以后的《史通》研究留下较为广阔的空间。民国时期，刘咸炘是较早对《史通》一书展开研究的学者，代表作主要有《史通驳议》与《刘知幾家学考》。此外，刘咸炘所著《史体论》《史目论》《四史知意》，其中也有多处论及《史通》，与《史通驳议》相互关联，必须加以参照，才能全面把握刘咸炘的《史通》研究。

民国时期，学界对《史通》的研究成果主要有：陈汉章《史通补释》、杨明照《史通通释补》、彭仲铎《史通增释》、吕思勉《史通评》、张舜徽《史通平议》、程千帆《史通笺记》。而刘咸炘所著《史通驳议》，较之诸家评释著作，有着非常鲜明的撰述特点。

第一，刘咸炘全书都为批驳，没有表彰。刘咸炘撰《史通驳议》，有着自己鲜明的撰述旨趣，即节取刘知幾史学观点的偏颇之处，逐一加以批驳，并收录浦起龙等前人对《史通》所作驳正之语，对于其中的不当之处，以“附评”的形式加以辩证。但这并非意味刘咸炘对《史通》全盘否定，刘咸炘曾自言：“不为佞臣，期明史法，然所可驳者尽于此矣。凡诸未驳，皆是不刊，去其瑕而瑜更著。吾宗三家，《七略》《文心》及是书，皆古今无双，吾岂欲苛责之哉？”① 相较于其他评释著作批驳与表彰并存，刘咸炘的《史通驳议》在撰述旨趣上可谓独树一帜。

第二，刘咸炘撰《史通驳议》，“奉会稽之旨，以纠其违。”② 即专以章学诚的观点来批驳刘知幾。刘咸炘在史学上宗奉章学诚，注重阐发“史意”，反对僵硬地依据体例评价史书，认为“盖史之有例，乃集众修书、整齐故事之不得不然，若专家独断，别识心裁，岂有一成之例。”③ 而刘知幾对史书体例极为重视，认为：“夫史之有例，犹国之有法。”④ 所以，刘咸炘虽然承认《史通》“磋磨精

① 刘咸炘：《史通驳议》，载黄曙辉：《刘咸炘学术论集：史学编（下）》，广西师范大学出版社 2007 年版，第 466 页。

② 刘咸炘：《史通驳议》，载黄曙辉：《刘咸炘学术论集：史学编（下）》，广西师范大学出版社 2007 年版，第 466 页。

③ 刘咸炘：《史学杂论》，载黄曙辉：《刘咸炘学术论集：史学编（下）》，广西师范大学出版社 2007 年版，第 528 页。

④ 刘知幾著，浦起龙释：《史通通释》，上海古籍出版社 2009 年版，第 81 页。

细，综括宏大，固乙部独出之作”,① 同时也指出刘知幾“顾偏于整齐，牵于品藻，行其所言，仅足为记注之高等耳。”② 从中可以明显看出章学诚的学术影迹。

第三，刘咸炘所著《史通驳议》，在内容上“专明史体，间及论事，亦史家考证去取所关，名物小误，则不及焉。”③ 上文已指出，明清学者的《史通》研究，对于刘知幾史学义例的思想阐发不够，而刘咸炘则对“史体”极为重视，曾说：“欲究真史学，须读真史书，故必讲明史体。”④ 所以刘咸炘专从“史体”角度评论刘知幾的史学观点，对于名物典故的注解则不甚措意。可以说“史体论”是贯穿全书的一条主线，不仅成为《史通驳议》鲜明的撰述特点，也弥补了明清学者的不足。

二、刘咸炘“史体论”思想发微

刘咸炘撰《史通驳议》，不仅批驳了刘知幾的偏颇之见，而且于批驳中寓卓识，藉以阐发与总结了中国传统史学理论。而由于其书在内容上“专明史体”，所以对“史体论”的探究作出了巨大贡献。就笔者考察，其最重要的贡献约有两端：第一，批判“六家二体”说，阐明史体嬗变演进轨迹；第二，辨明纪传体史书“纪、表、志、传”四种体例的功用。

(一) 批判“六家二体”说，阐明史体嬗变演进轨迹

刘知幾在《史通》中对自上古讫于唐代的史书体裁做了系统总结，提出了“六家二体”说，其言曰：

> 古往今来，质文递变，诸史之作，不恒厥体，榷而为论，其流有六：一

① 刘咸炘：《学略》，华东师范大学出版社 2009 年版，第 30 页。

② 刘咸炘：《学略》，华东师范大学出版社 2009 年版，第 30 页。

③ 刘咸炘：《史通驳议》，载黄曙辉：《刘咸炘学术论集：史学编（下）》，广西师范大学出版社 2007 年版，第 466 页。

④ 刘咸炘：《史体论》，载黄曙辉：《刘咸炘学术论集：史学编（下）》，广西师范大学出版社 2007 年版，第 365 页。

> 曰《尚书》家，二曰《春秋》家，三曰《左传》家，四曰《国语》家，五曰《史记》家，六曰《汉书》家。①
>
> 《尚书》等四家，其体久废，所可祖述者，唯《左氏》及《汉书》二家而已。②

“六家二体”说虽然对我国传统史学理论作出了巨大贡献，但这一观点并非毫无瑕疵。首先，刘知幾划分史体的标准并不明晰；其次，纪事本末体裁的出现对这一理论造成了巨大冲击；最后，刘知幾在总结史体时，采取的是将六家散开并列式的呈现方式，六部史著分别为六家的开山之作，畛域森然。可见在刘知幾眼中，诸种史体之间并没有递嬗演进关系。

后世学者“六家二体”说褒贬不一，有极为推崇者，如浦起龙称：“史体尽此六家，六家各有原委。其举数也，欲溢为七而无欠，欲减为五则不全。”③ 也有猛烈抨击者，如宋代学者王十朋曾言：“《书》载尧舜三代之事，《春秋》出于吾夫子之亲笔，学者尊之以为经，不可诬矣。知幾乃同迁、固之书而史之，可乎?”④ 浦氏因为给《史通》作注，所以对刘知幾多所回护，而王氏则站在狭隘的经学家立场上，不赞成将《尚书》与《春秋》纳入史部，无论褒贬，其言都并不足以服人。刘咸炘则从史学立场出发，对这一观点作了批驳，认为“知幾所分六家，标准歧出，本非明晰之类目。”⑤ 尤为重要的是，刘咸炘通过各种史书体裁之间的联系，阐明了蕴含其中的嬗变演进轨迹。

对于史体之间嬗变演进关系，传统社会学者多有探讨。其中编年体源于《春秋》，学者观点较为一致，而对于纪传体之源起则分歧较大：一种观点认为纪传体出自《尚书》，如魏澹曾言：“然则纪传之体，出自《尚书》，不学《春秋》明

① 刘知幾著，浦起龙释：《史通通释》，上海古籍出版社 2009 年版，第 1 页。

② 刘知幾著，浦起龙释：《史通通释》，上海古籍出版社 2009 年版，第 22 页。

③ 刘知幾著，浦起龙释：《史通通释》，上海古籍出版社 2009 年版，第 1 页。

④ 王十朋：《梅溪集》，《景印文渊阁四库全书》，台湾商务印书馆 1986 年版，第 223 页。

⑤ 刘咸炘：《史体论》，载黄曙辉：《刘咸炘学术论集：史学编（下）》，广西师范大学出版社 2007 年版，第 366 页。

矣。”① 另一种观点认为纪传体始于《世本》，如洪饴孙认为：“《春秋》为编年，《世本》为纪传，太史公述《世本》以成《史记》，纪传不自《史记》始也。”② 刘咸炘对这两种观点都予以否定，认为魏澹观点为一“皮相粗疏之论。”③ 对于洪饴孙的观点，刘咸炘则仅承认表、志仿自《世本》，“而以《世本》为纪传，则言之过当矣。”④

然则刘咸炘对于史体嬗变演进关系又是如何看待的呢？刘咸炘对这一问题的探讨，主要是继承朱熹、章学诚的观点而来。朱熹在《跋〈通鉴纪事本末〉》中提出：“《春秋》编年通纪，以见事之先后。《书》则每事别记，以具事之首尾。意者当时史官既以编年纪事，于事之大者，则又采合而别记之。”⑤ 朱熹此论，虽尚未明确涉及史体的嬗变演进关系，但朱熹提出的“编年通纪”“大事别记”两个概念，却极富启发意义。章学诚受此启发，对朱氏观点进一步加以阐发，提出：“《书》之支裔，折入《春秋》……《尚书》一变而为左氏之《春秋》，……左氏一变而为史迁之纪传，左氏依年月而迁书分类例。”⑥ 章氏此论，已经较为深入地把握住了史体的演变轨迹，但其表述过于抽象，着实令人费解。刘咸炘综合朱熹、章学诚二人观点，继续对这一问题加以探讨与阐发，提出：

> 盖史之起原，本为账簿，大氐最初即依年月，是可名之为年历。（免与编年相混）其体盖止记注，且必粗略，故有别记之书生焉，……《春秋》者，年历之长成，与《尚书》为对立，左丘明取别记之材，入年历之中，以成经纬，其内容扩充……司马迁更进而加扩充变动之，以年历本体为本纪，又依《周谱》作表，而以别记之旧式为书与列传，其不同于左氏者，年次变

---

① 魏徵等：《隋书》，中华书局 1973 年版，第 1419 页。

② 刘咸炘：《史体论》，载黄曙辉：《刘咸炘学术论集：史学编（下）》，广西师范大学出版社 2007 年版，第 372 页。

③ 刘咸炘：《史体论》，载黄曙辉：《刘咸炘学术论集：史学编（下）》，广西师范大学出版社 2007 年版，第 370 页。

④ 刘咸炘：《史体论》，载黄曙辉：《刘咸炘学术论集：史学编（下）》，广西师范大学出版社 2007 年版，第 372 页。

⑤ 朱熹：《朱子全书》，上海古籍出版社 2002 年版。

⑥ 章学诚著，叶瑛注：《文史通义校注》，中华书局 1985 年版，第 49 页。

为篇次耳。其同于左氏者，年历为经，别记为纬也。①

刘咸炘认为史书最早的起源即是按照年月的时间顺序来记事，但这一账簿式的年历体甚为疏略，不能明确交代重大事件的本末，于是产生了《尚书》这种“大事别记”体著作。《左传》虽继承《春秋》以编年纪事，但其中也融合《尚书》“大事别记”优点，详细交代重大事件的发生过程。此后，司马迁创立纪传体，也是兼取《春秋》与《尚书》二家之长，本纪与表取法《春秋》，依时间顺序记事；而列传与书则取法《尚书》，详细记录重大事件。《左传》与《史记》虽然有“年次”与“篇次”的不同，但精神实质却是一脉相承，即以“年历”为经，以“别记”为纬，也即是章学诚所言“左氏依年月而迁书分类例”。

综上所述，刘咸炘继承朱熹与章学诚的学术观点，通过《尚书》《春秋》《左传》《史记》之间的联系，揭示出了史体之间嬗变演进轨迹，对刘知幾的“六家二体”说作了批驳与修正，对“史体论”的探究作出了巨大贡献。

（二）辨明纪传体史书中“纪、表、志、传”的功用

纪传体是我国历史编纂学上最重要的一种史书体裁，纪、表、志、传四种体例既各有侧重，又相互关联，构成一种完备的记事结构。对于纪传体内部结构的不同功用，自汉代以来，就不断有学者加以探讨。刘知幾在前人基础上，对这一问题做了系统的归纳与总结，但囿于儒家伦理纲常，其所论述往往流于偏颇。

1. 本纪

刘知幾在《史通·本纪》篇中详细探讨了本纪的名义、体例及设立标准与记载内容，认为本纪专属于帝王，只能记载帝王事迹：

然迁之以天子为本纪，诸侯为世家，斯诚谠矣。②

盖纪之为体，犹《春秋》之经，系日月以成岁时，书君上以显国统。③

① 刘咸炘：《史体论》，载黄曙辉：《刘咸炘学术论集：史学编（下）》，广西师范大学出版社2007年版，第369页。

② 刘知幾著，浦起龙释：《史通通释》，上海古籍出版社2009年版，第33页。

③ 刘知幾著，浦起龙释：《史通通释》，上海古籍出版社2009年版，第34页。

又纪者，既以编年为主，唯叙天子一人。①

本纪专载帝王事迹，这一观点在刘知幾之前就已经有人提出，如班彪认为："司马迁序帝王则曰本纪。"② 张守节引裴松之《史目》云："天子称本纪。"③ 刘勰也认为："本纪以述皇王。"④ 而刘知幾则对这一观点作了进一步的强化与阐发。但这仅为后人凭借《史记》抽绎出来的义例，专以爵位为标准，未必契合司马迁的原意。刘咸炘则认为："本纪者，一书之纲，惟一时势之所集，无择于王伯帝后。"⑤ "纪之体特用王伯以纪年，"⑥ "夫本纪本全书之纲，非专书君事。"⑦ 刘咸炘能够跳出儒家伦理观念的束缚，专从史书编纂体例出发，认为本纪作为全书大纲，只是依据帝王年号编年记载国家大政，与爵位尊卑无关。

2. 列传

关于列传，刘知幾认为是专门记录人物生平，而如《龟策列传》等则立名不当。更为甚者，刘知幾从正统观念出发，要求按传主所归属之政权而加以严格区分。

传者，列事也。……列事者，录人臣之行状。⑧

寻子长之列传也，其所编者唯人而已矣。至于龟策异记，全为志体，向若与八书齐列，而定以书名，庶几物得其朋，同声相应者矣。⑨

夫战争方殷，雄雌未决，则有不奉正朔，自相君长。必国史为传，宜别

---

① 刘知幾著，浦起龙释：《史通通释》，上海古籍出版社 2009 年版，第 35 页。

② 范晔：《后汉书》，中华书局 1965 年版，第 1325 页。

③ 司马迁：《史记》，中华书局 1959 年版，第 1 页。

④ 范文澜：《文心雕龙注》，人民文学出版社 1958 年版，第 284 页。

⑤ 刘咸炘：《史通驳议》，载黄曙辉：《刘咸炘学术论集：史学编（下）》，广西师范大学出版社 2007 年版，第 476 页。

⑥ 刘咸炘：《史通驳议》，载黄曙辉：《刘咸炘学术论集：史学编（下）》，广西师范大学出版社 2007 年版，第 473 页。

⑦ 刘咸炘：《史体论》，载黄曙辉：《刘咸炘学术论集：史学编（下）》，广西师范大学出版社 2007 年版，第 403 页。

⑧ 刘知幾著，浦起龙释：《史通通释》，上海古籍出版社 2009 年版，第 41 页。

⑨ 刘知幾著，浦起龙释：《史通通释》，上海古籍出版社 2009 年版，第 94 页。

立科条……既同臣子之例，孰辨彼此之殊?①

将“列传”视为专门记载人物生平的观点，是传统学者的一种陋见。对此，清代学者赵翼曾提出：“古人著书，凡发明义理、记载故事，皆谓之传。……是汉时所谓传，凡古书及说经皆名之，非专以叙一人之事也。其专以之叙事而人各一传，则自史迁始。”② 赵翼从历史源流上详细梳理了“传”的名义功用，所见较刘知幾更为深刻，但仍然没有对纪传体史书中的“列传”功用作出阐释。刘咸炘则进而指出：“传非专主记人……非拘拘为一人立一传，非拘拘为一人备始末。”③ “传人、传事，皆可称列。……传本以事为主，特依人而述，非以人为主。”④ 即列传作为全书细目，只是依据历史事迹所附之人物详细叙述历史事实，绝非为传主作行状。明确此义，也就不需要斤斤计较于传主是否为本朝臣子，“史之列传，本以释纪，传之首数篇乃详一代开始之事，故必书其所因所胜，传之为体本非臣工行状，即非臣子，亦何不可书”⑤，有力地批判了刘知幾的偏颇之见。

3. 表、志

刘知幾对“表、志”的评价很低，认为表“得之不为益，失之不为损”⑥。所以反对在编纂史书时置表。对于志的功用，则认为是用以“总括遗漏”⑦。所以，刘知幾对志虽然也有肯定，但是对于天文、五行、艺文三志则十分不满，而主张设立都邑志、氏族志、方物志。

刘知幾关于表、志的观点过于偏颇，未能正确认识其功用，所以曾引起后世

① 刘知幾著，浦起龙释：《史通通释》，上海古籍出版社2009年版，第85页。

② 赵翼：《陔余丛考》，中华书局1963年版，第85页。

③ 刘咸炘：《太史公书知意》，载黄曙辉：《刘咸炘学术论集：史学编（上）》，广西师范大学出版社2007年版，第94页。

④ 刘咸炘：《史体论》，载黄曙辉：《刘咸炘学术论集：史学编（下）》，广西师范大学出版社2007年版，第385页。

⑤ 刘咸炘：《史通驳议》，载黄曙辉：《刘咸炘学术论集：史学编（下）》，广西师范大学出版社2007年版，第481页。

⑥ 刘知幾著，浦起龙释：《史通通释》，上海古籍出版社2009年版，第48~49页。

⑦ 刘知幾著，浦起龙释：《史通通释》，上海古籍出版社2009年版，第25页。

学者的激烈抨击，如郭孔延、胡应麟、朱彝尊、黄叔琳、纪昀等。刘咸炘对此也作了驳斥，并且所论多发前人所未发。对于表的功用，刘咸炘指出："表体之特异在纵横两叙，凡事有两三类，须分别循索者，用直行文字则冗复不明，用表则简而易检，表之为用专在于是，纪传之省，犹其副效耳。"① 对于志的功用，刘咸炘则认为并非是为纪、传拾遗补漏，指出："史家作志，原以存一代之政典风尚学术，非但详制度也。"② 据此出发，刘咸炘认为天文志"史公本甘、石为《天官书》，即存甘、石之学也。班氏本史公以志天文，即存汉一代天文之学也。"③ 对于艺文志，刘咸炘认为："史无艺文，则书之存佚，学之源流，不能综考，此大有关系，刘氏不通校雠之学，徒见其目录，以为前后相循，略无意味，是不足于辨也。"④ 针对刘知幾所主张设立的都邑志、方物志、氏族志，刘咸炘也不予认可，指出："刘知幾谓当立都邑、方物、氏族三志，其说似当而实未可从，氏族本当列表，乃可经纪，人材、都邑、方物之详，名目烦碎，自当归掌故专书，其关于大势者甚少，即使有之，略述于地理、食货中可矣。"⑤ 更为可贵的是，刘咸炘不仅对刘知幾的偏颇之见作了批驳，还于所著《史目论》中详细论述了表目与志目的设立得失，不仅有消极之批判，还有积极之建设，限于篇幅，不再展开论述。

由于刘咸炘能够跳出儒家伦理观念的束缚，不以爵位尊卑黜陟人物，所以对纪传体史书内部结构的不同功用有更为深刻的认识。即纪传体史书作为一个整体，本纪是全书大纲，而列传、表志则为细目。本纪是借帝王年号以编年记载国家大政，并非专门记载帝王事迹，而列传作为细目，则是对本纪所举史事作详细叙述和补充，并非单纯记录人物生平。而对于本纪与列传所不便于叙述的史实，

---

① 刘咸炘：《史体史目二论补》，载黄曙辉：《刘咸炘学术论集：史学编（下）》，广西师范大学出版社 2007 年版，第 404 页。

② 刘咸炘：《史通驳议》，载黄曙辉：《刘咸炘学术论集：史学编（下）》，广西师范大学出版社 2007 年版，第 478 页。

③ 刘咸炘：《史通驳议》，载黄曙辉：《刘咸炘学术论集：史学编（下）》，广西师范大学出版社 2007 年版，第 478 页。

④ 刘咸炘：《史通驳议》，载黄曙辉：《刘咸炘学术论集：史学编（下）》，广西师范大学出版社 2007 年版，第 478 页。

⑤ 刘咸炘：《史目论》，载黄曙辉：《刘咸炘学术论集：史学编（下）》，广西师范大学出版社 2007 版，第 396 页。

则作表记载；制度、风俗、学术，则作志记载。四体相互关联，共同构成一个完整的记事结构。另外，民国学者柳诒徵曾著《国史要义》一书，其中《史联》一篇所论，也对纪传体内部体例相互关联之义作出阐发，与刘咸炘所论有异曲同工之妙，都是对我国传统史学理论所作的有益探索。

三、“民族本位”史学观

近代以来，经史易位已成不可逆转的趋势，经学逐步边缘化，史学则跃居中心。史学，成为沟通中西学术的一个绾合点。自 1902 年梁启超高举“新史学”大旗，批判传统史学有“四病二蔽三恶果”后，批判传统史学成为传统史学近代化转型过程中的主基调，及至 20 世纪 20 年代，新派学者更是倡导以科学方法整理国故，直接以西学来讲国学。所谓“科学”化的史学，有两条途径，“一是对史料进行谨慎的批判，力求写出所谓的信史，成为客观的或批判的史学；二是对历史的演变作一解释，寻求一种规律性的东西”①。一是援引西方社会科学以治史，为社会科学化的史学；一是将考据视为科学方法，为历史考证派。刘咸炘对此二派都不表满意。刘咸炘也积极顺应这一潮流，努力提升“史”的地位：“吾之学，其对象可一言以蔽之，曰史；其方法可一言以蔽之，曰道家。何故舍经而言史，舍儒而言道?”② 但在刘咸炘心中，“此史是广义，非但指纪传、编年，经亦在内。子之言理，乃从史出，周秦诸子亦无非史学而已。横说谓之社会科学，纵说则谓之史学，质说括说谓之人事学可也”③。他对于“史”的理解与史学在现时中国的定位，明显有别有新派史家。

民国初年，自太炎门生在北京大学取代桐城派以后，北大就笼罩在考据的氛围中，而随着整理国故运动的开展，在科学方法的示范下，更是形成了非考据不

---

① 王晴佳：《中国史学的科学化——专科化与跨学科》，载罗志田：《20 世纪的中国：学术与社会 史学卷下》，山东人民出版社 2001 年版，第 586~587 页。

② 刘咸炘：《浅书》，《推十书》（增补全本）己辑，上海科学技术文献出版社 2009 年版，第 115 页。

③ 刘咸炘：《中书》，《推十书》（增补全本）甲辑，上海科学技术文献出版社 2009 年版，第 43 页。

足以言学术的风气。“盖自五四运动而后，学风趋向批评；近年治学，遂重考据。钻研不厌其深，论据不辞其博；立言务求翔实，断制务求精当。以为如此方是科学之方法、朴学之精神，而为治学之法门。”①

对于这种崇尚考据的学风，刘咸炘曾加以直斥道：“饾饤之习乃近日中国、日本所同，其所以趋此者，以么小考证易于安立，少引驳难，乃来名之捷径。”②具体到史学领域，在刘咸炘看来，史学可分四端：“一曰考证事实，是为史考。二曰论断是非，是为史论。三曰明史书之义例，是为史法。四曰观史迹之风势，是为史识。前二者为他学者亦从事焉，后二者则所谓史学专门之长也。考证固在成书之先，然不能成书，则止是零碎事迹，不得为史。论断固为读史之的，然无识则止是任意爱憎，不得为学也。”③刘咸炘治史虽然并不完全反对考据，但将考证事实视为治史之功力，并非真史学，“浅陋之学究，专以论人为史学，徒骋己见，固不足贵。而博杂之考据家，专以考事为史学，亦只为拾骨之学。”④他特别强调“察势观风”，对于渐成风气的考据风气多有批评，“近世惩论之弊，乃偏于考。于是熟悉事实者，乃冒史学之称，而史学芜矣。”⑤

考据之外，另外一种史学科学化的途径，则是通过以社会科学的引入为指南，鲁滨逊《新史学》一时影响颇著。刘咸炘认为社会科学方法确有助于理解史学，“义理之学须资哲学、心理、伦理三科；事实之学，须资社会、经济、政治三科”⑥。但并不盲目崇拜，坚持以民族史学为本位，理性对待西方史学，他曾

---

① 《斯文卷头语》，1941年10月16日，2卷1期。程千帆道：“考据之学乃反得于所谓科学方法一名词下延续其生命。二十年来，仍承胜朝之余烈，风靡一世。”程千帆：《论今日大学中文系教学之蔽》，《斯文》1943年第3卷第3期。

② 刘咸炘：《推十文集 复蒙文通书》，《推十书》（增补全本）戊辑，上海科学技术文献出版社2009年版，第605页。

③ 刘咸炘：《治史绪论》，《推十书》（增补全本）己辑，上海科学技术文献出版社2009年版，第235页。

④ 刘咸炘：《治史绪论》，《推十书》（增补全本）己辑，上海科学技术文献出版社2009年版，第238页。

⑤ 刘咸炘：《治史绪论》，《推十书》（增补全本）己辑，上海科学技术文献出版社2009年版，第235页。

⑥ 刘咸炘：《浅书》，《推十书》（增补全本）己辑，上海科学技术文献出版社2009年版，第123页。

说过：“美利坚人鲁滨逊著《新史学》，在西方为前无古人。而吾国人亦颇推奉之，不知其说有浅有深。浅者刘子玄之所已言，已为中国学者之常谈。深者则诚子玄所未有，而郑渔仲、章先生所已发明也。……吾国人轻其家业，好学而不深思，遂以为新耳。”① 这段话的评论对象虽然是鲁滨逊，却也集中反映了刘咸炘对西方史学及“新史学”的态度倾向，折射出一种民族史学的本位意识。而《史通驳议》的撰述即这一意识的显明表征，在内容上主要涉及史体优劣、疑古思想、史材问题，籍以回应西方史学的冲击，批判“新史学”的偏颇。

首先，关于中西史体优劣问题。西方史学输入之后，章节体受到学者的大力追捧，而中国传统史书编纂体裁则倍受冷遇。如梁启超曾言：“盖纪传体以人为主，编年体以年为主，而纪事本末体以事为主。夫欲求史迹之原因结果以为鉴往知来之用，非以事为主不可。故纪事本末体，于吾侪之理想的新史最为相近，抑亦旧史界进化之极轨也。”由此出发，纪事本末体也就自然成为了历史的正宗方法。② 杨鸿烈也认为纪事本末体“以一事为一篇，每事各详起讫”，时下的社会史、文化史、政治史、经济史、法制史、艺术史、宗教史都应该用此体裁编纂专史。③ 刘咸炘则通过考察史体之嬗变演进轨迹，自《尚书》《春秋》、编年、纪传“一线相承而不变，史体于是大明”④。本此出发，在刘咸炘看来，“明古纪、传上承《尚书》之义，别立新体，斯尽善矣，何区区于专门分类乎？”⑤ 大力表彰纪传体，“一曰能具事之始末，二曰能综合，三曰能赅广”⑥。从依年、依事、依人三类标准而言，纪传体“为最宏而变”，“编年依年，纪事本末依事，而《尚书》兼事与人，纪传则兼三者而成类”，只是需要辨别真正的纪传体与被后人误解的纪传体。“若纯依人，则后之纪传乃然，是记注与单行传记之体，非史

① 刘咸炘：《文史通义识语》，《推十书（增补全本）》甲辑第3册，上海科学技术文献出版社2009年版，第1119页。

② 梁启超：《中国历史研究法》，东方出版社1996年版，第24页。

③ 杨鸿烈：《历史研究法》，商务印书馆1939年版，第461页。

④ 刘咸炘：《史学述林 史体论》，《推十书》（增补全本）丙辑，上海科学技术文献出版社2009年版，第381页。

⑤ 刘咸炘：《治史绪论》，《推十书》（增补全本）己辑，上海科学技术文献出版社2009年版，第240页。

⑥ 刘咸炘：《治史绪论》，《推十书》（增补全本）己辑，上海科学技术文献出版社2009年版，第240页。

体也。”真正的纪传体，“纪、表以年，书以事，传以事或人。传之所述广博，过于书、志。书、志方而有限，传体圆而多变”①。因此，在刘咸炘看来，理想的史体应该是立足于纪传体基础上的创新，即章学诚所主张的“仍纪传之体而参本末之法，增图谱之例而删书志之名”②。对于从西方所传入的章节体，刘咸炘则认为：“欧洲史体亦兼有述制度与个人之篇，较纪事本末为宏，然犹不能及此，况粗糙之教科书哉？”③ 可见，在刘咸炘心中，我国传统史体并不逊色于西方史体，而他专从史体论角度驳论《史通》，正是因为刘知幾正处于“变专家为官修”，史学弊病日趋明显之时，藉此可阐明纪传体真实妙用，也可回应西方史学的冲击。

其次，关于“疑古”思想。刘知幾针对《尚书》中所见史事提出了十个疑点，明确宣示“疑古”思想，对清代学者崔述，乃至顾颉刚领导的“古史辨”运动产生了巨大影响。民初新文化派学人主张以科学方法整理国故，以西学部勒中学，疑古辨伪就是其中的一个重要方向，胡适、钱玄同、顾颉刚则是中坚人物。在《中国哲学史大纲卷上》里，胡适于提及古代史料的运用时，便特别强调中国古书之不可靠，声称：“我们对于东周以前的中国古史，只可存一个怀疑的态度。”④ 1921 年 7 月，胡适在东南大学暑期班的演讲《研究国故的方法》，是其第一次比较全面提出他个人对整理国故的意见，最为强调的也是“疑古的态度”。胡适的“疑古”态度也通过课堂讲授、通信的方式影响了他的学生——顾颉刚，在听过胡氏《中国哲学史》的课后，顾颉刚“对于适之先生非常信服，我的上古史靠不住的观念在读了《改制考》之后又经过这样地一温。”⑤ 1920 年至 1921 年间，胡适与顾颉刚讨论古书和古史的整理时，屡向顾颉刚重申“宁可疑而过，不可信而过”之旨，也是把焦点集中在辨伪方面。⑥ 钱玄同关注《疑

① 刘咸炘：《治史绪论》，《推十书》（增补全本）己辑，上海科学技术文献出版社 2009 年版，第 240 页。

② 章学诚：《章学诚遗书》，文物出版社 1985 年版，第 81 页。

③ 刘咸炘：《史体论》，载黄曙辉：《刘咸炘学术论集：史学编（下）》，广西师范大学出版社 2007 年版，第 370 页。

④ 胡适：《中国哲学史大纲》，商务印书馆 2011 年版。

⑤ 顾颉刚：《古史辨自序》（第一册），上海古籍出版社 2011 年版，第 36 页。

⑥ 耿云志、欧阳哲生编：《胡适书信集》上，北京大学出版社 1996 年版，第 253 页。

古》篇更是早在清末的1908年，购得《史通》后，"先取前儒所痛斥为非圣无法之《疑古》篇而观之，觉其伟论卓识，独具眼光，钦佩无量"①。1921年，钱氏改名"疑古玄同"，并解释其意道："疑古，出于《史通》，本是专指辨伪的，我则扩而充之，凡过去的政治法律、道德文章，一切都疑其不合理。"至为清楚的是，胡适、钱玄同、顾颉刚基于"疑古辨伪"的立场，致力于挖掘传统中的异端资源，《史通》中的《疑古》篇成为一项重要内容，得到了充分表彰。正如钱穆所指出的："特别是到了近代，我们讲历史的人，特别喜欢疑古，疑古成为近人治史一大运动。刘知幾《史通》这部书，成为近代人之同调，近代人之先觉。中国古人早已如此讲了，岂不为近人一安慰、一鼓励。"②

而刘咸炘则对《疑古》篇大加批驳道："此篇论古之谬不待赘言，浦氏曲护，扬其颓波，《四库提要》已讥之矣。陈古刺今，诗道固然，然惟以美形恶，藉高论卑，岂可因疾时而诬古，矧其所疑多不成理。"③从中可见，刘咸炘与当时盛行的"疑古运动"具有不同的思想倾向。他曾于1926年撰成《考信论》，指出："道古之学，考信为难。信之难考，厥有四端，而伪书不与焉。一曰传说之增饰，二曰诸子之重言，三曰碑传之溢美，四曰记载之偏私。"④他同意梁启超对胡适"过疑古书"的评判。⑤对古史传说产生谬误的机制加以梳理："夫邃古何考？传闻异辞。杞、宋已不足征，《武成》犹难尽信，后乃好事为之，耆艾先矣。《伊尹》《太公》，术者常多依托；狂矞、华士，法家亦有寓言。故孟子论世多辨诬辞，屈原问天颇疑古事，庄生有溢言之戒，《吕氏》著察传之法。盖故事本多口传，修辞宜有文饰。传则迁贸易歧，附托多归于显者，饰则增盈失实，譬况更异于直书。正今犹然，古初弥甚，记载既略，歧牾滋多。马迁折衷六艺，子政校理群书，盖志在于刊正也。而厥协未能，启曜北之纠；众说所蔽，来子固

① 钱玄同：《钱玄同日记》，北京大学出版社2014年版，第113页。

② 钱穆：《中国史学名著》，三联书店2005年版。

③ 刘咸炘：《史通驳议》，载黄曙辉：《刘咸炘学术论集：史学编（下）》，广西师范大学出版社2007年版，第495页。

④ 刘咸炘：《考信论》，《推十书》丙辑，上海科学技术文献出版社2009年版，第449~452页。

⑤ 刘咸炘：《子疏定本》，《推十书》乙辑，上海科学技术文献出版社2009年版，第157页。

之惜。整齐故事，信乎其难矣。竹帛渐备，口耳如衰，然而太史多不同于陆贾，奇言犹附著于东方。盖子虽夺于史实，事犹赖于言传也。"① 刘咸炘从"察势观风"角度出发，反对将史学视为完全物质科学："若吾中国古之良史，其所执之宗旨，固由观变而得之，马迁明大道之恢恢，班氏折狂狷之异趣，岂如西人之狭隘乎！鲁氏述其史学之新法，一为批评材料加谨严，二为据实记载，此皆中国所早觉知，西人今始知之，而执之又不免太过。批评之极，至于绝对怀疑古籍，谓是他人报告。而偏重发掘遗迹，求实之极，至于极端排斥感情，几欲使史学如物质科学，此则谬矣！"② 反对物化史学，其意在"维持古代道德风教"，即史学有救世的一面，尤其表现在维持传统道德延续在社会道德基础的维护上。胡适、顾颉刚等重视考据，强调"拿证据来"，极易导向纯粹的求真，为学术而学术。但刘咸炘则以求真为求善的手段，"然用非即善，诸人尚混而未析，又其所说为用之知，亦不免泛滥"。他与胡、顾等人的不同，并非表现为史学"需不需要建立一个客观标准，而是在客观标准之上，有没有一个可以影响人心、影响道德教化的史学"③。

最后，关于史材问题。鉴于传统史学偏重于政治史的弊端，"新史学"倡导者主张扩大史材范围，将关注重点下移到底层民众生活。刘咸炘从"察势观风"的角度，指出："事势显而风气隐，故察势易而观风难。常人所谓风俗，专指闾巷日用习惯之事，与学术政治并立，不知一切皆有风气。后史偏于政治，并学术亦不能详，故不能表现耳。风之小者，止一事，如装饰之变是也。风之大者，兼众事，如治术之缓急，士气之刚柔是也。"④ 本此出发，他特别注重辨析传统史学的演变，在他看来，史书偏重政治，为后世不善学者之陋，并不意味着传统史学需要被整体推倒，他所希望的是以一种复古重建的方式来更新史学，在《史通驳议》中也曾提出："史本兼重政事风俗，故史公传《货殖》《游侠》，下及闾

---

① 刘咸炘：《考信论》，上海科学技术文献出版社 2009 年版，第 449~452 页。

② 刘咸炘：《推十书》，上海科学技术文献出版社 2009 年版，第 728 页。

③ 尤小立：《民初旧派学者提升"史"的努力——以江瑔和刘咸炘的原儒为例》，《广东社会科学》2018 年第 1 期。

④ 刘咸炘：《治史绪论》，《推十书》（增补全本）己辑，上海科学技术文献出版社 2009 年版，第 241 页。

巷，非必皆关庙朝。"① 其实，民初学者在关于传统史学偏重于政治，史材狭隘一点上是有共识的，偏旧派的恽毓鼎也曾指出："日本有贺长雄论自来史家之敝，谓其'于事实止述帝室事实、法令发布、官职更迭、战争胜败四者。又或日食、地震等奇异之征验，天皇之御幸，大臣之死生。此外如风俗、美术、文字、语言之变迁，产业、贸易之进步，外国之交通，则反无所记述。'此数语虽讥日本历史，实洞中中国历史之病。史家唯太史迁特具宠旨，如《封禅》《平准》之纪朝局主尚，《游侠》《货殖》之纪社会风土，外国各传之纪边事原委，皆能着时势变迁之概，有千秋眼光。班史犹稍得其遗意。自后汉以下，直为一姓兴废之书，与世界无涉。其不作《志》者，并一代典制而亦不详。至宋、明二史，直为官书而已。（明之阉宦党局，为亡国之因，即就一姓论，亦当郑重反复，旁见侧出，以特著之。乃限于相沿体裁，并此而不能发挥，何论世界乎？）若夫考订批评之学，尤其末矣。近来新学发明，其论史裁，识见实超出前人。"② 刘咸炘也不回避传统史学的弊病，但就关于如何处理新与旧、中与西的关系，刘咸炘与新派学者有明显不同，曾指出："学之习尚风气有变，而学之范围标准无变。眩风气而忘标准，学者所以多偏争也。当学风之代嬗，新者于旧者，必间执其弊而攻之，其弊甚著者，所执甚信也。旧者不得不败而衰，然而旧者亦固有其不可磨灭者，虽衰而不绝也。"③ 可见，在史材问题上，刘咸炘虽然与"新史学"的主张极为契合，但两者的取径却不相同：刘咸炘之结论，乃是通过考察中国传统史学所得出，而"新史学"则是输入西方学说，仍然可以折射出刘咸炘民族所坚守的民族史学本位意识。

刘咸炘撰《史通驳议》，正值中西新旧文化激烈碰撞之时，在这种时代语境中，寻求传统史学的近代出路，成为学者的共同追求。然而在具体路径的选择上，却呈现出一种诸家蜂起、流派纷呈的多元发展格局，其中的一个主要分歧点即是如何对待西方史学与传统史学的关系。就学术思想而言，刘咸炘并不能算是

① 刘咸炘：《史通驳议》，载黄曙辉：《刘咸炘学术论集：史学编（下）》，广西师范大学出版社 2007 年版，第 491 页。

② 恽毓鼎：《恽毓鼎澄斋日记》（下册），浙江古籍出版社 2004 年版，第 512 页。

③ 刘咸炘：《推十书》，《推十书》（增补全本）已辑，上海科学技术文献出版社 2009 年版，第 1041 页。

旧派，但也不满意于新派，而是“视西如中，视新如旧”，他曾指出：“大凡粘着一个新字或西字，旧派听了就觉得像豺狼虎豹一般，避之一刻大吉，就是义理深沉，器量宏大的也不免；新派听了就觉得像南货一般，有种特别气味，就是很有功力自命有世界眼光的也不免。其实中西是地方，新旧是时代，都不是是非的标准。我自有我的眼光，看中这样，看西也是这样；看古这样，看今也是这样。随他五光十色，我的视觉并不曾惊眩，总是等量齐观，所以见怪不怪了。”① 不以新旧中西作为判断标准，而是有明确的是非观。他理想中的史学，乃是借鉴西方的同时又坚守住民族本位，以符合现代的方式，重建一个新的人文传统，“采西方专科中统系之说，以助吾发明整理”，“非求攻错于它山，乃是取釜铁于陶冶”②。《史通驳议》的撰述旨趣必须放在这一文化观下才能真正得到理解，藉驳论抒正见，于批驳中寓卓识，以史体论为中心发掘传统史学资源，摆儒家纲常名教观念，不以爵位尊卑升降人物，在新史体裁、疑古考信、史材范围等方面纠正新派偏见，回应西方史学冲击，在中国传统史学与来自于西方的现代学科体系之间建立有机联系，为建立中国学术本位开辟一条可资借鉴的新路径。

---

① 刘咸炘：《推十书》（增补全本）庚辛合辑一，上海科学技术文献出版社 2009 年版，第 240 页。

② 刘咸炘：《浅书》，《推十书》（增补全本）己辑，上海科学技术文献出版社 2009 年版，第 123 页。

附录一　略论纪事本末体裁的发展历程

纪事本末是与纪传、编年并驾齐驱的中国古代三大史书编纂体裁之一。南宋袁枢编纂《通鉴纪事本末》，首标“纪事本末”之名，而后世踵作颇多。因此现代学术界一般将《通鉴纪事本末》的成书视为纪事本末体确立的标志。①但笔者查阅宋明时期的目录著作，发现史部中并未设立纪事本末这一门类，袁书大多被归入史部编年类中。这便涉及一个问题，《通鉴纪事本末》问世之初，学者对其性质究竟是如何认识的？从宋明时期的史部目录分类来看，袁书明显是被视为编年类史书。而我们今天将其视为纪事本末体裁，这期间必定有一个逐渐阐释和接受的过程。这个过程是如何形成的？即“纪事本末”是如何在史部目录中独立出来，从一部书名变成一种史书体裁的呢？这实质上是一个由事实到概念的转变过程。目前学术界对纪事本末发展阶段的讨论虽有多篇论文，如崔文印的《纪事本末体史书的特点及其发展》（《史学史研究》1981 年第 3 期）；陶晓姗的《浅析纪事本末体史籍的发展变化》（《滁州学院学报》2006 年第 5 期）等。但多以其史料来源、体例安排及涵盖内容来分析，尚未有专文从目录学角度来作探讨。愚意认为，史部目录分类可以反映学者对纪事本末体裁认识的深化过程。笔者不揣

---

① 也有一些学者将纪事本末的出现往前追溯，认为纪事本末的起源自元晖的《科录》、王邵的《隋书》等。但这些史书只是包含纪事本末因素，将其认定为纪事本末体裁并不合适。谢保成：《中国史学史》第四章第一节《纪事本末史书的源起与独立》中论述甚详，可参看（商务印书馆 2006 年版，第 883 页）。而将《通鉴纪事本末》的出现视为纪事本末形成标志的观点在学术界仍占主流，如瞿林东：“真正在历史撰述实践上确立起纪事本末为一独立的体裁，则创自袁枢。”见《中国史学史纲》，北京师范大学出版社 2010 年版，第 270 页。谢保成：“（南宋时）明确标题为‘纪事本末’，才使这一史书编纂形式卓然独立，成为中国古代史书编纂的三大史体之一。”见谢保成：《中国史学史》（2），商务印书馆 2006 年版，第 885 页。

浅陋，愿对这一过程作一解构，不当之处，望方家指正。

一、《通鉴纪事本末》：纪事本末体裁在事实上开始出现

《通鉴纪事本末》虽首标“纪事本末”之名，后世也承认它“一书备诸事之本末”的特点，但在袁书问世之初，他自己和当时的人们对该书性质是怎样认定的呢？是沿用对《资治通鉴》的认知而称其为编年体，还是当时就承认它为一新的体裁——纪事本末体？这是一个关涉纪事本末体裁发展阶段以及袁书史学地位的问题，必须作一认真的探讨。

首先，考察一下袁枢编撰《通鉴纪事本末》的动机是否存在着一种体裁创新意识。

关于编纂《通鉴纪事本末》的动机，袁枢本人并没有交代。关于袁枢从事史学活动的史料，我们也只能从袁枢本传中找到只言片语。《宋史·袁枢传》载：“枢常喜诵司马光《资治通鉴》，苦其浩博，乃区别其事而贯通之，号《通鉴纪事本末》。”① 从这段史料的记载，审慎地讲，我们只能得出袁枢撰《通鉴纪事本末》是为了观览《资治通鉴》，并不是要创立一种新的史书体裁。② 清代章学诚谈及此书时亦认为：“在袁氏初无其意，且其学亦未足于此，书亦不尽合于所称。故历代著录诸家，次其书于杂史，自属纂录之家，便观览耳。”③ 章氏所论甚当，但据笔者查阅目录著作，《通鉴纪事本末》大多被著录于编年体中而非杂史，下文还当述及。梁启超说：“善抄书者可以成创作。荀悦《汉纪》而后，又见之于宋袁枢之《通鉴纪事本末》。……枢抄《通鉴》，……其始亦不过感翻检之苦痛，

① 脱脱等：《宋史》，中华书局 1977 年版，第 1934 页。

② 罗炳良、马强根据袁枢当时的社会形势作推测，认为：“《通鉴纪事本末》虽然没有增加史实和自己的评论，但在确定事目时表现了他的史识，……不是简单的抄袭和改编工作，而是融入了作者明确的史学意识。”（《关于〈通鉴纪事本末〉研究中的两个问题》，《汉中师范学院学报》1998 年第 2 期）但笔者认为二人的观点有失偏颇，袁枢对事目的设定确实可以反映他的史识，作者也应该有资治的意识，但现存的史料却无法证实袁枢已经将纪事本末视为一种新的史书编纂体裁。

③ 章学诚著，叶瑛校注：《文史通义校注》，中华书局 1985 年版，第 52 页。

为自己研究此书谋一方便耳，及其既成，则于斯界辟一蹊径焉。"① 张舜徽先生对《通鉴纪事本末》成书时的学术界的氛围做了分析，认为："大抵宋人治学，好勤动笔，每遇繁杂之书，难记之事，辄手钞存之，以备观省，其于群经诸子，莫不皆然。袁氏之钞《通鉴》，初无意于著述，及其书成法立，遂为史学辟一新径，亦盛事也。"② 据张先生的说法，钞书实是宋人治学的一种普遍方法，在这种风气下，《通鉴纪事本末》的问世也就不足为怪了。由此可见，袁枢撰书的动机并不是要创立一种新的史书编纂体裁，前贤早有认定，足成定谳。

其次，再探讨一下当时的人们对袁书及其性质是怎样评价的。

朱熹指出："今建安袁君机仲乃以暇日作为此书，以便学者。其部居门目、始终离合之间，又皆曲有微意，于以错综温公之书，其亦《国语》之流矣。"③ 杨万里："大抵搴事之成以后于其萌，提事之微以先于其明，其情匿而泄，其故悉而约，其作窕而口，其究遐而迩，其于治乱存亡，盖病之源，医之方也。……得其病之源，则得其医之方矣，此书是也。有国者不可以无此书，前有奸而不察，后有邪而不悟；学者不可以无此书，进有行而无征，退有蓄而无宗。此书也，其入《通鉴》之门户与！"④ 吕祖谦："今袁子掇其体大者，区别终始，使司马公之微旨，自是可考。躬其难，而遗学者以易，意亦笃矣。"⑤ 参知政事龚茂良将袁书奏上宋孝宗，"孝宗读而嘉叹，以赐东宫及分赐江上诸帅，且令熟读，曰：'治道尽在是矣。'"⑥ 综合以上诸种看法，可以看出当时人们对袁书之评价不外乎两种，一是认为袁书是《资治通鉴》之户牖，可以为研究《通鉴》谋取方便；二是认为袁书有资于治道，可以察奸悟邪。但都没有将其看成为一种新的史书编纂体裁。

再证以目录著作中的史部分类及袁书的归属情况。目录学著作中的史部反映

---

① 梁启超：《中国历史研究法》，上海古籍出版社 1998 年版，第 20 页。

② 张舜徽：《广校雠略》，华中师范大学出版社 2004 年版，第 59 页。

③ 朱熹：《跋通鉴纪事本末》，《朱子全书》上海古籍出版社 2002 年版。

④ 杨万里：《通鉴纪事本末叙》，载袁枢：《通鉴纪事本末》中华书局 1964 年版，第 1 页。

⑤ 吕祖谦：《书袁机仲国录通鉴纪事本末后》，见《东莱集》卷六，清同治退补斋刻本。

⑥ 脱脱等：《宋史》，中华书局 1977 年版，第 1934 页。

着一个时期内的史学状况，而其史部分类则直接反映着人们对史书体裁的认识。从史部目录中《通鉴纪事本末》的归属，亦可以考见人们对袁书的认识。

这一时期的目录学著作主要有《玉海》《直斋书录解题》《遂初堂书目》《宋史·艺文志》《文献统考·经籍考》等，其中《玉海》分史部为十二类，《直斋书录解题》分史部为史部为十六类，《遂初堂书目》分史部为十八类，《宋史·艺文志》分史部为十三类，《文献统考·经籍考》分史部为十六类。但无一例外，都没有设立纪事本末这一门目，《通鉴纪事本末》都被归入编年类中。可见，宋、元时期的学者一般都是将袁书视为编年类史书。《玉海》更是将《通鉴纪事本末》与《资治通鉴目录》《考异》《外纪》《举要历》《纲目》一起附于《通鉴》，由此可知，王应麟仍是将袁书视为《资治通鉴》的户牖。

据此，笔者认为《通鉴纪事本末》只是首标纪事本末之名，袁枢撰此书时却并没有要创立一种新的史书编纂体裁的意识，目录书中也只是将其视为编年体史著而非纪事本末体。纪事本末体裁虽然在事实上开始出现，但史家尚未将其深化为一种概念，并不是纪事本末体裁正式确立的标志。从事实上的出现到概念上的认定，反映了人们对纪事本末体裁认识的逐步深化。而我们现在将《通鉴纪事本末》视为纪事本末体的开创之作，是自纪事本末作为一种史书体裁被广泛认定之后，对其追溯的结果，这实际上是一个“层累构成”的过程。

二、《宋、元史纪事本末》：纪事本末体裁的初步发展

袁枢编纂《通鉴纪事本末》并没有要创新史学体裁的意识，但后来“纪事本末”却能成为一种史书编纂体裁，卓然独立于史部目录中，这与后世史家的续作是分不开的，那么明代学者对纪事本末的发展有什么贡献呢？下面笔者将就这一问题作一探讨。

《通鉴纪事本末》问世后，“纪事本末”作为一种体裁在事实上已经出现。“其初有所创，共后即不能不因。”① 明朝陈邦瞻编宋、元史纪事本末，明确指出此二书是继袁书而作：“《宋史纪事本末》者，论次宋事而比之，以续袁氏《通

① 永瑢等：《四库全书总目》，中华书局 1965 年版，第 437 页。

鉴》之编者也。"① 陈邦瞻已经将"纪事本末"视为一种史书体裁。与陈同时的一些学者如张溥、刘曰梧、徐申、焦竑等，也有相同的看法。可以说，明朝学者已经开始自觉地将纪事本末视为一种体裁而运用到史书的编纂中，这是明代学者超过袁枢之处，也是其对纪事本末发展所做的贡献。但这一观点并没有取得社会的广泛认同，表现在这一时期的史部目录中仍然没有设立纪事本末这一门目。

袁枢《通鉴纪事本末》成书后，模仿其编纂形式而成的还有章冲的《春秋左传事类始末》、杨仲良的《续资治通鉴长编纪事本末》，但这两部书也同袁书一样，并没有将纪事本末视为一种史书编纂体裁。在明朝，先于《宋史纪事本末》成书的纪事本末体著作，还有一部高岱的《鸿猷录》。据高岱自序，他撰此书的目的："赫赫鸿猷，诚万世定保之谟也，录之岂独为识往已哉！"② 罗瑶评价此书也只是说："伯宗（高岱字）兹编，严而有体，赡而不秽，足以彰明法纪而羽翼王道。"③ 可以看出，高岱的撰书动机及他人对此书的评价，仍然不脱有资于治道之范围，还没有将纪事本末视为一种体裁。

陈邦瞻编纂宋、元史纪事本末则开始自觉得将纪事本末作为一种体裁。陈邦瞻在《宋史纪事本末叙》中，对各种史书编纂体裁进行了论述："史自纪传而外，益以编年，代有全书，尚矣。事不改于前，词无增于旧，胪列而汇属之，以为讨论者径，斯于述作之体不已末乎？而不然也。"④ 可以看出，陈邦瞻已经将纪事本末视为一种"述作之体"，并认为此体不逊于纪传、编年。刘曰梧："夫古今之有史，皆纪事也，而经纬不同。左、马之义例精矣，一以年为经，一以人为经，而建安袁先生复别开户牖，犹又以事为经而始末具载……其于编年、列传，未尝不可合而见。"⑤ 刘曰梧已将袁书与左丘明、司马迁之书相并列。此后傅以渐为谷应泰所撰《明史纪事本末》作序："编年之史自春王，序传之史自子

---

① 陈邦瞻：《宋史纪事本末》，中华书局 1977 年版。

② 高岱：《鸿猷录》，上海古籍出版社 1992 年版。

③ 罗瑶：《鸿猷录叙》，载高岱：《鸿猷录》，上海古籍出版社 1992 年版，第 381 页。

④ 陈邦瞻：《宋史纪事本末》，中华书局 1977 年版，第 1191 页。

⑤ 刘曰梧：《宋史纪事本末叙》，载陈邦瞻：《宋史纪事本末》，中华书局 1977 年版，第 1193 页。

长，而纪事之史古无闻焉。……至有宋袁枢，纪事始著，自是以来，史体遂三分矣。"① 明确提出纪传、编年、纪事本末三种体裁鼎足而三。但这时将纪事本末视为一种史书编纂体裁，只是少数有识史家的观点，而目录学家并未将"纪事本末"从史部中独立出来。

《国史经籍志》分史部为十五类，《通鉴纪事本末》被收入编年类。《万卷堂书目》分史部为十三类，《通鉴纪事本末》被归入编年类。《世善堂藏书目录》分史部为十七类，《通鉴纪事本末》被归入编年类。《澹生堂藏书目》分史部为十五类，其编年史类下又分为四小类：通鉴、纲目、纪、记事。《通鉴纪事本末》《宋史纪事本末》《元史纪事本末》被归入编年类下的记事类。《千顷堂书目》分史部为十八类，《宋史纪事本末》《元史纪事本末》被归入编年类。《鸿猷录》被归入杂史类。《明史·艺文志》分史部为十类，《宋史纪事本末》《元史纪事本末》归入正史类（《明史·艺文志》中的正史类包含编年类）。

这一时期目录著作众多，不烦全举，仅列此六种以作说明。其他的一些书目如《百川书志》《红雨楼书目》《绛云楼书目》《奕庆藏书楼书目》《孝慈堂书目》《也是园书目》《述古堂书目》《传是楼书目》《培林堂书目》《好古堂书目》《文瑞楼书目》《振绮堂书目》等，其史部分类，少者十类，多者至五十五类，但无一例外，也都未在史部中设立纪事本末类。

从上文可见，这时期的史家虽然已经开始有明确地将纪事本末视为一种史书编纂体裁的意识，但目录著作仍然将《通鉴纪事本末》《宋史纪事本末》《元史纪事本末》视为编年体史书。《鸿猷录》因未标纪事本末之名，而被《千顷堂书目》归入杂史类，《传是楼书目》更是将标了纪事本末之名的《明史纪事本末》归入杂史类。既以《也是园书目》分史部为五十五类之烦琐，纪事本末亦不能在史部中占一门目。可见纪事本末作为一种史书编纂体裁，还没有获得社会的广泛认同。但也有一些书目，如《澹生堂藏书目》《绛云楼书目》《好古堂书目》已经开始注意将《通鉴纪事本末》《宋史纪事本末》《元史纪事本末》归到一起，《澹生堂藏书目》更是为其在编年类下设一记事小类。这一时期的目录学家，已

① 傅以渐：《明史纪事本末叙》，载谷应泰：《明史纪事本末》，中华书局 1977 年版，第 1 页。

经逐渐有了纪事本末的体裁意识，但还不明确。纪事本末在史部目录中的地位在逐步提高。或许有人认为纪事本末没有单独成一门目，是因为数量太少。但笔者认为这并不是主要的原因。例如《也是园藏书目》其谥法类仅收《古今谥法》《皇明臣谥类钞》二书；营建类收《营造正式》《营造法式》二书。《传是楼书目》起居注类仅收四书，时政类收一书。可见，史部目录之分类，并不是仅以数量多少为标准。最主要的原因是纪事本末作为一种体裁还没有取得社会的广泛认同。

三、《四库全书总目》：纪事本末体裁正式确立

经过宋明时期的发展，“纪事本末”能够成为一种新的史书编纂体裁，已经逐步取得社会的认同。面对这一情况，四库馆臣在编纂《四库全书总目》时，终于将“纪事本末”列入史部目录。这是我国目录著作第一次在史部中设立这一门类，标志着纪事本末体裁的正式确立。但是四库馆臣对“纪事本末”这一史体概念的界定是否妥当？以及“纪事本末”能够从史部目录中独立的原因何在呢？

四库馆臣对“纪事本末”的概念是这样规定的，即：“凡一书备诸事之本末，与一书具一事之本末者。”① 四库馆臣将“纪事本末”从史部目录中独立出来，并将其深化为一种史体概念，居功至伟！但是这一概念的界定标准并不明晰，容易与“传记类”与“杂史类”相混。刘咸炘曾就此评论道：“惟是此体之成本起袁枢，其他杂史之中固多以事名篇，要不得为纪事本末，而《提要》用广收一书具一事之本末者，谓为不标纪事本末之名而实为纪事本末，则谬矣。……若偶记一事而具始末，杂史、传记，谁不然邪？”② 刘氏观点足以纠正四库馆臣的不当之处。

而纪事本末能够从史部独立的原因何在呢？据《四库全书总目》交代：“因者既众，遂于二体之外，别立一家，今亦以类区分，使自为门目。”③ 但原因仅

① 永瑢等：《四库全书总目》，中华书局 1965 年版，第 427 页。

② 刘咸炘著，黄曙晖编：《刘咸炘学术论集·校雠学编》，广西师范大学出版社 2010 年版，第 62 页。

③ 永瑢等：《四库全书总目》，中华书局 1965 年版，第 437 页。

仅是因为纪事本末体著作增多吗？《四库全书》中著录纪事本末类史书仅22种，存目4种。其数量并不算多。笔者认为，还应有三个方面的原因，一是因为史家仿《通鉴纪事本末》编纂史书，已经有了明确的纪事本末体裁意识，如前文提到的陈邦瞻、谷应泰、高士奇等人；社会认同度也越来越高，如刘曰梧、徐申、傅以渐等人对纪事本末作为一种史书编纂体裁的认同。二是因为纪事本末类著作在史部地位的提高，由于最初纪事本末体史书大多是抄撮一部史书而成，其事无增于前，词亦无改于旧，所以学者对纪事本末体史书的认识不外乎两种，一是便于习史者学习，二是有资于治道，可以察奸悟邪。而《明史纪事本末》成书于《明史》之前，其可以与作为正史的《明史》相互印证之处颇多，所以纪事本末体史书的史料价值也开始受到人们的重视。①《左传纪事本末》不仅对"左氏传文，罕有所遗"②，更在正文之外，增加了"补逸""考异""辨误""考证""发明"诸项，展示作者自己最新的研究成果。第三，在《四库全书总目》纂修之前，社会上已经出现了许多将纪事本末认定为一种史书编纂体裁的呼声。如黄宗羲："史之体有三，年经而人与事纬之者编年也，以人经之者列传也，以事经之者纪事也。"③ 浦起龙在著《史通通释》时提出："人言自袁机仲纪事本末出，史体参而三矣。余曰：亦从二体出，非别出也。"④ 浦起龙虽然反对将纪事本末与纪传、编年并称，但这段话也足以证明当时确实有许多人倾向于将纪事本末视为一种新的体裁。这一切都推动了纪事本末体地位的提高，《四库全书总目》特为其设一门目，也就不足为怪了。

《四库全书总目》问世以后，目录著作受其影响，也大多在史部分类中设立了纪事本末这一门目。举其大者而言，如《皕宋楼藏书志》《爱日精庐藏书志》《铁琴铜剑楼藏书目录》《八千卷楼藏书目》《善本书室藏书志》《书目答问》

① 朱希祖认为："盖纪事本末一体，若无他体以为之前驱先导，必不能发生也。"见《中国史学通论》，时代文艺出版社2009年版。其说有失偏颇。张舜徽："且史之为体，原以撰集旧事，与经子立言垂训者异趣，……《汉书》……《通鉴》亦何往而非抄袭，以其错综排比，整练而有剪裁，故能自成一家耳。"见氏著：《广校雠略》，华中师范大学出版社2004年版，第60页。其说甚通，可参看。

② 高士奇：《左传纪事本末》，中华书局1979年版，第5页。

③ 黄宗羲：《南雷诗文集》，浙江古籍出版社2005年版，第262页。

④ 刘知幾著，浦起龙注：《史通通释》，上海古籍出版社2009年版，第27页。

等，这些目录著作，或将史部分为十五类，或分为十四类，其门类设置虽小有异同，但无一例外，纪事本末都占有一席之地，并且都将纪事本末设在史部之下的第三类。即以未按四部分类的《孙氏祠堂书目》来讲，其史学下亦设纪事本末一类。

从上面目录著作的史部分类来看，纪事本末作为一种史书编纂体裁已经取得了社会的广泛认同。《四库全书总目》之后，邓显鹤曾说："作史之法有三，纪传、编年、纪事本末是已。"① 足以代表当时学界的一种普遍性观点。纪事本末作为一种体裁完成了从事实上的出现到概念上的认定的转变，纪事本末也就取得了更快的发展。《西夏纪事本末》《辽史纪事本末》《金史纪事本末》《清史纪事本末》相继纂成，纪事本末体史书已然形成一个序列。可以说，在《四库全书总目》将纪事本末认定为一种史书编纂体裁后，纪事本末进入了一个新的发展阶段。

四、结　语

综上所述，人们对纪事本末的认识其实有一个逐步深化的过程，"纪事本末"从一部书名到成为一种史书编纂体裁实际上经历了三个发展阶段。《通鉴纪事本末》是无意中成一创作，作者并没有要创立一种新的史书编纂体裁的意识，只是为研究《资治通鉴》谋一方便，同时期的其他学者亦没有将其认定为一种体裁，目录著作中也没有设立纪事本末这一门目。（但这并不影响纪事本末作为一种体裁在事实上已经出现）所以笔者认为，纪事本末此时只能被视为一部书名，还没有被认定为一种史书编纂体裁。《通鉴纪事本末》此时只是被视为编年类史书。陈邦瞻为接续袁书而撰宋、元史纪事本末，已经自觉地将纪事本末作为一种体裁运用到史书的编纂上，纪事本末有了初步的发展。但这一时期的目录著作仍然没有设立纪事本末这一门类，纪事本末作为一种史书编纂体裁尚未取得社会的广泛认同。清乾隆时期修《四库全书》，四库馆臣将纪事本末设为史部中的一个门类，

① 邓显鹤：《许莲舫先生史评赘序》，载邓显鹤著，弘征点校：《南村草堂文钞》，岳麓书社 2008 年版。

对其进行了概念上的界定，纪事本末作为一种体裁正式确立。[①]《通鉴纪事本末》等书也由编年类转到纪事本末类。在纪事本末作为一种体裁正式确立之后，人们往上追溯，才将《通鉴纪事本末》视为纪事本末体的开创之作。这实际上是一个层累的过程，目录学著作中的史部分类则刚好反映了这一过程，本书正是从目录学角度对这一过程进行解构。

① 但对于纪事本末是否该独立成类仍有不少异议，杜定友就曾说："夫事例相循，有因有果。因果，本末之谓也。然则凡史之书无不有因果，即无不有本末，则将尽为纪事本末哉？纪事本末之不通，亦于斯可见矣。"亦足备一说。见杜定友：《校雠新义》，上海书店据中华书局1930年版影印，第36页。

附录二　张舜徽对章学诚学术思想的承继与发展

张舜徽治学深受乾嘉考据学派的影响，先从小学入手，进而研治经学、史学。张氏曾言："余之治学，始慕乾嘉诸儒之所为，潜研于文字、声韵、训诂之学者有年。后乃进而治经……即以此小学、经学为基石……由是博治子、史。"①可见，张氏在学术理路上偏向于汉学一派。但张氏平生以通人自期，治学不拘一隅，在其整个学术历程中又有着明显地兼采汉宋的特征，对章学诚的学术思想能够有所继承与发展，即是显明表征。为说明此义，先考察一下章学诚的学术理路。

学者治学之理路，与其所推崇之学术宗主有着密切的关系。并且章学诚亦极力主张"学者不可无宗主，而必不可有门户"②。欲考察章学诚的学术理路，必须从其学术宗主着手。那么章学诚的学术宗主又为何人呢？章学诚曾在《文史通义·浙东学术》中自述自己的学术谱系，其言曰：

> 浙东之学，虽出婺源，然自三袁之流，多宗江西陆氏。而通经服古，绝不空言德性，故不悖于朱子之教。至阳明王子，扬孟子之良知，复与朱子抵牾。蕺山刘氏，本良知而发明慎独，与朱子不合，亦不相诋也。梨洲黄氏出蕺山刘氏之门，而开万氏兄弟经史之学，以至于全氏祖望辈，尚存其意，宗陆而不悖于朱者也。③

① 张舜徽：《讱庵学术讲论集》，华中师范大学出版社 2008 年版，第 708 页。
② 章学诚著，叶瑛注：《文史通义校注》，中华书局 1985 年版，第 523 页。
③ 章学诚著，叶瑛注：《文史通义校注》，中华书局 1985 年版，第 523 页。

章学诚将浙东学派的学术渊源归宗于陆九渊，而章学诚生平又以浙东学派自居，从中可知，他自己的学术宗主正是宋学当中的陆王一派。此外，章学诚生平非常推崇邵廷采，认为其所著《思复堂文集》一书为“五百年来罕见”，而邵廷采则为刘宗周的及门弟子，也即是王阳明的再传弟子。从章学诚对邵氏之推重，我们不难看出他对陆王后学的私淑之情，这也同样可以证明章学诚对陆王学派的宗仰。

诚然，章学诚所建立的文史校雠之学，是以校雠学的视角来考察学术发展问题。这一取径虽然与宋学家不同，但章学诚曾指出：“吾谓维持宋学，最忌凿空立说。诚以班马之业，而明程朱之道，君家念鲁志也，宜善成之。”① 联系上文章学诚对邵廷采的推重，不难看出，“维持宋学”“明程朱之道”同样也正是章学诚的志向。但章学诚维持宋学之途径却是以史学来改造发挥理学，因此他的晚年定论是“言性命者必究于史”。再联系章学诚一贯主张的“学术无有大小，皆期于道”② 的观点，章氏与宋学家探求道体的基本宗旨则是一致的。③

综上所述，张舜徽的学术理路偏向于汉学一派，章学诚则归于宋学一派。但张舜徽对章学诚的学术思想却多所承继与发展，这充分体现了张氏治学兼采汉宋的包容性与博大性。就笔者观察，张氏对章学诚学术思想的继承与发展约有三端：一、“辨章学术、考镜源流”的学术旨趣；二、博观约取的治学方法；三、评判学术的治学趋向。笔者不揣浅陋，愿对此略述己见，希望藉以窥探张氏治学

① 章学诚著，叶瑛注：《文史通义校注》，中华书局1985年版，第93页。

② 章学诚：《章学诚遗书》，文物出版社1985年版，第84页。

③ 但章学诚对宋学家也有所批判，他曾说过：“宋人推尊孔、孟，多不近情；盖不知圣贤之实，务以空言相高，往往入于飘渺玄虚，翻觉不近情也。”（《与陈鉴亭论学》）他甚至认为宋儒为学取向的虚妄之过重于秦始皇的“咸阳之焚”（《淮南子洪保辨》）。并且，章学诚于乾隆三十一年（1766）初晤戴震，受到极大的心理震动，加以业师朱筠的谆谆教导，章学诚逐渐认识到为学必须“先求征实，后议扩充”，从而一改他往日“好立议论，高而不切”的毛病（《与族孙汝楠论学书》）。此后，通过《史籍考》的编纂，章氏之学风更趋踏实。可见，章学诚也曾吸取过汉学家的学术营养。但戴震这一经学巨擘，亦从反面提示章学诚不可从事考证之学，更加坚定了他追求义理的学术方向。所以，就总体来说，章学诚的学术取向仍为宋学。关于章学诚的学术理路问题，极为复杂，笔者在此仅略为勾勒。参见许凌云、王朝彬：《论章学诚的学术渊源》，《孔子研究》1992年第2期；丁鼎：《试论章学诚学术思想中的“宋学”倾向》载中国历史文献研究会编：《章学诚国际学术研讨会论文集》，北京图书馆出版社2004年版，第289~297页，对此论述甚详，可参考。

兼采汉宋的通人家风，并推动张舜徽学术思想渊源的研究，不当之处，望方家指正。

一、“辨章学术、考镜源流”的学术旨趣

张舜徽对章学诚的学术成就非常推崇，尤其是章氏所著《文史通义》一书，多次在著作中对其进行表彰。张舜徽在青年时期，治学受其姑父余嘉锡影响很深，但“舜徽治学，与先生途径不必尽同，议论亦未能尽合。如言及校雠，先生平日鄙薄郑樵、章学诚考证粗疏，甚轻易之。舜徽独服二人识见高远，颇加推许。”①在登上大学讲堂之后，张舜徽“启导及门读史，先之以《史通》《通志总序》《文史通义》三书”②。在这一时期，张氏还应学生之求，编著《初学求书简目》一书。在这本书中，张氏将《史通》《通志总序》《文史通义》三书列为“研究史学必须涉览之书”，认为：“此三书为史评要籍。于古代史书义例源流，剖析既明，且又各抒己见，读之可增广识力，初学必须详究。”③ 在指导学生研读之外，张舜徽还著成《文史通义平议》，对书中“议论之精者，表而出之；其或疏舛，辄加考明”④。进入晚年，张舜徽为总结清代学术而著《清儒学记》，其中在《浙东学记》中特设“章学诚”一节，全面总结其学术成就，并概括为四个方面：一、批判了当时学弊；二、扩大了史学范围；三、明辨了史书编述工作中的不同功用；四、提高了方志在史学中的地位。

由此可见，张舜徽一生的各个阶段，都对章学诚的学术成就推崇备至。而究其原因，则在于两人共同的“辨章学术、考镜源流”的学术旨趣。正如张舜徽自己所言：“（章学诚）是从整齐脱误、是正文字入手，而以辨章学术、考镜源流为归。”⑤ 而这也正是张舜徽一生最为用力之处。

张舜徽晚年曾做《八十自叙》一文，总结自己的治学历程，其中说道：“至

---

① 张舜徽：《讱庵学术讲论集》，华中师范大学出版社 2008 年版，第 357 页。
② 张舜徽：《史学三书平议》，华中师范大学出版社 2005 年版，第 343 页。
③ 张舜徽：《四库提要叙讲疏》，云南人民出版社 2005 年版，第 169 页。
④ 张舜徽：《史学三书平议》，华中师范大学出版社 2005 年版，第 343 页。
⑤ 张舜徽：《清儒学记》，华中师范大学出版社 2005 年版，第 181 页。

于辨章学术、考镜源流，平生致力于斯，所造亦广。若《广校雠略》《中国文献学》《汉书艺文志通释》《汉书艺文志释例》《四库提要叙讲疏》诸种。"① 其中《广校雠略》完成于1945年，《汉书艺文志释例》完成于1946年，《四库提要叙讲疏》完成于1947年。后《广校雠略》于1962年重新修订，并于1963年由中华书局再版，《汉书艺文志通释》完成于1988年。从上述著作完成时间来看，"辨章学术、考镜源流"这一学术旨趣一直贯穿张舜徽的整个学术历程，是张氏治学的一条主线。

关于张氏的学术旨趣，如果换另一个角度来观察，也可以得出相同的结论。张舜徽平生治学，十分服膺司马迁、郑玄、郑樵诸人。张氏评论司马迁时曾经说过："《太史公》百三十篇，虽无专篇以统经籍，然辨章学术，考镜源流，则史迁实开刘、班之先，而学者多未之省也。"② 除司马迁之外，张舜徽"于汉、宋诸儒，独宗二郑，以为康成经术，渔仲史裁……无以益其深。两家涂辙虽殊，而所以辨章学术之旨则无不同"③。由此可见，张舜徽推崇三人，并不以传统标准来衡量，而从"辨章学术、考镜源流"的角度来考察，这也足以证明张氏"辨章学术、考镜源流"的学术旨趣。

此外，从两人对于校雠学之态度来考察，也可以看出其相同的学术旨趣。我国古代关于治理书籍的学问，自刘向、刘歆父子以来，一直被称为"校雠学"，目录、版本、校勘都是校雠学家的工作。但是到了清代，却有学者将"目录学"特别独立出来，如王鸣盛曾说："目录之学，学中第一要紧事，必从此问途，方能得其门而入。"④ 针对这一观点，章学诚厉声斥责，不承认有所谓的目录之学，将标举目录之学者讥为"横通"之士，认为："校雠之学，自刘氏父子，渊源流别，最为推见古人大体，而校订字句，则其小焉者也……世之论校雠者，惟争辩于行墨字句之间，不复知有渊源流别矣。近人不得其说，而于古书有篇卷参差叙例同异当考辨者，乃谓古人别有目录之学，真属诧闻。"⑤

① 张舜徽：《讱庵学术讲论集》，华中师范大学出版社2008年版，第709页。
② 张舜徽：《广校雠略》，华中师范大学出版社2004年版，第88页。
③ 张舜徽：《广校雠略》，华中师范大学出版社2004年版，第1页。
④ 王鸣盛：《十七史商榷》，上海书店2005年版，第1页。
⑤ 章学诚：《章学诚遗书》，文物出版社1985年版，第367页。

经过民国时期的学术发展，目录学独立之趋势愈来愈强，姚名达还完成了《目录学》《目录学年表》《中国目录学史》等著作，面对这一情况，张舜徽先生继承章学诚的学术思想，力辨“目录学”名义之非，认为：“目录、版本、校勘，皆校雠家事也。但举校雠，自足该之。语其大用，固在辨章学术，考镜源流。后世为流略之学者，多不识校雠，而好言目录，此大谬也……盖举其学斯为校雠，论其书则曰目录。”①

由此可见，章学诚、张舜徽二人都是从“辨章学术、考镜源流”的学术旨趣出发，认为不能够仅仅记录每书的篇目和行款，而一定要从学术源流和著书体例方面理解问题。所以两人都反对将治学范围定得过于狭窄，不承认有独立的“目录学”存在，而主张以“校雠学”统之。但张舜徽对章学诚不仅有继承，更在新的形势下推动了校雠学的发展，这表现在张舜徽将我国传统的“校雠学”发展为“中国文献学”，更亲自著成《中国文献学》一书，将目录、版本、校勘一起纳入“文献学”的研究领域。“这本书的出版起到了标志性的作用，他标志了中国文献学的最后确立，其文献学理论、文献本体、文献整理方法及文献学史四个方面的构成，对今后文献学的发展起到了规范性的作用。”②

二、博观约取的治学方法

乾嘉时代，学术界盛行考据之风，学者以博通强识、辑佚搜遗为学问。章学诚生当此世，对考据学派的弊端有着深切体会，加上性情又不适合于走训诂考证之路径。章氏曾言：“吾读古人文字，高明有余，沉潜不足。故于训诂考质，多所忽略。”③ 因此，章学诚对当时汉学家的治学方法深为不满，他曾讥讽道：“近日学者风气，徵实太多，发挥太少。有如桑蚕食叶，而不能抽丝。”④ “学博者长

① 张舜徽：《广校雠略》，华中师范大学出版社 2004 年版，第 8 页。

② 王余光：《张舜徽先生的文献学成就》，载周国林、刘韶军：《历史文献学论集》，崇文书局 2003 年版，第 56 页。

③ 章学诚：《章学诚遗书》，文物出版社 1985 年版，第 92 页。

④ 章学诚：《章学诚遗书》，文物出版社 1985 年版，第 82 页。

于考索，岂非道中之实绩？而骛于博者，终身敝精劳神以徇之，不思博之何所取也。”① 为了纠正当时的不良学风，章学诚特著《文史通义·博约》一文，主张治学要博观约取，他认为：“学贵博而能约，未有不博而能约者也……然亦未有不约而能博者也……博学强识，自可以待问耳，不知约守，而祇为待问设焉，则无问者，儒将无学乎？”② 希望学者不仅要博观而且要能够约取。

张舜徽对“博观约取”的主张也非常赞同，他晚年在向学生介绍治学方法时谈道：

> 我在长期的治学过程中，深深感到门路太窄，是不能取得较大成就的。特别是在社会科学领域内，门类至繁，相互联系，所谓‘牵一发而动全身’，不是一开始便单科独进所能容易取得成绩的。因为在许多专门知识的内容上，有共同性的基础知识和辅助学科，如果没有弄清楚，便容易犯常识性的错误，更谈不上深入研究。过去许多大学者，在学术研究工作方面，主张‘由博返约’，不是没有原因的。所谓‘由博返约’，便是把人所共知的学术常识，我要知道；人所必读的书籍，我要涉览。把一般的知识都掌握以后，然后从身于专门性的研究，自然基础坚实，容易着手。③

因为张舜徽所处时代的学术风气已经与章学诚所处时代大为不同，所以两人强调的侧重点也不一样。章学诚所处的时代，学者多务求广博，沉迷于训诂名物，考证经史，而不明白真正学问之所在，章学诚为纠正学风，侧重于提醒学者要约取。而到了20世纪后半叶，学科分工越来越细，甚至出现了“碎片化历史”的现象，学者们局限于自己的研究区域，对其他领域不甚措意。所以张舜徽侧重于提醒人们要博观。尽管二人的侧重点不同，但是治学要“博观约取”的思想是一致的。可见，学问偏向于汉学一派的张舜徽，并没有重蹈考据学派聚博为功的弊端，而是对章学诚的观点加以吸收，真正做到了博观约取，这也充分证明了张

① 章学诚著，叶瑛注：《文史通义校注》，中华书局1985年版，第154页。
② 章学诚著，叶瑛注：《文史通义校注》，中华书局1985年版，第161页。
③ 张舜徽：《讱庵学术讲论集》，华中师范大学出版社2008年版，第571页。

氏治学兼采汉宋的通人家风。

除了直接提出“博观约取”的思想外，章学诚为了针砭汉学家的风气，还曾提出过分辨“功力”与“学问”之间区别的问题。而“功力”与“学问”之辨，与“博观约取”的思想是一致的。“盖掇拾补苴，与夫博诵强记，正当时汉学家功力所寄，而实斋皆非之，以为未足以当夫学也。”① 章学诚之所以要严格分辨“功力”与“学问”之间的界线，就是为他所主张的“博观约取”说提供理论支撑。章氏认为：“王氏（王应麟）诸书……谓之学者求知之功力可也，谓之成家之学术，则未可也……学与功力，实相似而不同。学不可以骤几，人当致乎功力则可耳。指功力以谓学，是犹指秫黍以谓酒也。”② 张舜徽先生对章学诚的这一评论非常推崇，认为“其分别二者之不同，至为明切”③。可见，对于章学诚所提出的“功力”与“学问”要严格区别这一观点，张舜徽先生也十分认同。

由“功力”与“学问”之辨再推而言之，章学诚又进而将天下的典籍划分为“著述”与“纂辑”二种。“纂辑”与“著述”之分，“功力”与“学问”之辨，其在思想性上是一致的。因为“纂辑”之书主要依靠学者之“功力”，而“著述”之书则非凭借“学问”不可。“纂辑”之不得为“著述”，正如同“功力”不得为“学问”。

张舜徽也继承了章学诚的这一学术思想，进而将天下之典籍分为著作、编述，钞纂三种，其言曰：“名世间出，智察幽隐，记彼先知，以诱后觉，此之谓著作；前有所因，自为义例，镕铸众说，归一家言，此之谓编述；若夫钞纂之役，则惟比叙旧事，综录异闻，或订其伪，或匡其失，校之二科，又其次也。”④ 不难看出，张舜徽将典籍划分为著作、编述、钞纂三类的思想，其实是渊源于章学诚。但张氏对章学诚的观点，并不是简单的因循，而是有所发展，其分别典籍之种类变得更为详细密致。并且经过张氏的阐述，这一论点才变得更为严密。此外，章学诚的划分只是以纠正考据学风为出发点，而张氏则能够从我国的整个学

① 钱穆：《中国近三百年学术史》，河北教育出版社 1999 年版，第 344 页。
② 章学诚著，叶瑛注：《文史通义校注》，中华书局 1985 年版，第 161 页。
③ 张舜徽：《爱晚庐随笔》，华中师范大学出版社 2005 年版，第 202 页。
④ 张舜徽：《广校雠略》，华中师范大学出版社 2004 年版，第 12 页。

术历程考察，认为："汉以上之书，著作为多（历秦火而犹存，必有其卓然不可磨灭者）。由汉至隋，则编述盛（两汉传注，六朝义疏，以及史部群书，皆编述也）。唐以下雕版术兴……尽天下皆钞纂之编。"① 视野比章学诚更为宽广。

张舜徽平生治学主张博观约取、由博返约，反对将学术范围限制得过于狭窄，对传统四部之学，都有作品传世，于小学有《说文解字约注》，于经学有《郑学丛著》，于史学有《史学三书平议》《中华人民通史》等，于子学有《周秦道论发微》，于集学有《清人文集别录》。张氏虽然对四部之学都有深入研究，而最终又以"辨章学术、考镜源流"的校雠学为旨趣，正是对博观约取治学方法的贯彻实践。

三、评判学术的治学趋向

张舜徽终其一生，都对章学诚推崇备至，因此在治学历程中对其学术思想多所承继，这不仅表现在学术旨趣、治学方法等宏观层面。此外，微观层面上，二人在评判一些聚讼不已的学术争论时，也有许多相同观点，如关于清代学术渊源，关于史文与体例的关系等。

第一，关于清代学术渊源。

汉学与宋学之争是一个贯穿整个清代学术史的问题。自《四库全书总目》首标"汉学""宋学"之名，其后江藩又著《汉学师承记》《宋学渊源记》，于是形成所谓的汉宋门户之争，两派互相攻讦，势同水火。当此之时，汉学势力正盛，他们不满意宋学家的空疏，极力丑诋朱子。章学诚针对这个问题，特作《朱陆》一篇，指出清代学术实渊源于宋儒，认为："今人有薄朱氏之学者，即朱氏之数传而后起者也……然沿其学者，一传而为勉斋、九峰，再传而为西山、鹤山、东发、厚斋，三传而为仁山、白云，四传而为潜溪、义乌，五传而为宁人、百诗，则皆服古通经，学求其是，而非专己守残，空言性命之流也……今承朱氏数传之后，所见出于前人，不知即是前人之遗绪，是以后历而贬羲、和也。"②

① 张舜徽：《广校雠略》，华中师范大学出版社2004年版，第13页。

② 章学诚著，叶瑛注：《文史通义校注》，中华书局1985年版，第264页。

张舜徽先生受此启发，“广其意而推寻之”，乃进而指出清代的学术，其实都是由宋儒开创。他说：

> 校定《说文解字》，自徐铉始；为《说文解字》作传，自徐锴始；昌言右文，自王圣美始；考论古韵，自吴棫始；为《尔雅》作疏，自刑昺始；此清代小学出于宋也。攻《伪古文尚书》自吴棫、朱子始；斥河图、洛书，自欧阳修始；为《礼经》作图，自聂崇义始；尊信《诗序》，自吕祖谦、马端临始；搜辑汉人旧注，自王应麟始；此清代经学出于宋也。他若金石考证，欧、赵肇其端；目录解题，晁、陈启其绪。自郑樵有《校雠略》，而校雠之学始号专门；朱子为《韩文考异》，而考异之体方臻精密。至于史部考订之学，不外辨正异同，勘改伪失，则吴缜《新唐书纠谬》《五代史记纂误》，吴仁杰《两汉刊误补遗》，亦已导夫先路。其旁涉诸子为之诠释者，以疏说老、庄之书为最多（详见《道藏目录》）。然如陆佃之解《鹖冠子》、杜道坚之释《文子》，谢希深之注《公孙龙子》，钱佃之校《荀子》，梅尧臣、王皙、何延锡、张预之注《孙子》，至今犹有存书，固已卓然不废，斯又清代诸师校理周秦诸子之前驱也。若夫《困学纪闻》《黄氏日钞》诸编，包罗群书，考核精审，后之《日知》《养新》诸录，实其嫡嗣矣。由此观之，有清一代之学，莫不渊源于两宋。后之从事实事求是之学者，数典忘祖，反唇相讥，多见其不自量也。①

张先生此论真是通达！清代学术源于宋代的观点虽然是章学诚首先提出，但是章学诚的此段议论，其实只是为针砭当时朴学经师而作，希望能够挽救当时的不良学风。而经过张先生的阐释，论证变得更为详细周密。并且，章学诚立论只是从师承授受出发，而学生之观点并非一定能够遵从师说，所以章氏此说显得证据不足，而张先生则立足于学术门类与领域以及治学方法，其结论更能令人信服！更为重要的一点，张舜徽此处继承章学诚之观点，阐明清代学术渊源于宋代，再一次折射出张氏平亭汉宋之争的态度，也即充分反映出张氏治学兼采汉宋

① 张舜徽：《史学三书平议》，华中师范大学出版社2005年版，第530页。

的通人家风！

第二，史书贵重义例，不嫌袭用旧文。

在传统社会，存在着一种批评司马迁与班固的观点，认为司马迁割裂《尚书》《左传》《国语》，讥讽班固《汉书》于汉武帝以前的事迹多抄袭《史记》。对此，章学诚认为："载笔之士，有志《春秋》之业，固将惟义之求，其事与文，所以籍为存义之资也……作史贵知其意，非同于掌故，仅求事文之末也。"① 可见，章学诚认为评价一部史书，应该从该书的义例出发，而事实与文辞只是作者借以表现义例的凭借，只要有精义，便不嫌袭用旧文。

章学诚虽然认为史书不嫌袭用旧文，但他并没有指出原因，而张舜徽则在理论上对这一思想提供了依据。张舜徽认为："天地间有三种文字：一是抒情，二是纪事，三是说理。抒情之作，发展而为文学；纪事之文，发展而为史学；说理之篇，发展而为哲学。惟抒情、说理二者，言必己出，无可依托。至于记载旧事，则必前有所承，无嫌袭用旧文……良以旧事纷繁，非可杜撰；必赖前人述造，有所承受。故编史者不得不有采于前人之书。凡其所裁取者，悉天下之所共有，世人之所公知，不烦标明出处而自明。可知编史者不以钞袭旧文为过，但问其有无精识别裁足以自立与否耳。"②

除上述所论之外，张氏对章学诚学术观点的继承与发展还有几处。如关于"六经皆史"说，他在《文史通义平议》中加以案语曰："况时移世异，事业不必同。古人所目为典谟经训者，今且易为土牛刍狗矣。举凡六籍所言，可资考古，无裨致用。六艺经传以千万数，其在今日，皆当以史料目之。"③ 再如章学诚曾在《校雠通义》中提出著录书籍的"互著"之法，张氏亦深然之，其言道："盖一书而两类分收，与夫一字之复见于平上去入，其例正同。簿录家于彼此互著之际，实隐然示人以辨章学术之意，为用甚弘。"④ 另外，关于《宋史·道学传》的设立问题，二人的观点也是一致的。对于《宋史》所设《道学》一传，明清学者多有批评，如钱谦益、黄宗羲、钱大昕诸人。而章学诚却一改前人论

① 章学诚著，叶瑛注：《文史通义校注》，中华书局1985年版，第171页。
② 张舜徽：《爱晚庐随笔》，华中师范大学出版社2005年版，第297页。
③ 张舜徽：《史学三书平议》，华中师范大学出版社2005年版，第519页。
④ 张舜徽：《广校雠略》，华中师范大学出版社2004年版，第56页。

点，认为："儒术至宋而盛，儒学亦至宋而歧。《道学》诸传人物，实与《儒林》诸公迥然分别。自不得不如当日途辙分歧之实迹以载之。"① 张氏认为："平心论之，举凡一切政教，莫不古主其合而后世详其分，此无他，人事有迁移，学术有升降耳……故《宋史》列《道学传》以统之，以纪实耳……后之论者，不考情实，相与讥短，此亦可已而不已者也。"② 另外，章学诚竭力主张编述通史，在《文史通义·释通》篇中总结通史纂修的六条便利。张氏著《中华人民通史》，创造了一种新的通史体例。可见，著史注重通史之意识，两人也是一脉相承的。

四、结　语

张舜徽生平治学能够坚守"汉宋兼采"的学术理念，与湖湘学派及其家学渊源的影响密切相关。在清代，当乾嘉考据学派盛行之时，理学却仍是湖湘地区的学术主流，"大抵以义理植其基，而重视经世济民之学"③。晚清时期，考据学在江浙地区凋零殆尽，湖湘地区却又名家辈出，邹汉勋、周寿昌、王先谦、皮锡瑞、叶德辉等纷纷竞起。但湖湘朴学具有自己显明的特征，并未将汉学与宋学严格对立，而主张会通汉宋，在不同程度上对理学予以肯定。而张舜徽早年受湖湘学风的熏染，学术研究中有着浓厚的湖湘情结，所以能够在治学中承袭前辈风规，坚守"汉宋兼采"的学术理念。此外，家学渊源也是张舜徽形成"汉宋兼采"学术理念的重要原因。张舜徽于《庭闻受学记》中曾言："父尝教余：'读书宜辨汉、宋。汉学、宋学，不可偏废。文字训诂，宜宗汉儒；至于饬躬敦行，必多读宋儒之书。'……小子识之不敢忘。"④可知，张氏受其父之指导与影响，自小便树立了汉宋兼采的治学观。而综观张氏一生治学历程，也的确是汉宋并重，不分轩轾，对章学诚的学术思想能够有所继承与发展即是显明表征。

---

① 章学诚：《乙卯劄记（外二种）》，中华书局2006年版，第222页。
② 张舜徽：《广校雠略》，华中师范大学出版社2004年版，第94页。
③ 张舜徽：《爱晚庐随笔》，华中师范大学出版社2005年版，第204页。
④ 周国林：《张舜徽学术文化随笔》，中国青年出版社2001年版，第335页。

附录三　张舜徽“四库学”研究述论

张舜徽（1911—1992），湖南沅江人，曾先后任教于湖南国立师范学院、北平民国学院、兰州大学，1951年至武汉华中师范学院历史系任教授，其后一直于武汉工作直至逝世。在张先生长达六十年的教学生涯中，有四十年是在武汉度过的，在其学术人生中留下了深深的印迹。于武汉工作期间，张先生创立了华中师范大学历史文献研究所，并与学术界同仁一道发起成立了中国历史文献研究会，为武汉地区乃至全国培养了大批史学人才，对我国的历史教育事业作出了巨大贡献。张先生一生勤于治学，笔耕不辍，研究领域遍及四部、淹贯古今，被誉为20世纪著名的国学大师。张先生逝世之后，学术界对其研究可谓是硕果累累，主要涉及文献学、清学史、文字学、经学以及史学等方面。本书则以“四库学”为视角，全面梳理张氏在这一学术领域的研究。①

张舜徽与《四库全书》之间的学术因缘颇深。张氏幼年失怙，旅居北京期间“日往北海图书馆读书。尝以赵斐云（万里）之介，得入库观文渊阁本《四库全书》。后偕谢刚主（国桢）游杭州，又得摩挲文澜阁藏本”②。并且《四库提要辨证》的作者余嘉锡先生，即是张舜徽的第四姑父。张舜徽经常与“先生及众表

---

① 对于张先生的“四库学”研究，目前学界仅对张氏《四库提要叙讲疏》较为关注，如林久贵、黄娇：《〈四库提要叙讲疏〉的学术价值》（周国林主编：《历史文献研究》总第26辑，华中师范大学出版社2007年版）、戴继业：《中国古代学术史的重构——论张舜徽〈四库提要叙讲疏〉》、周春健：《张舜徽先生〈四库提要〉批评条辩——〈四库提要叙讲疏〉读札》（俱见《张舜徽百年诞辰纪念国际学术研讨会论集》，华中师范大学出版社2011年版）。上述成果主要侧重于评价其学术价值，而没有将《讲疏》置于四库学研究历程中予以考察，更没有专文全面总结张氏的“四库学”研究。

② 张舜徽：《爱晚庐随笔》，华中师范大学出版社2005年版，第25页。

兄讨论学术，并请质疑义”①。余嘉锡对《四库提要》的研究，必然对张舜徽产生重大影响。余嘉锡过世之前，曾谓张舜徽曰：“《四库提要辨证》乃未完之书；小学、经学，尤多阙略；汝其为我补之。”② 张舜徽当时虽谨受命，但后来终究未能以偿余嘉锡之愿，这又是学术界的一桩憾事！但张舜徽于兰州大学任职期间，为讲授“国学概论”一课，曾撰成《四库提要叙讲疏》一书，亦稍有补于上述缺憾。

一、张舜徽论《四库全书》之编纂

《四库全书》的编纂问题，历来是“四库学”研究的重要课题，其中涉及编纂缘起、组织机构、办理人员、提要撰写、全书缮录校订与贮藏以及《四库全书》的价值等内容。张舜徽对于上述诸多问题都有所论述，并且创见颇多。

第一，《四库全书》编纂缘起。

《四库全书》的编纂，是由多种因素共同促成的，社会经济的发展、学术风气的变化固然与修书有重要关系，然而政治上的考虑更是直接动因。对于清政府的政治意图，历来研究者多瞩目于其“寓禁于徵”政策，关注消弭禁书、窜改文字的行为。而张氏则独辟蹊径，提出一种新的考察角度：

> 历代开国之初，莫不设馆修书，……可知诸书之修，原以笼络才智之士，广其卷帙，厚其廪饩，使卒老于文字间耳。大氐往世天下甫定，莫不大兴文教，以安携二之心，按之旧事，莫不皆然。……清康雍乾之纂修群书，规为浩大，致效尤弘。③

据张先生所论，历朝帝王措意于编纂大型图书，在消弭禁书、窜改文字之外，其实还隐藏着羁縻士人的目的。乾隆帝编纂《四库全书》，其目的就是在修

① 张舜徽：《讱庵学术讲论集》，华中师范大学出版社 2008 年版，第 356、709 页。

② 周国林编：《张舜徽学术文化随笔》，中国青年出版社 2001 年版，第 346 页。

③ 张舜徽：《广校雠略》，华中师范大学出版社 2003 年版，第 17 页。

书过程中，消耗士人精力，“使卒老于文字间”，也就是所谓的“老英雄法”。从这个角度考察《四库全书》的编纂缘起，反映了张先生独到的学术眼光。

第二，《四库全书》的缮录校订。

《四库全书》采取的是以人工抄写的方式缮录图书，难免造成讹脱谬误情况的出现。对此，张先生曾撰专文，批评缮写时的缺脱伪舛情况，其言曰：

> 即以乾隆时修此书时，雇工缮写，期于画一，日课有程，积年始就。但求书法整齐，装璜精美，而书中之有无错字伪体，未暇详校也。……推原《全书》缮写之初，雇工但求整齐悦目，未遑细心逐字检查。即有笔画参差，字体伪变，或脱一语，或衍数文，皆不敢挖补改正，以损外观。亦只得将错就错，仓卒上缴。收书者既无人逐卷勘校，积之既久，更鲜有过问者矣。当时上下相蒙，但期如限完成缮写工程，以免干纪受罚，敷衍了事，以至于此。①

由于张舜徽先生曾经亲眼得见文渊阁与文澜阁本《四库全书》，对于书中的缺脱伪舛情况有着直观感受，因此对其批评不遗余力，并从缮写制度及雇工心理两个角度解析这一状况的出现。基于这种认识，张先生提醒学者“慎毋惊其外观之繁富整齐，而忘其内容之缺脱伪舛”②。张氏之言对于我们使用《四库全书》无疑有着重要的指导作用。

第三，《四库全书总目》的撰写。

《总目》在总结古代学术文化，指示治学门径方面具有重要的学术价值，但其中谬误失当之处也在所难免。对于原因，历来研究者多瞩目于“书成众手、迫于时限、政治忌讳、门户之见”等方面。这固然不错，但此外还有没有其他因素的影响呢？

张先生根据郑振图《观澜堂诗集序》中的一段记载，提出：

---

①　张舜徽：《爱晚庐随笔》，华中师范大学出版社 2005 年版，第 25 页。

②　张舜徽：《爱晚庐随笔》，华中师范大学出版社 2005 年版，第 25 页。

> 可知修撰《提要》者须日课一篇，督之急则不免草率从事。又空腹者皆乐就子集，故子集提要，较经史为劣也。……书之著录与否，既可任情升降，则《提要》之草率，不问自知。其时《提要》出于众手，虽有纪氏总司笔削，然一人精力有限，未必能遍览细观，详为润色。①

清代学术史一直是张舜徽学术研究中所关注的重点，为此，他曾大量阅读清人的文集、笔记，具备扎实的文献功力。也正因如此，张舜徽才能在浩如烟海的清人著作中找出这条珍贵史料，从《提要》撰写制度与馆臣心理两个角度，揭示出四库馆臣撰写《提要》的草率情况，而这却是"四库学"研究中较少为人所提及的一个方面。

第四，《四库全书》的价值评判

关于《四库全书》的价值评判，历来聚讼纷纭，"信之者奉为三尺法，毁之者又颇过当"。张舜徽在自己的研究基础上，也对《四库全书》的整体价值作了评判，认为：

> 其实此书部帙浩繁，祇得目为一粗糙之大丛书；若论实用之价值，则远不逮通行本之古书。今日常用四部之书，有后世精校本、精注本，便于学者诵习，固远胜于四库写本也。②

但《四库全书》作为我国古代部帙最为浩繁的一部丛书，对于保存我国文献典籍的有着重要作用，其积极的一面也不容抹杀，张先生对此也给予了肯定。1986年，台湾商务印书馆据文渊阁本将全书影印行世，精装为1500册。张先生就此评论道："于弘扬中国古代文化，固自有益耳。且其中有辑自《永乐大典》尚未刊行之本及拼宋元明代曾经刊行而近世罕睹之书，均赖斯编保存甚富，又不啻为逸籍渊薮矣。"③ 从引文可见，张先生从版本学角度出发，认为对于罕见偏

① 张舜徽：《爱晚庐随笔》，华中师范大学出版社2005年版，第24页。
② 张舜徽：《爱晚庐随笔》，华中师范大学出版社2005年版，第227页。
③ 张舜徽：《爱晚庐随笔》，华中师范大学出版社2005年版，第228页。

僻之书，世间罕有流传者，自然不得不借助于四库，承认其保存文献的巨大功用。而对于四部常见之书，则提醒学者不必迷恋装帧精美、书法整齐的四库版本，而要选用后世精校、精注本。张先生对《四库全书》的价值评判，至为中允，这也为我们使用《四库全书》指明了方向。

综上所论，张先生对于《四库全书》的编纂缘起、缮录校订、提要撰写以及价值评判等诸多课题都曾做过探讨，虽然论述不算特别详细，但是提纲挈领，创见颇多，许多论断都给予学界以极大的启示。

二、张舜徽论《四库全书总目》之部类设置

《四库全书总目》是我国传统目录学史上的丰碑，它通过严密的分类体系，系统考察、总结了中国学术的渊源流变。周中孚曾云：“自汉以后，簿录之书，无论官撰、私著，凡卷弟之繁富，门类之允当，……莫有过于是编。”① 萧一山也认为：“虽以近世科学之眼光视之，亦不得不谓为一种确当之类别法，况吾国自来之分类，从未有若斯之完整者乎？故吾国学术之类别，自《四库》成而大概乃确定焉。”② 但其部类设置果无可訾议乎？其实不然。由于时代的局限，《总目》的分类也存在许多不足之处，张舜徽先生对此即多有申发与辩证。

第一，起居注与实录。

《隋书·经籍志》首先在史部中设“起居注”一类，其后《旧唐书·经籍志》《新唐书·艺文志》也将“起居注”独立设类，《旧唐书·经籍志》更是将“实录”并入“起居注”。《文献通考·经籍考》《宋史·艺文志》则将“起居注”“实录”一起归入“编年类”下。而《总目》则将“起居注”归入“编年”，将“实录”归入“别史”。对此，张舜徽评论道：

> 起居注但记人君言行，而实录则由删录国史而成，体之弘纤不同，而为

① 周中孚撰，黄曙辉、印晓峰点校：《郑堂读书记》，上海书店出版社2009年版，第487页。

② 萧一山：《清代通史（第二册）》，中华书局1986年版，第67页。

> 用亦异。《旧唐书》以实录附起居注，非也。惟实录与起居注俱为编年体，自不得别为门类，《文献通考》从《宋志》之例，而置于编年之末，其例较安。……《四库总目》并起居注于编年，是也；而置实录于别史，则伦类不侔矣。①

“起居注”记录君主言行，属于第一手的资料汇编，并且是“实录”的史料来源。两类史书虽然在约束君主权力方面效用不同，但就体例而言，则都属于编年体。张舜徽从辨体角度出发，主张将“实录”归入编年类，纠正了四库馆臣的失误。

第二，史抄类立之不当。

《宋史·艺文志》首先于史部之下立史抄一类，其后史志目录与私家书目踵袭者颇多。《总目》亦沿其例，在史部中设史抄一类。对此，张舜徽也提出了不同的观点：

> 且史之为体，原以撰集旧事，与经、子立言垂训者异趣，论者徒知荀悦《汉纪》、袁枢《纪事本末》钞撮《汉书》《通鉴》而成，不知班氏《汉书》本于司马迁、刘歆诸家之书为多，司马《通鉴》亦采辑十七史以及杂记小书而无所遗，亦何往而非钞袭，以其错综排比，整练而有翦裁，故能自成一家言耳。爰据斯义以尚论古史，则非特《汉书》为钞，《史记》亦钞，《春秋》《尚书》亦钞。下观宋世诸儒所为书，则非特《通鉴》为钞，即《通志》亦钞，《文献通考》亦钞。他若历朝正史，无不根据实录整齐排比而后成书，亦犹之钞辑也。然则总史部之书钞撮者居其强半，将安用别立史钞一目乎？②

张先生从书籍性质出发，认为经书与子书俱为立言垂训的说理之书，而史书则为记事之书。记事之书只要义例得当，便不嫌袭用旧文，所以史部中不须特设

① 张舜徽：《广校雠略》，华中师范大学出版社 2003 年版，第 58 页。
② 张舜徽：《广校雠略》，华中师范大学出版社 2003 年版，第 60 页。

史抄一门。同时，张舜徽同意章学诚的观点，认为应该设立书抄一门，“附于类书之末，以统录古今钞撮之编，俾学者可由此考见先儒治学之规，裨益于后世实大”①。不仅有破，而且能立，体现了张先生的学术创新精神。

第三，方志应独立设类。

自《隋书·经籍志》将方志归入地理类后，历代书目多沿用之，《总目》亦沿袭《隋志》而稍加细密，将地理类图书又细分为十个小类，其文曰：“首宫殿疏，尊宸居也；次总志，大一统也；次都会郡县，辩方域也；次河防，次边防，崇实用也；次山川、古迹，次杂记，次游记，备考核也；次外纪，广见闻也。”②而张先生则认为应将“方志”独立设类，以于“地理”并列：

> 《四库总目》综录古今地理之书，区分门目，以类相从，可谓剖析有条理矣。顾吾以十类之中，总志及都会郡县，宜合为一而扩充之，在史部中别立方志一门，以与地理并列。自来簿录之家，不立方志独为一类，乃书目中缺陷也。亦由前人不重视方志之探研，仅目为地理书之附庸耳。③

张氏提出应将方志独立设类，源于他对方志体例的透辟理解以及对方志价值的重视。在体例上，张舜徽认同章学诚的观点：“方志如古国史，本非地理专门”“方志乃一方之全史。”④在价值上，张舜徽曾提出：“我们还要进一步肯定那大量的方志，其地位和作用却比《廿四史》《九通》之类的书籍重要得多。……至于方志，便以社会为中心，举凡风俗习惯、民生利病，一切不详载于正史内的，都籍方志保存下来了。”⑤ 可见，张氏认为方志为地方之史，与地理专书不同，并且认为方志具有保存史料的巨大功用，所以提出应将方志在史部中独立设类。

第四，楚辞不必别为一类。

在集部中，《总目》沿用《隋志》之例，在“总集”类之外仍设“楚辞”

① 张舜徽：《广校雠略》，华中师范大学出版社 2003 年版，第 60 页。
② 永瑢等：《四库全书总目》，中华书局 1965 年版，第 594 页。
③ 张舜徽：《四库提要叙讲疏》，云南人民出版社 2005 年版，第 73 页。
④ 章学诚：《章学诚遗书》，文物出版社 1985 年版，第 128 页。
⑤ 张舜徽：《中国古代史籍举要》，湖北人民出版社 1980 年版，第 146 页。

一类。对此，张舜徽提出：

> 窃谓此类著述无多，似可以冠《总集》之首，不必别为一类。六朝时赋集之编多家，《隋志》悉入《总集》；宋元人所编《乐府诗集》《古乐府》之类，《四库总目》亦归之《总集》。斯皆文以类聚，合集成书，与《楚辞》体例相近，惟时代不同耳。《楚辞》为‘总集’之祖，取冠其首，尤足以明原溯本也。①

《楚辞》是刘向所编，收录从战国到西汉所作的辞赋。张舜徽先生从著述的体例出发，认为其也是“文以类聚，合集成书”的一部总集，与后人所编《乐府诗集》《古乐府》在体例上相同，所以不必别为一类。较之四库馆臣的以文体分类，张氏识见更高一筹。

除上述所论之外，张舜徽对《四库全书》部类设置的商榷还有很多，如批评“五经总义”类名不当，认为以“诏令奏议”标目犹嫌局隘，谱录类宜归类书等。限于篇幅，不再展开论述。《总目》的部类设置不惬人意之处颇多，其原因何在？张舜徽对此也作了探讨，认为：“然四部分类之法，自不免局限狭隘之弊，而事物日繁，新编竟作，欲以旧目统纳群书，既不免削足适履，甚或至无类可归。”② 可见，张舜徽认为以四部分类来簿录群书已经不合时宜。为此，张氏曾撰《簿录古书之新类例》一文，提出新的古籍分类法，认为“宜就其写作之性质功用来分”，“拟重新分群书为十门：一曰论著，二曰编述，三曰文字，四曰文艺，五曰注释，六曰类辑，七曰纂钞，八曰辑佚，九曰丛刻，十曰翻译”。③ 张氏之说虽不见用，但对于我们整理古籍，了解学术源流仍有很大帮助。

三、《四库提要叙讲疏》在“四库学”研究上的地位

《四库全书总目》对清中叶以前的古代文化典籍做了一次较大较完整的清理，

---

① 张舜徽：《四库提要叙讲疏》，云南人民出版社 2005 年版，第 139 页。
② 张舜徽：《四库提要叙讲疏》，云南人民出版社 2005 年版，第 111 页。
③ 张舜徽：《爱晚庐随笔》，华中师范大学出版社 2005 年版，第 26 页。

它以严密的分类体系，详晰的书目提要，系统的部类小序，详晰介绍评骘了四库全书著录、存目的各种书籍，系统考察、总结了中国学术的渊源流变。正是由于《总目》具有如此重要的学术价值，自其问世以来，就不断吸引着学者的目光。纵览晚清以降的《总目》研究，其成果主要有如下几项：补撰、续编、辨证、笺注。其中，补撰、续编、辨证受到了学人的广泛关注，而笺注成果却一直为人所忽视。有鉴于此，笔者拟将《讲疏》置于四库学研究历程中予以考察，以期有补于上述缺憾。

对《总目》进行笺注的成果主要有周云青《四库全书提要叙笺注》、张舜徽《四库提要叙讲疏》。其中周书出版于1926年，张书则成稿于1947年。两人都鉴于《总目》在指示治学门径方面的巨大作用，所以采取笺注体例，将其中的部叙与类叙，一一为之疏通证明。两书虽在体例上相同，但在内容上却有着较大的差别。

周云青（1910—1974），无锡人。少年时便只身来沪，师从丁福保。历任上海医学书局、中华书局、商务印书馆和高等教育出版社高级编辑，著有《四库全书提要叙笺注》《四部总录》《中国见存古典图书总目》等。关于《笺注》的撰写动机，周云青曾交代道：

> 各部类叙者，部叙四、类叙四十四，四库提要中，提要之提要也。凡六经传注之得失、诸史载笔之异同、子集流传之派别，以及术数方外之余，悉有定评。洵研究国学之南针矣。云青服膺此书者有年，乃窃师汉儒诂经之法，一一为之笺注。惟录徵实之文，悉屏蹈空之论。①

从上文可见，周云青认为四部提要中的部叙、类叙为研究国学之指南，所以学习汉儒的诂经之法，为其作笺注。但周氏认为四库提要叙已对学术发展源流“悉有定评”，只需对其疏通证明即可。所以通观周氏之笺注，其内容不外是解释疑难字词，论说典故出处，以及对叙文中引及的书名、著者加以介绍，而对于叙文中所涉及的学术源流、学术评判则不甚措意。诚如沈恩孚所言：“凡总叙小叙所引

① 周云青：《四库全书提要叙笺注》，上海医学书局1926年版，第2~3页。

用之国故，为初学所有待考证者，一一为之笺注。可省读者检书之日力不少。"①

而张舜徽作《讲疏》的目的则远远不止于此。张氏此书在体例上虽然采用的是注疏体，但却打破了"注不叛经，疏不破注"的陈规，其中有引申、有订正，也有辩驳。在内容上，除疑难字词、典故名物之外，尤其注重考镜学术源流。在方法上，张氏"首取提要本书以相申发，次采史传及前人旧说籍资说明，末乃附以愚虑所及而讨论之"②。兹略举一例加以说明。

中国古典书目有一个显著特点，那就是"不徒为甲乙部次记，"而以"辨章学术、考镜源流"为旨归，而这就需要通过各部类的叙文来完成。如《总目》地理类叙文曾言：

> 古之地志，载方域山川风俗物产而已。其书今不可见，然《禹贡》《周礼·职方氏》，其大较矣。《元和郡县志》颇涉古迹，盖用《山海经》例；《太平寰宇记》增以人物，又偶及艺文，于是为州县志书之滥觞。③

四库馆臣所言"州县志书"即今天所称的方志。其中《元和郡县志》记载了唐元和年间四十七节镇各府、州、县、户政区的沿革，及山川、道里、贡赋的情况。而《太平寰宇记》又增以风俗、物产、人物、艺文、地产等门类。四库馆臣从两书的内容与体例出发，认为这就是我国方志的起源。对此，张舜徽先生却有不同意见，其言曰：

> 方志之起源甚早。远在周代，百国分立，大者如后世之府、郡，小者仅同州县耳。《孟子》所谓"晋之乘，楚之梼杌，鲁之春秋，其实一也。"以今视之，即最古之方志耳。自隋以前，方志但称为"记"。即以著录于《隋书·经籍志》者而言，以三国时吴人顾启期所撰《娄地记》为最先。……至于分门叙述，成为专门性记载者，尤不可胜数。《隋志·史部·地理类叙》

① 沈恩孚：《四库全书提要叙笺注·题辞》，载周云青：《四库全书提要叙笺注》，上海医学书局1926年版，第1页。

② 张舜徽：《四库提要叙讲疏》，云南人民出版社2005年版，第1页。

③ 永瑢等：《四库全书总目》，中华书局1965年版，第594页。

称：“隋大业中，普诏天下诸郡，条其风俗物产地图，上于尚书。故隋代有《诸郡物产土俗记》一百三十一卷，《区宇图志》一百二十九卷，《诸州图经记》一百卷。”此乃历代帝王下诏编纂全国性方志图经之始。其后如唐代李吉甫所修《元和郡县志》，宋代乐史所修《太平寰宇记》，皆沿用其体，不得谓二书为州县志之滥觞也。下逮元、明、清三朝所修《一统志》，亦循斯例矣。①

从上文可以看出，张舜徽先生认为我国方志肇端于春秋时代，脱胎于先秦古史，《孟子》中所载晋《乘》、楚《梼杌》、鲁《春秋》即是我国最早的方志。这就大大推进了我国方志的起源时间，提高了方志的地位。并且张先生从方志在春秋时代的雏形，到方志体例在隋代的成熟，再到元、明、清时期全国性一统志的修纂，详尽论述了方志的渊源流变，不仅是对四库馆臣误判的辩驳，更是对学术史的重构。

综上所论，周云青《笺注》、张舜徽《讲疏》都是对《总目》叙文的笺注体著作。两书虽然在体例上相同，但在内容上却各有侧重。周书主要从便利后学阅读角度出发，侧重于解释疑难字词。而张书主要着眼于阐述学术渊源流变，渗透着作者独到的治学心得。诚如胡楚生先生所言：“舜徽先生所撰《四库提要叙讲疏》一书，其于《四库总目》中四十四类小序，四部总序，一一为之详加疏解，细作笺释，明其渊源，畅其流别。读是书者，手此一编，而于《四库总目》所有各序，委实有观澜索海，探本寻源之乐，亦不啻周览数十种学术流变之发展史也，则其有功于后学者，岂浅鲜哉!”②

四、结　　语

张舜徽一生勤于治学，在众多学术领域都有突出贡献，是中国近代学术史上

① 永瑢等：《四库全书总目》，中华书局1965年版，第71页。

② 胡楚生：《四库提要叙讲疏跋》，载张舜徽：《四库提要叙讲疏》，学生书局2002年版，第225页。

少有的通人大儒。“四库学”研究虽然不是张氏治学的重心，但这些研究成果所折射出的学术理念与特点，却是张舜徽整个学术生涯的缩影。概而言之，约有三端：

第一，“辨章学术、考镜源流”的学术旨趣。

张舜徽治学虽然通贯四部，气象博大，但他并未重蹈汉学家聚博为功的不良风气，而是有着明确的归宿，这就是“辨章学术、考镜源流”的学术旨趣。张舜徽晚年曾作《八十自序》一文，总结自己的治学历程，其中说道：“至于辨章学术、考镜源流，平生致力于斯，所造亦广。”① 而其“四库学”研究即是这一学术旨趣的显明表征。张氏曾言：“余则以为此四十八篇者，又门径中之门径也。苟能熟习而详绎之，则于群经传注之流别，诸史体例之异同，子集之支分派衍，释道之演变原委，悉了然于心，于是博治载籍，自不迷于趣向矣。”② 张舜徽认为《总目》的四十八篇叙文，是对我国传统学术的梳理与总结，透过它可以了解我国学术发展的渊源流变。也正是鉴于《总目》叙文的此种作用，张舜徽才对其加以疏通证明，撰成《四库提要叙讲疏》一书。这一撰著动机，明显地反映着张舜徽“辨章学术、考镜源流”的学术旨趣。而张舜徽对《总目》叙文作笺注时，在解释疑难字词、考证典故名物之外，尤其注重纠正四库馆臣评判学术源流的偏颇，更是这一学术旨趣的直接体现。

第二，平亭汉宋之争，治学兼采汉宋的学术包容性。

力主学术兼容并存的议论在张先生著述中随处可见，他认为，学术一立门户，其学术的生命力便削弱，对待学术，应该采取“求同存异”的态度。张先生治学，虽主要吸取乾嘉诸儒实事求是的科学方法，但是一谈到学术，也不鄙夷“宋学”的观点。汉学与宋学之争是一个贯穿整个清代学术史的问题，此疆彼界、互相攻诘，势同水火。而这一名目最早就是由四库馆臣在《总目》经部总叙中提出的，其言曰：“要其归宿，则不过汉学、宋学两家，互为胜负。”③ 对此，张先生进行了严厉批驳，认为“名之不正，孰甚于此”④。明确反对以汉学、宋学分

① 张舜徽：《讱庵学术讲论集》，华中师范大学出版社 2008 年版，第 709 页。

② 张舜徽：《四库提要叙讲疏》，云南人民出版社 2005 年版，第 1 页。

③ 永瑢等：《四库全书总目》，中华书局 1965 年版，第 1 页。

④ 张舜徽：《四库提要叙讲疏》，云南人民出版社 2005 年版，第 4 页。

别学术派别。另外，四库馆臣虽然在《总目》中宣称"消融门户之见，而各取所长"。但张舜徽却提醒学者："然通观《提要》全书，于评定学术高下、审断著述精粗之际，仍多扬汉抑宋之辞。……读是书者，宜知其论列古今，自不无偏袒之见也。"① 有鉴于此，张先生在对《总目》做笺注时，议论公允，对两派不存任何轩轾，折射出张舜徽平亭汉宋之争，治学兼采汉宋的学术包容性。

第三，学术创新性。

学术创新是学术发展与进步的重要动力。张先生平生治学，非常重视创新，在博览群书的基础上，往往能够提出新的观点，超越前人。就"四库学"而言，张先生的学术创新性主要体现在对四部分类法的批判，以及他所提出的簿录古籍新类例。《总目》采取的是传统的四部分类法，其分类虽较以往的目录分类更精细、准确，但也只能在四部大框架下作一些局部的类目调整。《总目》标志着图书四分法已经发展到了顶峰，但不可否认，《总目》分类也存在着严重不足。张先生凭借传统目录学的精深造诣，对四部分类法的弊端有着深刻地体认，认为："以经、史、子、集四部之法簿录古书，为时已久，世多病之。"② 因此，张先生主张实行一种新的分类法，根据书籍的写作性质与功用，定为十种类例来部次群书：论著、编述、文字、文艺、注释、类辑、纂钞、辑佚、丛刻、翻译。张先生此论真可谓是发前人所未发，其说虽不见用，但却充分体现了他不满足于现状，勇于创新的学术精神！

总之，张先生的学术渊通博大，是近代不可多得的国学大师。而《四库提要叙讲疏》则是张氏于1946年在兰州大学讲授"国学概论"一课时的讲义，在国学日益升温的今天，对其"四库学"研究成果加以梳理与总结，可以窥探国学大师心中的国学概念，对当前的国学研究大有裨益。

① 张舜徽：《四库提要叙讲疏》，云南人民出版社2005年版，第5页。

② 张舜徽：《爱晚庐随笔》，华中师范大学出版社2005年版，第26页。

附录四　谢贵安“实录研究书系”评介

20世纪20年代，经梁启超创论，中国史学史研究逐渐兴起，历经近90年的发展，各种专著层涌叠现，成果丰硕。然而较为遗憾的是，在各种以“史学史”命名的著作中，历代“实录”始终未能引起学者足够的重视，或语焉不详，或竟付诸阙如。众所周知，中国传统史学，存在着官方与私家两条并行发展的轨道，而“实录”作为官方史学的重要组成部分，始于南朝萧梁，历唐、宋、元讫于明、清，代有编纂，相沿不辍，不仅极富文献史料价值，而且具有十分重要的史体理论价值。缘此，缺少了“实录”的史学史叙述，终究不能完整展现中国传统史学的发展历程。近日，武汉大学谢贵安教授，在充分吸收现有研究成果的基础上，融会个人多年研究心得，精研覃思，著成一套“实录研究书系”，不仅填补了多项实录研究空白，对构筑完整的史学史研究拼图也大有裨益。

谢贵安教授新著“实录研究书系”，共分四册，都二百二十余万字，分别为《中国已佚实录研究》《宋实录研究》《明实录研究》《清实录研究》。① 所谓“已佚实录”，系已经散佚的列朝实录，包括萧梁、唐、五代、辽、金、夏、宋、元各朝。加上前著《中国实录体史学研究》，至此，谢贵安教授已构筑起一套完整的“实录”研究书系。② 全套书系以时间为序、编纂为目，既注重文献史料考订，也不乏思想理论分析，史论结合，严丝合缝。具体言之，“实录研究书系”依次考察自萧梁以至清代各朝实录，以通论结合专题的形式，首先按机构、人员、主题、体例、程序、善后、版本、收藏的自然逻辑顺序介绍实录相关修纂流

① 其中《明实录研究》系旧作新刊，此前曾于1995年、2003年分别由台湾文津出版社、湖北人民出版社出版发行。此次收入“实录研究书系”，作者在参考吸收最新成果的基础上，又对多处加以修订。

② 谢贵安：《中国实录体史学研究》，武汉大学出版社2007年版。

程，其次从文献学角度考察各朝实录的史源与史流、征实与讳饰情况，考评其史料价值，同时分设若干专题，如实录修纂中的家族修史现象，实录修纂与党争、少数民族汉化等问题，对其加以思想理论分析，使全套书系结构在严谨统一的基础上，又照顾到各朝实录的不同特点，经纬分明、纵横交错，极具系统性与立体感。综观整套书系，惠启吾人之处甚多。

一、史料翔实，考订精审

文献史料是一切史学研究的基石。近代以来，史学研究便一直有“史料学派”与“史观学派”之区别，其中分野或不至十分坚明，但其宗尚，固不可掩，并且一直沿至今天仍未完全消弭。谢氏曾受业于著名文献学家张舜徽先生，治学注重传统方法，讲求“字字有根据，句句有说明”。此外，谢氏所供职的武汉大学历史学院，长期以来也是以实证学风著称于学界。渊源所自，谢氏的治学风格无疑当属“史料派”。通观全书，史料翔实、考订精审也成为此套“实录研究书系”的最鲜明特点。

首先，就原始史料而言，明清以前列朝实录，因已佚而不存，其内容与修史活动的记载，散落在卷帙浩繁的文献之中，零乱细碎，钩稽断简残篇于千百年之后，将其缀合重构，其难度在于搜求不易；而明清两朝实录俱存，与其相关之档案、文集等则更仆难数，其难度在于寻检难周。因此，史料之收集本身已是一项浩大课题。对此，作者不避烦难，举凡《实录》、起居注、国史、正史、档案、文集、笔记、日记、方志、经传、丛书、类书等，莫不遍加搜罗，纤芥无遗，力求使研究工作建立在坚实可靠的史料基础上。例如，作者在对已佚实录进行研究时，通过查阅大型丛书及利用现代电子检索技术，对历朝实录的史料进行“竭泽而渔式的搜罗，将有关历代实录的史料囊括在手，然后逐一进行标点断句，同时进行分类和整理，去粗取精，去伪存真，编成150余万字的资料长编”①。再如，作者在研究《清实录》的过程中，不仅详细研读实录文本，参考了《清三通》《大清会典》《国史》《清史列传》《清史稿》清人文集、笔记等各种相关史料，

① 谢贵安：《中国已佚实录研究》，上海古籍出版社2013年版，第7页。

更花费大量时间，“对卷帙浩繁的《上谕档》（包括《世宗皇帝上谕》《乾隆朝上谕档》《嘉道两朝上谕档》《咸丰同治两朝上谕档》和《光绪宣统两朝上谕档》）进行认真阅读和仔细搜检，穷尽目力逐一找出相关史料”①。态度之严谨、学风之扎实，着实令人感佩！同时，在收集前人研究成果方面，作者也颇费苦心，将大陆、港台乃至日、韩、美等域外学者的相关著述网罗殆尽，尤其是近代学者的一些研究成果，如金毓黼、赵士炜、方甦生、吴相湘等人的相关论文，较为零散，现已颇难搜求，而作者也为之一一抉发，足见其用力之勤。史料搜集足见其用力之勤，而考订精审更可见其功力之深。统观全套书系，可以说是处处彰显着考订的光芒。如关于已佚实录佚失时间问题、《宋太祖实录》是否重修问题、清代实录馆的地点及变化情况等，作者都曾加以细致考证，不仅揭示了实录自身的讳饰曲笔，也订正了许多既有研究成果的舛误之处，因有翔实史料作保证，其结论都至为精审。

二、视野宏阔，整体观照

“实录研究书系”虽以“实录”为研究对象，但作者并未以此自限，而是按照传统“校雠学”的要求，秉承乃师张舜徽先生“辨章学术、考镜源流”的学术旨趣，在历史演进脉络中，将其置于特定文化传统与历史语境下加以考察，寻源竟委，会通中西，体现出弘阔的学术视野。细言之，这又可以分为三个层次：

首先，作者以实录与其史料源流加以比较研究。自唐以后，尤其是宋代以降，官方史学逐渐形成一套制度化的修史程序，从原始档案、记注文献（起居注、时政纪、日历）到实录再到纪传体国史、正史以及其他编年体史书与杂史。实录作为官方史书编纂中的一个链条，不能孤立存在。因此，作者在整套书系中，都十分重视考察列朝实录的史料来源与流向，通过比较，指出实录在官方史学中承前启后的地位，令人信服。

其次，在中国史学史的整体观照下进行研究。作者长期关注中国史学史，对传统史学理论研究素有心得，因此在研究历朝实录时，注意将其置于整个传统史

① 谢贵安：《清实录研究》，上海古籍出版社2013年版，第12页。

学的发展历程中加以考察。例如，关于“实录”能否独立于编年之处为一新体裁的问题，作者通过仔细考析，指出实录“以事系日，以日系月，以月系年，将皇帝行实、大臣章疏、各部公文、府县呈奏系联一体，同时以大臣卒日插入其人传记和事迹，有机而有效地载录了大量的历史史料，以政治和行政为中心，广泛涉及经注、军事、科举、教育、司法、风俗等各个方面”。因而，“实录”具有独特的体裁特征，即“编年附传”，不可将其视为纯粹的编年体。在确立了“实录体”的独立属性之后，作者更是将其置于“史体论”的学术视野下进行考察，探析其历史地位之升沉。众所周知，现在学界一般将编年、纪传、纪事本末视为传统史学的三大体裁。但这一认识之形成经过了后世的不断追认，乃层垒构建而成，有一个历史演进过程。谢贵安教授通过考察“实录”在目录学上的分类及时人评论，指出：“在纪事本末体产生以前，与编年、纪传一起，构成中国古代史体三大支柱之一的是实录体，即使在本末体产生以后，实录体史书仍蔚为大观，占有很大的分量并具有重要的地位。”① 不仅还原了“实录体”的历史地位，更是对传统三大史书编纂体裁的形成过程进行了解构，启人心智。再如，作者在研究《清实录》时，通过考察其中的《德宗实录》和《宣统政纪》，探讨了传统史学的近代转型问题。② 这一切，都是在中国史学史的整体学术观照下加以考察的。

再次，作者将实录置于中西史学比较的议题下进行研究，具有国际视野。中西史学比较，既是西方史学冲击下的反应，又是史学史学科内在学术理路演进的自然结果，自20世纪初以来，就不断有学者加以探讨，并逐渐成为史学界的一个热点问题，谢氏对这一问题也颇为关注。作者通过考察历代纂修实录的史料来源与流向，指出：“东方的中国自南朝萧梁有《实录》以来就有建立以档案与记注文献为主的史料储备制度、确保史料来源的原始性和可靠性的史学传统。”③ 据此，作者认为：“西方实证主义史学的代表兰克史学讲究‘一手资料’，特别重视官方档案，为此不惜上下求索。而东方的中国，历来都有通过建立史料储备

① 谢贵安：《中国已佚实录研究》，上海古籍出版社2013年版，第37页。
② 谢贵安：《清实录研究》，上海古籍出版社2013年版，第13页。
③ 谢贵安：《清实录研究》，上海古籍出版社2013年版，第13页。

制度，催征收集档案和记注文献，纂修史书的传统……清晰地表明了中国传统史学具有史源清晰和史料可信的特色。”① 由实录修纂得以总结出中国传统史学注重档案文献的特质，进而与以兰克为代表的西方实证主义史学加以比较，再次展现出作者宏阔的学术视野。

总之，作者虽以实录为研究对象，但却不拘囿于此，而是以实录为视角，考察官方史学流程，纵览传统史学特质，并进而与西方史学加以比较与会通，层层递进，举一隅而探全貌，足见作者深厚的史学功底与宏阔的学术视野。

三、方法严密，自成体系

进行史学研究，必须借助有效的方法，诚如著名学者杜维运先生所言：“史学家所面对的是浩如烟海的材料，所观察的是以往人类错综庞杂的活动，如置身沧溟，举目茫茫，不有指引，必然迷失。”② 但应如何选取方法呢？专崇西方或固守本土？“认为中国的史学方法，无懈可击，是一种迷信；认为西方的史学方法，独步环宇，是盲目的崇拜。”③ 两者都不足取，而冶中西方史学方法于一炉，兼取而不偏废，才是真正理想的境界。谢贵安教授在该套“实录研究书系”中所展现的治史方法则有近于此，以传统史学方法为主，多途并用，中西兼采，并视具体研究对象之不同而合理选取。

首先，作者应用最多的仍然是传统的史学方法，如目录学、校勘学、版本学、考据学、史源学等，其中尤其偏爱近代史学大家陈垣先生所倡导的“史源学”方法，此种传统史学方法贯穿整套书系，这也是由作者的学术渊源与宗尚所决定的。晚近以来，西方分析史学传入中国，传统治学方式被弃若敝屣，而惟新是求，盲目崇拜西方史学理论成为一时风尚。但中国文化自有其特征与体系，一味追求新奇，套用西方史学分析框架，难免格义附会，凿枘难融。因此，面对“实录”这一中国传统史学体裁，作者坚持以传统史学方法，收效颇大，创获甚

① 谢贵安：《清实录研究》，上海古籍出版社 2013 年版，第 439 页。
② 杜维运：《史学方法论》，三民书局 1986 年版，第 1 页。
③ 杜维运：《史学方法论》，三民书局 1986 年版，第 3 页。

多。如在《宋实录》的研究过程中，作者通过运用“史源学”方法，对其“史料来源和史料流向予以揭示，勾勒出宋代官修史书的史料流程和史书链条，使宋实录的研究与整个宋代史学史的研究联系起来，形成动态的研究格局”①。其次，作者在坚持以传统史学方法为本位的基础上，也借鉴与应用西方史学方法，如社会史研究方法、数据统计方法等。关于社会史研究方法，也就是将实录修纂置于社会史的视野之下加以考察，这在整套“书系”中也有多处体现，主要用于探讨实录修纂与家族的关系，实录修纂与少数民族汉化等专题研究。如作者在研究《清实录》时，特设“《清实录》修纂与清朝汉化”一章，通过内容观念、体例形式、秘藏制度三个角度，分析清朝少数民族政权学习汉族政权的表现，进而透视其汉化过程。同时，作者又依据清廷坚持用满文与蒙古文撰写实录的特征，指出其自觉保持本民族特色与印记。由此而得出的结论也契合“新清史”的研究取向。再者，数据统计也是作者运用较多的一种史学方法。综观整套书系，可以发现作者列表甚多，如《历代已佚实录基本情况》②《历朝实录修纂者》《宋实录中的人物传记与〈宋史〉中的列传》③《宋太宗实录》残卷附传与《宋史》列传的比较④等，都是作者仔细统计，认真核对的结晶。列表可以说是传统“表谱”体例与西方统计方法的结合，而在论证“实录”编年附传的体裁特征时，则完全运用数据统计方法。作者对现存《唐顺宗实录》中的 7 个人物传记进行统计，“发现共有 4412 字，而现存《唐顺宗实录》全文也只有 11300 余字，人物传记占整个《顺宗实录》篇幅的 39%”⑤。对杜大珪《史臣碑传琬琰集》中所摘录的《宋实录》中的 26 个人物传记进行统计，发现最长的是韩维的传记，达 4409 字，最短的是章惇的传记，也有 542 字，以上 26 篇传记总字数是 49681 字，每篇的平均长度是 1840 字。⑥ 关于“实录”的体裁问题，学界历来争论不休，而作者依据其中人物传记所占比重进行分析，认为“实录”在体裁应当为编年附传体，

① 谢贵安：《宋实录研究》，上海古籍出版社 2013 年版，第 20 页。

② 谢贵安：《中国已佚实录研究》，上海古籍出版社 2013 年版，第 38~42 页。

③ 谢贵安：《宋实录研究》，上海古籍出版社 2013 年版，第 321 页。

④ 谢贵安：《宋实录研究》，上海古籍出版社 2013 年版，第 327 页。

⑤ 谢贵安：《中国已佚实录研究》，上海古籍出版社 2013 年版，第 35 页。

⑥ 谢贵安：《中国已佚实录研究》，上海古籍出版社 2013 年版，第 35 页。

不能简单地称为编年体。这种由精确的数据统计得出的结论，令人信服。

不过，作者在整套书系虽然综合运用了多种史学研究方法，中西兼采，但其中仍有所偏重，并且视研究对象之不同而合理选用。总体而言，作者仍然是以传统治学方法为主，考据与史源学方法贯穿整套书系，并且主要运用于细节与微观问题，这也是作者“史料学派”风格的体现，而社会史与统计方法则作为辅助方法，主要运用于专题研究，对其加以思想分析与宏观阐释。通过多种方法的综合运用，使整套书系达到了文献与思想的浑融一体，并且视研究对象之不同而合理选用，避免生搬硬套，因而具有量体裁衣之效，无削足适履之感。

上述三个方面之外，本套书系亮点还有很多，文笔流畅即为其中之一。统观整套书系，虽然考证很多，但作者镕铸得当，可读性强，既有说理时的淋漓畅快，又有考证时的引人入胜，更有叙述中的文采斐然，可以说是义理、考据、辞章的完美结合。诚然，以一人之力撰就如此一套庞大书系，不足之处自然不可避免。如校勘不精，间有重出①，某些论断或许仍可商榷，某些专题研究仍显薄弱，有待于继续进行深入发掘与理论总结。但小疵并不足以掩其大醇，作为到目前为止，唯一一部系统、全面研究历朝实录的书系，不仅在许多方面填补了学术研究空白，有功于学林，而且更难能可贵的是，在学风日益浮躁的今天，谢贵安教授谢绝浮华，潜心学术，这一份勤勉的治学精神与严谨的治学态度，足以为吾侪后学树一典范。

① 如作者于《中国已佚实录研究》中列有“《历代已佚实录基本情况表》”（第38~42页），于《明实录研究》中列有“《历代实录情况一览表》”（第65~71页），两表相较，其中明代以前的部分完全一致。虽然两表分属两书，所论述的主题也不一致，作者或许自有其考虑。但鉴于《明实录研究》一书属于旧著新刊，笔者认为整套书系在出版之际未能划一，似有重出之嫌。

参考文献

一、《史通》版本与研究著作

1.（明）陆深著：《史通会要》，载陆深撰：《俨山外集》，收入《景印文渊阁四库全书》，第885册，台北：台湾商务印书馆，1986年。

2.（唐）刘知幾撰，（明）张之象校刊：《史通》，中华书局1961年缩印明万历五年（1577年）张之象刊本。

3.（唐）刘知幾撰，（明）张鼎思校刊：《史通》，上海商务印书馆缩印明万历三十年（1602年）张鼎思覆校陆深本，收入《四部丛刊初编·史部》。

4.（唐）刘知幾撰，（明）李维桢评、郭孔延评释：《史通评释》，据湖北图书馆藏明刻本景印，收入《四库全书存目丛书》，济南：齐鲁书社，1996年。

5.（唐）刘知幾撰，（明）郭孔延评释：《史通评释》，据北京图书馆藏明万历三十二年郭孔陵刻本景印，收入《续修四库全书》，上海：上海古籍出版社，1995年。

6.（唐）刘知幾撰，（明）王惟俭训故：《史通训故》，据南京图书馆藏明万历刻本景印，收入《四库全书存目丛书》，济南：齐鲁书社，1996年。

7.（唐）刘知幾撰，（明）王惟俭训故：《史通训故》，据上海图书馆藏明万历三十九年刻本景印，收入《续修四库全书》，上海：上海古籍出版社，1995年。

8.（唐）刘知幾撰，（清）黄叔琳注：《史通训故补》，据湖北省图书馆藏清乾隆十二年黄氏养素堂刻本景印，收入《四库全书存目丛书》，济南：齐鲁书社，1996年。

9.（唐）刘知幾撰，（清）黄叔琳注：《史通训故补》，据上海图书馆藏清乾隆十二年黄氏养素堂刻本景印，收入《续修四库全书》，上海：上海古籍出版社，1995年。

10. （唐）刘知幾撰：《史通》，收入《文渊阁四库全书》，台北：台湾商务印书馆，1968年。

11. （唐）刘知幾撰，（清）浦起龙通释：《史通通释》，收入《文渊阁四库全书》，台北：台湾商务印书馆，1968年。

12. （唐）刘知幾撰，（清）浦起龙释，王煦华点校：《史通通释》，据清乾隆十七年浦氏求放心斋初印本整理，上海：上海古籍出版社，2009年。

13. （唐）刘知幾撰，（清）纪昀削繁：《史通削繁》，据复旦大学图书馆藏清道光十三年两广节署刻本景印，收入《续修四库全书》，上海：上海古籍出版社，1995年。

14. 徐桂林：《史通驳议》，收入湖北省人民政府文史研究馆编：《湖北文徵》（第十三卷），武汉：湖北人民出版社，2000年。

15. （唐）刘知幾撰，曹聚仁校注：《史通》，上海：新文化书社，1926年。

16. （唐）刘知幾撰，刘虎如选注：《史通》，《万有文库》（第一集），上海：商务印书馆，1929年。

17. 吕思勉：《史通评》，载氏著：《史学与史籍七种》，上海：上海古籍出版社，2009年。

18. 刘咸炘著，黄曙辉整理：《史通驳议》，《刘咸炘学术论集·史学编》（下），桂林：广西师范大学出版社，2007年。

19. 程千帆：《史通笺记》，北京：中华书局，1980年。

20. 张舜徽：《史通平议》，载氏著：《史学三书平议》，武汉：华中师范大学出版社，2005年。

21. 张振珮：《史通笺注》，贵阳：贵州人民出版社，1982年。

22. 赵吕甫：《史通新校注》，重庆：重庆出版社，1990年。

23. 刘占召：《史通评注》，北京：中央编译出版社，2010年。

24. 刘知幾撰，李振宏注说：《史通》，郑州：河南大学出版社，2011年。

25. 傅振伦：《刘知幾年谱》，北京：中华书局，1962年。

26. 许冠三：《刘知幾的实录史学》，香港：香港中文大学出版社，1983年。

27. 林时民：《刘知幾〈史通〉之研究》，台北：文史哲出版社，1984年。

28. 赵俊：《史通理论体系研究》，沈阳：辽宁大学出版社，1990年。

29. 彭雅玲：《史通的历史叙述理论》，台北：文史哲出版社，1993年。

30. 许凌云：《刘知幾评传》，南京：南京大学出版社，1994年。

31. 林时民：《史学三书新诠——以史学理论为中心的比较研究》，台北：台湾学生书局，1997年。

32. 赵俊、任宝菊：《刘知幾评传——史学批评第一人》，南宁：广西教育出版社，1997年。

33. 林时民：《中国传统史学的批评主义：刘知幾与章学诚》，台北：台湾学生书局，2003年。

34. 庄万寿：《史通通论》，万卷楼图书股份有限公司，2009年。

35. 张三夕：《批判史学的批判——刘知幾及其〈史通〉研究》，武汉：华中师范大学出版社，2010年。

36. 马铁浩：《〈史通〉与先唐典籍》，北京：人民出版社，2010年。

37. 马铁浩：《〈史通〉引书考》，北京：学苑出版社，2011年。

38. 王嘉川：《清前〈史通〉学研究》，北京：社会科学文献出版社，2013年。

二、工具书与丛书

1. 中国古籍善本书目编辑委员会：《中国古籍善本书目·史部》，上海：上海古籍出版社，1993年。

2. 王重民：《中国善本书提要》，上海：上海古籍出版社，1983年。

3. 中国古籍总目编纂委员会：《中国古籍总目》，北京：中华书局、上海：上海古籍出版社，2009—2012年。

4. 二十五史刊行委员会：《二十五史补编》，上海：开明书店，1936年。

5. 张舜徽：《二十五史三编》（共9册），长沙：岳麓书社，1994年。

6. 徐蜀：《二十四史订补》（共15册），北京：书目文献出版社，1996年。

7. 徐德明、吴平：《清代学术笔记丛刊》（共70册），北京：学苑出版社，2005年。

8. 清代诗文集汇编编纂委员会:《清代诗文集汇编》(共180册),上海:上海古籍出版社,2010年。

9. 林夕:《中国著名藏书家书目汇刊》(共70册),上海:商务印书馆,2005年。

10. 复旦大学图书馆古籍部:《四库系列丛书目录·索引》,上海:上海古籍出版社,2007年。

11. 吴泽、杨翼骧:《中国历史大辞典·史学史卷》,上海:上海辞书出版社,1983年。

12. 中国文心雕龙学会、全国高校古籍整理委员会:《文心雕龙资料丛书》,北京:学苑出版社,2004年。

13. 周骏富:《清代传记丛刊》,台北:明文书局,1985年。

14. 方诗铭:《中国历史纪年表》(修订本),上海:上海人民出版社,2007年。

三、古籍史料

1. (汉)司马迁:《史记》,北京:中华书局,1959年。

2. (汉)班固:《汉书》,北京:中华书局,1962年。

3. (梁)沈约:《宋书》,北京:中华书局,1974年。

4. (唐)魏徵、令狐德棻:《隋书》,北京:中华书局,1973年。

5. (唐)房玄龄等:《晋书》,北京:中华书局,1974年。

6. (后晋)刘昫等:《旧唐书》,北京:中华书局,1975年。

7. (宋)欧阳修、宋祁等:《新唐书》,北京:中华书局,1975年。

8. (元)脱脱等:《宋史》,北京:中华书局,1977年。

9. (清)张廷玉等:《明史》,北京:中华书局,1974年。

10. 吕不韦著,高诱注,许维遹集释,梁运华整理:《吕氏春秋集释》,北京:中华书局,2009年。

11. 赵尔巽等:《清史稿》,北京:中华书局,1976年。

12. (梁)刘勰著,范文澜注:《文心雕龙注》,北京:人民文学出版社,1958年。

13（唐）韩愈著，马其昶校注：《韩昌黎文集校注》，上海：上海古籍出版社，1986 年。

14.（宋）王溥：《唐会要》，上海：上海古籍出版社，2006 年。

15.（宋）孙甫：《唐史论断序》，《景印文渊阁四库全书》，第 686 册，台北：台湾商务印书馆，1986 年。

16.（宋）司马光著，胡三省注，聂崇岐等整理：《资治通鉴》，北京：中华书局，1956 年。

17.（宋）欧阳修著，洪本健校笺：《欧阳修诗文集校笺》，上海：上海古籍出版社，2009 年。

18.（宋）司马光著：《传家集》，《景印文渊阁四库全书》，第 1094 册。

19.（宋）叶梦得撰，侯忠义点校：《石林燕语》，北京：中华书局，1984 年。

20.（宋）陈振孙著，徐小蛮、顾美华点校：《直斋书录解题》，上海：上海古籍出版社，1987 年。

21.（宋）晁公武著，孙猛校证：《郡斋读书志》，上海：上海古籍出版社，1990 年。

22.（宋）王十朋：《梅溪集》，《景印文渊阁四库全书》第 1151 册，台北：台湾商务印书馆，1986 年。

23.（宋）苏洵著，曾枣庄、金成礼笺注：《嘉祐集笺注》，上海：上海古籍出版社，1993 年。

24.（宋）黄庭坚：《山谷外集》，《景印文渊阁四库全书》，第 1113 册。

25.（宋）吴缜：《新唐书纠谬》，《景印文渊阁四库全书》第 276 册。

26.（宋）程颢、程颐著，王孝鱼点校：《二程集》，北京：中华书局，1981 年。

27.（宋）洪迈撰，孔凡礼点校：《容斋随笔》，北京：中华书局，2005 年。

28.（宋）吴处厚：《青箱杂记》，北京：中华书局，1985 年。

29.（宋）郑樵著，王树民点校：《通志二十略》，北京：中华书局，1995 年。

30.（宋）王应麟：《玉海》，江苏古籍出版社、上海书店出版社，1987 年。

31. （宋）章俊卿：《群书考索》，扬州：广陵书社，2008 年。

32. （宋）朱熹著，郭齐、尹波点校：《朱熹集》，成都：四川教育出版社，1996 年。

33. （宋）黎靖德编，王星贤点校：《朱子语类》，北京：中华书局，1986 年。

34. （宋）袁枢：《通鉴纪事本末》，北京：中华书局，1964 年。

35. （宋）王应麟著，（清）翁元圻等注，栾保群、田松青、吕宗力校点：《困学纪闻：全校本》，上海：上海古籍出版社，2008 年。

36. （宋）苏天爵著，陈高华、孟繁清点校：《滋溪文稿》，北京：中华书局，1997 年。

37. 郁逢庆：《书画题跋记》，《景印文渊阁四库全书》，第 816 册。

38. 佚名：《历代名贤确论》，《景印文渊阁四库全书》，第 687 册。

39. （明）王阳明著，吴光等点校：《王阳明全集》，上海：上海古籍出版社，1992 年。

40. （明）杨慎：《丹铅总录》，《文渊阁四库全书》，第 855 册。

41. （明）王世贞：《艺苑卮言》，《续修四库全书》，第 1695 册。

42. （明）王世贞：《弇州山人四部稿》，《景印文渊阁四库全书》，第 1280 册。

43. （明）焦竑：《焦氏笔乘》，上海：上海古籍出版社，2008 年。

44. （明）郎瑛：《七修类稿》，上海：上海书店出版社，2009 年。

45. （明）胡应麟：《少室山房笔丛》，上海：上海书店出版社，2001 年。

46. （明）詹景凤：《詹氏性理小辩》，《四库全书存目丛书》子部，第 112 册。

47. （明）卜大有：《史学要义》，《中国公共图书馆古籍文献珍本丛刊 · 史部》，中华全国图书馆文献缩微复制中心，1999 年。

48. （明）陈邦瞻：《宋史纪事本末》，北京：中华书局，1977 年。

49. 《清实录》，北京：中华书局，1985—1986 年。

50. （清）顾炎武著，黄汝成集释，栾保群、吕宗力点校：《日知录集释》，上海：上海古籍出版社，2006 年。

51. （清）黄虞稷著，瞿凤起、潘景郑整理：《千顷堂书目》，上海：上海古籍出版社，2001 年。

52. （清）谷应泰：《明史纪事本末》，北京：中华书局，1977 年。

53. （清）王夫之著，舒士彦点校：《读通鉴论》，北京：中华书局，1975 年。

54. （清）阎若璩：《尚书古文疏证》，上海：上海古籍出版社，1987 年。

55. （清）王士祯著，赵伯陶点校：《古夫于亭杂录》，北京：中华书局，1988 年。

56. （清）臧琳：《经义杂记》，《续修四库全书》，第 172 册。

57. （清）黄叔琳著：《文心雕龙辑注》，北京：中华书局，1957 年。

58. （清）黄叔琳著：《砚北杂录》，《四库全书存目丛书》，第 158 册。

59. （清）顾镇撰：《黄崑圃先生年谱》，收入北京图书馆编：《北京图书馆藏珍本年谱丛刊》，北京：北京图书馆出版社，1999 年。

60. （清）尤侗撰，李肇翔、李复波点校：《艮斋杂说·续说·看鉴偶评》，北京：中华书局，1992 年。

61. （清）永瑢等：《四库全书总目》，北京：中华书局，1965 年。

62. （清）翁方纲等著，吴格、乐怡标校：《四库提要分纂稿》，上海：上海书店出版社，2006 年。

63. （清）卢文弨：《群书拾补》，《续修四库全书》，第 1149 册。

64. （清）卢文弨著，杨晓春点校：《钟山札记·龙城札记·读史札记》，北京：中华书局，2010 年。

65. （清）钱大昕著，方诗铭、周殿杰点校：《廿二史考异》，上海：上海古籍出版社，2004 年。

66. （清）钱大昕：《十驾斋养新录》，上海：上海书店出版社，1983 年。

67. （清）钱大昕著，陈文和主编：《嘉定钱大昕全集》，南京：江苏古籍出版社，1997 年。

68. （清）赵翼著，王树民校证：《廿二史札记校证》，北京：中华书局，1984 年。

69. （清）赵翼：《陔余丛考》，北京：中华书局，1963 年。

70.（清）王鸣盛著，黄曙辉点校：《十七史商榷》，上海：上海书店出版社，2005年。

71.（清）江藩：《国朝汉学师承记》，北京：中华书局，1983年。

72.（清）孙嘉淦等：《武英殿本二十三史考证》，收入《四库未收书辑刊》，第10辑第5册。

73.（清）章学诚著，叶瑛校注：《文史通义校注》，北京：中华书局，1985年。

74.（清）章学诚撰，冯惠民点校：《乙卯劄记（外二种）》，北京：中华书局，2006年。

75.（清）章学诚：《章学诚遗书》，北京：文物出版社，1985年。

76.（清）牛运震：《史记评注》，收入《史记考证文献汇编》（第3册），成都：巴蜀书社，2010年。

77.（清）陈鹤：《读书改过斋丛录》，台北：文海出版社，1974年。

78.（清）凌扬藻：《蠡勺编》，《清代学术笔记丛刊》，第35册。

79.（清）崔述著，顾颉刚整理：《崔东壁遗书》，上海：上海古籍出版社，1983年。

80.（清）龚自珍著，王佩诤点校：《龚自珍全集》，北京：中华书局，1959年。

81.（清）汪越：《读史记十表》，《二十五史补编》，第1册。

82.（清）卢文弨：《史记惠景间侯者年表校补》，《二十五史补编》，第1册。

83.（清）夏燮：《校汉书八表》，《二十五史补编》，第1册。

84.（清）钱大昭：《后汉书补表》，《二十五史补编》，第2册。

85.（清）钱大昭：《补续汉书艺文志》，《二十五史补编》，第2册。

86.（清）谦士牧：《补晋书艺文志》，《二十五史补编》，第2册。

87.（清）曾朴：《补后汉书艺文志并考》，《二十五史补编》，第2册。

88.（清）章宗源：《隋书经籍志考证》，《二十五史补编》，第4册。

89.（清）姚振宗：《隋书经籍志考证》，《二十五史补编》，第4册。

90.（清）姚振宗：《汉书艺文志条理》，《二十五史补编》，第2册。

91.（清）黄丕烈著，潘祖荫辑，周少川点校：《士礼居藏书题跋记》，北京：书目文献出版社，1989年。

92.（清）周中孚著，黄曙辉、印晓峰点校：《郑堂读书记》，上海：上海书店出版社，2009年。

93.（清）李慈铭撰，由云龙辑校：《越缦堂读书记》，北京：中华书局，1963年。

94.（清）徐时栋：《烟屿楼读书志》，《续修四库全书》，第1162册。

95.（清）陆心源著，冯惠民编校：《仪顾堂书目题跋汇编》，北京：中华书局，2009年。

96.（清）陆心源：《皕宋楼藏书志》，《续修四库全书》，第928册。

97.（清）孙诒让：《籀庼述林》，《续修四库全书》，第1164册。

98.（清）黄本骥：《三长物斋文略》，《续修四库全书》，第1511册。

99.（清）董诰等辑：《全唐文》，《续修四库全书》，第1645册，

100.（清）张之洞撰，范希曾补正：《书目答问补正》，上海：上海古籍出版社，2001年。

101.（清）张之洞：《劝学篇》，桂林：广西师范大学出版社，2008年。

102.（清）皮锡瑞：《经学通论》，北京：中华书局，1954年。

103.（清）皮锡瑞著，周予同点校：《经学历史》，北京：中华书局，1989年。

104.（清）皮锡瑞：《师伏堂骈文》，《续修四库全书》，第1567册。

105.（清）缪荃孙：《云自在龛随笔》，太原：山西古籍出版社，1996年。

106.（清）叶廷琯：《吹网录》，《清代学术笔记丛刊》，第45册。

107.（清）叶昌炽著，徐鹏辑：《藏书纪事诗》，上海：上海古籍出版社，1989年。

108.（清）张寿镛：《约园杂著三编》，《民国丛书》（第四编），第96册，上海：上海书店出版社，1992年。

109.（清）刘承干编：《明史例案》，《四库未收书辑刊》，第5辑第4册。

110.（清）叶德辉著，李庆西标校：《书林清话》，上海：复旦大学出版社，2008年。

111. （清）钱仪吉：《碑传集》，北京：中华书局，1993 年。

112. （清）李元度著，易孟醇点校：《国朝先正事略》，长沙：岳麓书社，2008 年。

113. （清）朱一新著，吕鸿儒、张长法点校：《无邪堂答问》，北京：中华书局，2000 年。

114. （清）钱谦益：《牧斋初学集》，《清代诗文集汇编》，第 2 册。

115. （清）汪琬：《钝翁续稿》，《清代诗文集汇编》，第 94 册。

116. （清）汤斌：《汤子遗书》，《清代诗文集汇编》，第 102 册。

117. （清）朱彝尊：《曝书亭集》，《清代诗文集汇编》，第 116 册。

118. （清）徐乾学：《憺园文集》，《清代诗文集汇编》，第 124 册。

119. （清）潘耒：《遂初堂文集》，《清代诗文集汇编》，第 170 册。

120. （清）张廷玉：《澄怀园文存》，《清代诗文集汇编》，第 229 册。

121. （清）李绂：《穆堂类稿》，《清代诗文集汇编》，第 232 册。

122. （清）浦起龙：《酿蜜集》，《清代诗文集汇编》，第 246 册。

123. （清）浦起龙：《不是集》，《清代诗文集汇编》，第 246 册。

124. （清）王史鉴：《醉经草堂前集》，《清代诗文集汇编》，第 246 册。

125. （清）陈兆仑：《紫竹山房诗文集》，《清代诗文集汇编》，第 293 册。

126. （清）齐召南：《宝纶堂续集》，《清代诗文集汇编》，第 300 册。

127. （清）汪沆：《槐塘文稿》，《清代诗文集汇编》，第 301 册。

128. （清）王元启：《祗平居士集》，《清代诗文集汇编》，第 335 册。

129. （清）卢文弨：《抱经堂文集》，《清代诗文集汇编》，第 342 册。

130. （清）程大中：《在山堂集》，《清代诗文集汇编》，第 349 册。

131. （清）王昶：《春融堂集》，《清代诗文集汇编》，第 358 册。

132. （清）顾镇：《虞东先生文录》，《清代诗文集汇编》，第 374 册。

133. （清）陆费墀：《颐斋文稿》，《清代诗文集汇编》，第 375 册。

134. （清）潘奕隽：《三松堂集》，《清代诗文集汇编》，第 399 册。

135. （清）赵怀玉：《亦有生斋集》，《清代诗文集汇编》，第 419 册。

136. （清）黄廷鉴：《第六弦溪文钞》，《清代诗文集汇编》，第 475 册。

137. （清）陈寿祺：《左海文集》，《清代诗文集汇编》，第 499 册。

138. （清）汪之昌：《青学斋集》，《清代诗文集汇编》，第 734 册。

139. （清）朱鹤龄：《愚阉小集》，《景印文渊阁四库全书》，第 1319 册。

140. （清）施闰章：《学余堂文集》，《景印文渊阁四库全书》，第 1313 册。

141. （清）汪由敦：《松泉集》，《景印文渊阁四库全书》，第 1328 册。

142. （清）胡承诺：《绎志》，《续修四库全书》，第 945 册。

143. （清）徐元文：《含经堂集》，《续修四库全书》，第 1413 册。

144. （清）何焯：《义门先生集》，《续修四库全书》第 1420 册。

145. （清）杭世骏：《道古堂集》，《续修四库全书》，第 1426 册。

146. （清）胡天游：《石笥山房集》，《续修四库全书》，第 1425 册。

147. （清）王鸣盛：《西庄始存稿》，《续修四库全书》第 1434 册。

148. （清）陆锡熊：《宝奎堂文集》，《续修四库全书》，第 1451 册。

149. （清）邵晋涵：《南江文钞》，《续修四库全书》，第 1463 册。

150. （清）焦循：《雕菰集》，《续修四库全书》，第 1489 册。

151. （清）李兆洛：《养一斋文集》，《续修四库全书》，第 1495 册。

152. （清）徐时栋：《烟屿楼文集》，《续修四库全书》，第 1542 册。

153. （清）刘文淇：《青溪旧屋集》，《续修四库全书》，第 1517 册。

154. （清）陈澧：《东塾集》，《续修四库全书》，第 1537 册。

155. （清）陆心源：《仪顾堂集》，《续修四库全书》，第 1560 册。

156. （清）缪荃孙：《艺风堂文集》、《艺风堂文续集》，《续修四库全书》，第 1574 册。

157. （清）熊赐履：《澡修堂集》，《四库全书存目丛书》，第 230 册。

158. （清）华希闵：《延绿阁集》，《四库未收书辑刊》，第 9 辑第 17 册。

159. （清）曹学诗：《香雪文钞》，《四库未收书辑刊》第 10 辑第 16 册。

160. （清）严书开：《严逸山先生文集》，《四库禁毁书丛刊》，第 90 册。

161. （清）孙星衍：《五松园文稿》，《丛书集成新编》，第 77 册。

162. （清）顾炎武撰，华忱之点校：《顾亭林诗文集》，北京：中华书局，1983 年。

163. （清）黄宗羲著，沈善洪主编：《黄宗羲全集》（增订版），杭州：浙江古籍出版社，2005 年。

164.（清）黄宗羲：《黄梨洲文集》，北京：中华书局，1959年。

165.（清）熊伯龙：《无何集》，北京：中华书局，1979年。

166.（清）全祖望著，朱铸禹整理：《全祖望集汇校集注》，上海：上海古籍出版社，2000年。

167.（清）钱大昕著，吕友仁点校：《潜研堂文集》，上海：上海古籍出版社，2009年。

168.（清）段玉裁著，钟敬华校点：《经韵楼集》，上海：上海古籍出版社，2008年。

169.（清）纪昀著，孙致中、吴恩扬、王沛霖、韩嘉祥点校：《纪晓岚文集》，石家庄：河北教育出版社，1995年。

170.（清）洪亮吉著，刘德权编校：《洪亮吉集》，北京：中华书局，2001年。

171.（清）顾广圻著，王欣夫辑：《顾千里集》，北京：中华书局，2007年。

172.（清）阮元撰，邓经元点校：《揅经室集》，北京：中华书局，1993年。

173.（清）袁枚著，周本淳点校：《小仓山房诗文集》，上海：上海古籍出版社，1998年。

174.（清）黄本骥著，刘范弟点校：《黄本骥集》，长沙：岳麓书社，2009年。

175.（清）张之洞著，苑书义等主编：《张之洞全集》，石家庄：河北人民出版社，1998年。

四、学人著作

1. 傅增湘：《藏园群书经眼录》，北京：中华书局，2009年。

2. 梁启超：《中国近三百年学术史》，太原：山西古籍出版社，2001年。

3. 梁启超：《中国历史研究法》，上海：上海古籍出版社，1998年。

4. 梁启超：《清代学术概论》，上海：上海古籍出版社，1998年。

5. 梁启超：《论中国学术思想变迁之大势》，上海：上海古籍出版社，2001年。

6. 钱穆：《中国近三百年学术史》，北京：商务印书馆，1997年。

7. 陈寅恪：《陈寅恪集：金明馆丛稿二编》，北京：三联书店，2001 年。

8. 陈智超：《陈垣史源学杂文》（增订本），北京：三联书店，2007 年。

9. 陈垣：《校勘学释例》，北京：中华书局，1959 年。

10. 陈垣：《通鉴胡注表微》，北京：中华书局，1962 年。

11. 陈智超：《励耘书屋问学记》（增订本），北京：三联书店，2006 年。

12. 刘梦溪：《中国现代学术经典 · 陈垣卷》，石家庄：河北教育出版社，1996 年。

13. 顾洪编：《顾颉刚学术文化随笔》，北京：中国青年出版社，1998 年。

14. 萧一山：《清代通史》，北京：中华书局，1986 年。

15. 余嘉锡：《余嘉锡论学杂著》，北京：中华书局，2007 年。

16. 余嘉锡：《四库提要辨证》，北京：中华书局，2007 年。

17. 余嘉锡：《目录学发微》，北京：时代文艺出版社，2009 年。

18. 金毓黼：《静晤室日记》，沈阳：沈阳出版社，1993 年。

19. 张须：《万有文库荟要本》，台北：台湾商务印书馆，1965 年。

20. 蒙文通：《经学抉原》，上海：上海人民出版社，2006 年。

21. 蒙文通：《蒙文通文集》，成都：巴蜀书社，1995 年。

22. 陈登原：《古今典籍聚散考》，上海：上海书店出版社，1983 年。

23. 徐浩：《廿五史论纲》，上海：上海书店出版社，1989 年。

24. 谢国桢：《增订晚明史籍考》，上海：上海古籍出版社，1981 年。

25. 黄云眉：《史学杂稿订存》，济南：齐鲁书社，1980 年。

26. 黄云眉：《史学杂稿续存》，济南：齐鲁书社，1980 年。

27. 王绍曾：《目录版本校勘学论集》，上海：上海古籍出版社，2005 年。

28. 邓广铭：《邓广铭全集》，石家庄：河北教育出版社，2005 年。

29. 张煦侯：《通鉴学》，合肥：安徽教育出版社，1982 年。

30. 张舜徽：《清人文集别录》，武汉：华中师范大学出版社，2004 年。

31. 张舜徽：《清人笔记条辨》，武汉：华中师范大学出版社，2004 年。

32. 张舜徽：《广校雠略 · 汉书艺文志通释》，武汉：华中师范大学出版社，2004 年。

33. 张舜徽：《中国文献学》，武汉：华中师范大学出版社，2004 年。

34. 张舜徽：《中国古代史籍举要·中国古代史籍校读法》，武汉：华中师范大学出版社，2004 年。

35. 张舜徽：《清儒学记》，武汉：华中师范大学出版社，2005 年。

36. 张舜徽：《爱晚庐随笔》，武汉：华中师范大学出版社，2005 年。

37. 张舜徽：《訒庵学术讲论集》，武汉：华中师范大学出版社，2008 年。

38. 张舜徽：《文献学论著辑要》，北京：中国人民大学出版社，2011 年。

39. 王云五：《续修四库全书提要》，台北：台湾商务印书馆，1972 年。

40. 傅振伦：《傅振伦方志论著选》，杭州：浙江人民出版社，1992 年。

41. 詹锳：《文心雕龙义证》，上海：上海古籍出版社，1989 年。

42. 程千帆：《程千帆全集》（第 7 卷），石家庄：河北教育出版社，2001 年。

43. 程千帆、徐有富：《校雠广义·校勘编》，济南：齐鲁书社，1998 年。

44. 王钟翰：《王钟翰清史论集》，北京：中华书局，2004 年。

45. 来新夏：《清人笔记随录》，北京：中华书局，2005 年。

46. 郭绍虞：《清诗话续编》，上海：上海古籍出版社，1988 年。

47. 陈祖武：《清儒学术拾零》，长沙：湖南人民出版社，2002 年。

48. 陈祖武：《清初学术思辨录》，北京：中国社会科学出版社，1992 年。

49. 余英时：《论戴震与章学诚——清代中期学术思想史研究》，北京：三联书店，2012 年。

50. 余英时：《宋明理学与政治文化》，长春：吉林出版集团，2008 年。

51. 尚小明：《学人游幕与清代学术》，北京：社会科学文献出版社，1999 年。

52. 王凤贤、丁国顺：《浙东学派研究》，杭州：浙江人民出版社，1993 年。

53. 龚书铎：《清代理学史》（全三册），广州：广东教育出版社，2007 年。

54. 王俊义：《清代学术探研录》，北京：中国社会科学出版社，2002 年。

55. 刘墨：《乾嘉学术十论》，北京：三联书店，2006 年。

56. 漆永祥：《乾嘉考据学研究》，北京：中国社会科学出版社，1998 年。

57. 郭康松：《清代考据学研究》，武汉：崇文书局，2001 年。

58. 黄爱平：《朴学与清代社会》，石家庄：河北人民出版社，2003 年。

59. 李海生：《朴学思潮》（中国学术思潮史第七卷），上海：上海社会科学院出版社，2006年。

60. 罗检秋：《嘉庆以来汉学传统的衍变与传承》，北京：中国人民大学出版社，2006年。

61. 漆永祥：《江藩与〈汉学师承记〉研究》，上海：上海古籍出版社，2006年。

62. 林存阳：《清初三礼学》，北京：社会科学文献出版社，2002年。

63. 朱华忠：《清代论语学》，成都：巴蜀书社，2008年。

64. 文廷海：《清代春秋穀梁学研究》，成都：巴蜀书社，2006年。

65. 刘瑾辉：《清代〈孟子〉学研究》，北京：社会科学文献出版社，2007年。

66. 刘仲华：《清代诸子学研究》，北京：中国人民大学出版社，2004年。

67. 萧箑夫、许苏民：《王夫之评传》，南京：南京大学出版社，2002年。

68. 许苏民：《顾炎武评传》，南京：南京大学出版社，2006年。

69. 徐定宝：《黄宗羲评传》，南京：南京大学出版社，2002年。

70. 王永健：《全祖望评传》，南京：南京大学出版社，1996年。

71. 方祖猷：《万斯同评传》，南京：南京大学出版社，1996年。

72. 朱端强：《布衣史官：万斯同传》，杭州：浙江人民出版社，2006年。

73. 李开：《戴震评传》，南京：南京大学出版社，1992年。

74. 赵兴勤：《赵翼评传》，南京：南京大学出版社，2002年。

75. 白兴华：《赵翼史学新探》，北京：中华书局，2005年。

76. 王记录：《钱大昕的史学思想》，北京：社会科学文献出版社，2004年。

77. 张涛、邓声国：《钱大昕评传》，南京：南京大学出版社，2006年。

78. 顾吉辰：《钱大昕研究》，上海：华东理工大学出版社，1996年。

79. 施建雄：《王鸣盛学术研究》，北京：中国社会科学出版社，2009年。

80. 贺治起、吴庆荣：《纪晓岚年谱》，北京：书目文献出版社，1993年。

81. 周积明：《纪昀评传》，南京：南京大学出版社，1994年。

82. 仓修良、叶建华：《章学诚评传》，南京：南京大学出版社，1996年。

83. 鲍永军：《史学大师：章学诚传》，杭州：浙江人民出版社，2007年。

84. 郭明道：《阮元评传》，北京：社会科学文献出版社，2005 年。

85. 钱茂伟：《姚江书院派研究》，北京：中国社会科学出版社、文化艺术出版社，2005 年。

86. 杨洪升：《缪荃孙研究》，上海：上海古籍出版社，2008 年。

87. 徐桢基：《潜园遗事：藏书家陆心源生平及其他》，上海：上海三联书店，1996 年。

88. 徐桢基：《藏书家陆心源》，西安：陕西人民教育出版社，2007 年。

89. 徐德明：《清人学术笔记提要》，北京：学苑出版社，2004 年。

90. 黄爱平：《四库全书纂修研究》，北京：中国人民大学出版社，1989 年。

91. 李裕民：《四库提要订误》（增订本），北京：中华书局，2005 年。

92. 司马朝军：《〈四库全书总目〉编纂考》，武汉：武汉大学出版社，2005 年。

93. 司马朝军：《〈四库全书总目〉研究》，北京：社会科学文献出版社，2004 年。

94. 李常庆：《〈四库全书〉出版研究》，郑州：中州古籍出版社，2008 年。

95. 严佐之：《近三百年古籍目录举要》，上海：华东师范大学出版社，1994 年。

96. 曹之：《中国古籍版本学》，武汉：武汉大学出版社，2007 年。

97. 朱希祖：《中国史学通论》，北京：中华书局，2012 年。

98. ［日］内藤湖南著，马彪译：《中国史学史》，上海：上海古籍出版社，2008 年。

99. 金毓黻：《中国史学史》，石家庄：河北教育出版社，2003 年。

100. 蒙文通：《中国史学史》，上海：上海人民出版社，2006 年。

101. 朱东润：《史记考索》，武汉：武汉大学出版社，2009 年。

102. 白寿彝：《中国史学史论集》，北京：中华书局，1999 年。

103. 柴德赓：《史学丛考》，北京：中华书局，1982 年。

104. 李宗侗：《中国史学史》，北京：中国友谊出版公司，1984 年。

105. 刘节：《中国史学史稿》，郑州：中州书画社，1982 年。

106. 仓修良、魏得良：《中国古代史学史简编》，哈尔滨：黑龙江人民出版社，1983 年。

107. 朱杰勤：《中国古代史学史》，郑州：河南人民出版社，1980 年。

108. 张孟伦：《中国史学史》（下册），兰州：甘肃人民出版社，1986 年。

109. 宋衍申：《中国史学史纲要》，长春：东北师范大学出版社，1996 年。

110. 李炳泉、邸富生：《中国史学史纲》，大连：辽宁师范大学出版社，1997 年。

111. 王树民：《中国史学史纲要》，北京：中华书局，1997 年。

112. 汤勤福：《中国史学史》，太原：山西教育出版社，2001 年。

113. 傅玉璋、傅正：《明清史学史》，合肥：安徽大学出版社，2003 年。

114. 瞿林东：《中国古代史学批评纵横》，北京：中华书局，2004 年。

115. 瞿林东：《中国简明史学史》，上海：上海人民出版社，2005 年。

116. 陈其泰：《史学与中国文化传统》，北京：学苑出版社，1999 年。

117. 陈其泰：《史学与民族精神》，北京：学苑出版社，1999 年。

118. 谢保成：《中国史学史》（全三册），北京：商务印书馆，2006 年。

119. 谢保成：《隋唐五代史学》，上海：商务印书馆，2006 年。

120. 吴怀祺：《中国史学思想史》，北京：商务印书馆，2007 年。

121. 仓修良：《史家・史籍・史学》，济南：山东教育出版社，2004 年。

122. 仓修良：《中国史学名著评介》（全五卷），济南：山东教育出版社，2006 年。

123. 谢贵安：《明实录研究》，武汉：湖北人民出版社，2003 年。

124. 谢贵安：《中国史学史散论》，武汉：湖北人民出版社，2004 年。

125. 谢贵安：《中国实录体史学研究》，武汉：武汉大学出版社，2007 年。

126. 孙卫国：《大明旗号与小中华意识——朝鲜王朝尊周思明问题研究（1637—1800）》，北京：商务印书馆，2007 年。

127. 孙卫国：《明清时期中国史学对朝鲜的影响：兼论两国学术交流与海外汉学》，上海：上海辞书出版社，2009 年。

128. 乔治忠：《中国官方史学与私家史学》，北京：北京图书馆出版社，2008 年。

129. 姜胜利：《清人明史学探研》，天津：南开大学出版社，1997 年。

130. 阚红柳：《清初私家修史研究——以史家群体为研究对象》，北京：人民出版社，2008 年。

131. 罗炳良：《清代乾嘉史学的理论与方法论》，兰州：兰州大学出版社，2004 年。

132. 罗炳良：《清代乾嘉历史考证学研究》，北京：北京图书馆出版社，2007 年。

133. 罗炳良：《18 世纪中国史学的理论成就》，北京：北京师范大学出版社，2000 年。

134. 向燕南：《中国史学思想通史 · 明代卷》，合肥：黄山书社，2002 年。

135. 王记录：《中国史学思想通史 · 清代卷》，合肥：黄山书社，2002 年。

136. 王记录：《清代史馆与清代政治》，北京：人民出版社，2009 年。

137. 饶宗颐：《中国史学上之正统论》，上海：上海远东出版社，1996 年。

138. 杜维运：《史学方法论》，北京：北京大学出版社，2006 年。

139. 杜维运：《清代史学与史家》，台北：东大图书有限公司，1984 年。

140. 杜维运：《清乾嘉时代之史学与史家》，台北：学生书局，1989 年。

141. 杜维运：《中国史学史》（第三册），台北：三民书局，2004 年。

142. 林庆彰：《明代考据学研究》，台北：学生书局，1986 年。

143. 张维屏：《纪昀与乾嘉学术》，台北：台湾大学出版委员会，1998 年。

144. 黄兆强：《清人元史学探研：清初至清中叶》，台北：稻乡出版社，2000 年。

145. 黄兆强：《廿二史劄记研究》，台北：学生书局，1994 年。

146. 朱志先：《明人汉史学研究》，武汉：湖北人民出版社，2011 年。

147. 张三夕：《通往历史的个人道路——中国学术思想史散论》，北京：社会科学文献出版社，2001 年。

148. 单周尧：《明清学术研究》，北京：中国社会科学出版社，2009 年。

五、学人论文

1. 许冠三：《刘知幾实录史学探源》，《中华文史论丛》1982 年第 2 期。

2. 谢保成：《〈隋书经籍志〉对〈史通〉的影响》，《中国史研究》1983 年第 4 期。

3. 许凌云：《刘知幾“抑马扬班”辨》，《江汉论坛》1984 年第 11 期。

4. 葛兆光：《明代中后期的三股史学思潮》，《史学史研究》1985 年第 1 期。

5. 许凌云：《论刘知幾的史家主体意识》，《孔子研究》1989 年第 3 期

6. 代继华：《经史分合与疑古惑经》，《重庆师院学报》1991 年第 2 期。

7. 许凌云：《刘知幾学术思想渊源》，《齐鲁学刊》1992 年第 1 期。

8. 赵俊：《〈史通〉中所见之史学批评范畴》，《江汉论坛》1992 年第 8 期。

9. 杨绪敏：《论〈史通〉的流传及其对后世史学理论的影响》，《徐州师院学报》1992 年第 1 期。

10. 杨绪敏：《论刘知幾改造纪传体史书的主张和影响》，《徐州师范学院学报》（哲学社会科学版）1993 年第 3 期。

11. 李纪祥：《台湾地区〈史通〉研究之回顾（1949—1994）》，《编译馆馆刊》1996 年第 1 期。

12. 钱茂伟：《论明中叶史学的转型》，《复旦学报》（社会科学版）2001 年第 6 期。

13. 杨艳秋：《刘知幾〈史通〉与明代史学》，《史学史研究》2002 年第 4 期。

14. 施丁：《刘知幾“实录论”》，《史学理论研究》2003 年第 4 期。

15. 梁继红：《“刘言史法，吾言史意”——章学诚与刘知幾史学歧异探析》，《古籍整理研究学刊》2003 年第 2 期。

16. 赵俊：《〈史通〉理论体系的结构和逻辑》，《中国社科院研究生院学报》2005 年第 5 期。

17. 王嘉川：《胡应麟论刘知幾史》，《史学月刊》2006 年第 4 期。

18. 周文玖：《刘知幾史学批评的特点》，《史学史研究》2007 年第 2 期。

19. 代继华：《〈四库全书总目〉“史部”中的〈史通〉》，《华南师范大学学报》（社会科学版）2007 年第 6 期。

20. 瞿林东：《谈中国古代的史论和史评》，《东岳论丛》2008 年第 4 期。

21. 杨绪敏：《论明清时期〈史通〉的流传、整理和研究》，《史学月刊》2008 年第 11 期。

22. 王嘉川：《明代抄袭之风与胡应麟对治学规范的讲求》，《史学月刊》2009年第11期。

23. 杨文信：《史学评论与政治——从清朝的〈史通〉学谈起》，载单周尧主编：《明清学术研究》，北京：中国社会科学出版社，2009年。

24. 杨绪敏：《明中叶以来史学考据的兴起及其成就与缺失》，《安徽史学》2009年第4期。

25. 汤勤福：《义理史学发微》，《史学史研究》2009年第1期。

26. 杨绪敏：《论明清学者对刘知幾史学理论的批评、阐发和实践》，《学习与探索》2010年第4期。

六、未刊学位论文

1. 李安：《从“真”到“通”：中国古代史学理论的体系化及其终结》，湖南师范大学2004年硕士学位论文。

2. 燕朝西：《邵晋涵的生平、著述及其史学成就》，四川师范大学2004年硕士学位论文。

3. 赵敏：《清考史三家两〈唐书〉考校论略》，陕西师范大学2004年硕士学位论文。

4. 吴漫：《明代宋史学研究》，北京师范大学2006年博士学位论文。

5. 涂耀威：《〈史通〉史著文辞观初探》，华中师范大学2007年硕士学位论文。

6. 袁法周：《乾嘉时期的〈汉书〉研究》，北京师范大学2007年博士学位论文。

7. 董焱：《清代的〈史记〉研究》，北京师范大学2007年博士学位论文。

8. 宋斐飞：《乾嘉时期〈三国志〉研究》，上海师范大学2008年硕士学位论文。

9. 傅维范：《明代史通学——以陆深、郭孔延父子、王惟俭为中心》，台湾佛光大学2009年硕士学位论文。

10. 高远：《清人〈宋史〉学研究》，武汉大学2010年博士学位论文。

11. 张晔：《刘知幾对两汉史学评述之研究》，河北师范大学2010年硕士学位论文。

12. 吕海龙：《〈史通〉与刘知幾文史观研究》，上海大学2011年硕士学位论文。

13. 张莉明：《论〈文心雕龙〉对〈史通〉的影响》，山东大学2012年硕士学位论文。

14. 杨倩：《明代〈文心雕龙〉接受研究》，山东大学2012年博士学位论文。